RENCONTRES
327

Série *Colloques, congrès et conférences sur la Renaissance européenne*
dirigée par Claude Blum
97

Renaissance et ascensions de l'âme

Renaissance et ascensions de l'âme

De la lanterne à la lune, de la lune au soleil

Sous la direction d'Evelien Chayes

PARIS
CLASSIQUES GARNIER
2019

Evelien Chayes, docteure de l'université d'Amsterdam, *fellow* de la Villa I Tatti en 2013, chercheure à l'IRHT-CNRS et chargée de cours à l'université Bordeaux Montaigne, est spécialiste des relations entre la philosophie, la théologie et la littérature de la Renaissance italienne et française.

ISBN 978-2-406-07399-4 (livre broché)
ISBN 978-2-406-07400-7 (livre relié)
ISSN 2103-5636

INTRODUCTION

Voici huit essais qui étudient les différentes représentations de l'ascension de l'âme dans nombre de sources anciennes et pré-modernes. L'ensemble du recueil couvre la longue durée de Platon et son interprète Plotin (IIIe siècle) à Pierre Charron, au début du XVIIe siècle. Cet éventail de sources, cohérent en vertu des thématiques et de leur évolution, embrasse les philosophes de l'Antiquité, la patristique grecque, avec son écho dans l'iconographie byzantine, les théologiens chrétiens du Moyen Âge, ainsi que les philosophes et peintres catholiques de la Renaissance, orthodoxes et réformés, sans oublier les kabbalistes juifs de cette même époque. Le caractère diachronique de cet ensemble, ainsi que la mise en lumière, dans chaque article, d'une tradition philosophique et argumentative différente, font de ce livre un répertoire, détaillé en profondeur, des manières dont ont été imaginées à travers ces siècles les vacations de l'âme après sa séparation du corps, suivant la mort ou lors d'états d'inconscience ou de « supra-conscience », tels que l'extase et l'enthousiasme.

Dès le départ, le but de cette publication était de réunir des analyses de théories fondatrices, qui avaient alimenté pendant des siècles écrits et créations artistiques d'empreinte mystique, spirituelle voire théurgique d'une part, et, d'autre part, des ouvrages plutôt philosophiques et théologiques portant sur l'âme et son immortalité supposée. Si l'époque de la Renaissance constitue le centre de cette collection d'essais, il s'agissait de mettre en évidence les théories et représentations de base dont se nourrissait cette période. Justement, c'est l'influence platonicienne qui résonne dans l'idée de l'imagination créatrice de l'ère (pré-)moderne mais, plutôt que de parler du sublime esthétique que cette imagination pourrait éventuellement atteindre et mettre devant les yeux, les présentes études s'occupent avant tout de la valeur éthique, religieuse et gnoséologique que les siècles passés ont projeté dans l'idée de l'élévation de l'âme. Ainsi, les réflexions et représentations d'ascensions de l'âme se voulaient (implicitement ou non) génératrices de processus auto-confirmateurs et auto-alimentaires.

Ces représentations de l'envol de l'âme sont bien évidemment ancrées dans des prémisses concernant l'âme et la causalité, fournies en premier lieu par Platon et Aristote, puis largement débattues tout au long du Moyen Âge et pendant la Renaissance. L'âme est-elle engendrée ? Quelle est sa composition, quelle est sa substance ? Peut-elle alors être immortelle, éternelle ? Son mouvement est-il autonome ou dépend-il du Premier (ou Grand) moteur immobile (l'Un), comme dans la *Physique* aristotélicienne ? Ou encore, l'âme a-t-elle une fonction cosmologique ; est-elle l'origine du monde, comme le voulait Platon ? Ensuite, quelle est la conséquence de l'idée platonicienne et pythagoricienne de la réincarnation des âmes, notamment dans un système de pensée chrétien ? Pour les théologiens et philosophes chrétiens, la question centrale, et la pierre d'achoppement, était celle de l'immortalité de l'âme humaine, à laquelle tenait étroitement l'enseignement du devoir des bonnes œuvres.

Dans la prolifération des débats médiévaux, plusieurs solutions étaient proposées et l'écart entre raisonnement théologique et logique philosophique posait le problème de la double vérité. La littérature sur ces débats est riche et le lecteur pourra facilement s'y retrouver. Résumons ici trois prises de position importantes, couvrant la période du XIIe au XVIe siècle. Tandis qu'Averroès (1126-1198) interpréta que, selon Aristote, l'immortalité de l'âme individuelle n'existait pas, selon Thomas d'Aquin (1225-1274) Aristote avait bien suggéré la possibilité de cette immortalité. En 1513, le cinquième concile du Latran voulait trancher en dénonçant comme hérétique la théorie averroïste sur la dispersion de l'individualité dans un intellect universellement actif, et en déclarant dans un article de foi l'immortalité individuelle de l'âme humaine. Trois ans après seulement, Pierre Pomponazzi (1462-1525) publie son *De immortalitate animæ*, le début d'une nouvelle vague de controverses sur le sujet. Dans son *Apologie* et son *Defensorium* (1518 ; 1519), Pomponazzi conclut que l'immortalité de l'âme ne peut pas être démontrée par la raison ni par les principes aristotéliciens, mais qu'on doit l'accepter comme vraie suivant la foi. Pour le philosophe padouan, l'âme humaine, occupant une position de milieu entre l'âme animale et l'intelligence pure, a besoin du corps comme siège, tout en gardant une partie d'immortalité dans sa subjectivité.

Le thème principal sur lequel les auteurs de ce présent recueil ont travaillé – l'ascension de l'âme – part donc du présupposé que l'âme individuelle est capable de se séparer du corps pour continuer son existence. Quand les sources parlent d'ascension, comment se représenter cette activité ? Qu'est-ce qui se passe dans les régions de l'ascension ? S'agit-il d'un envol vers une vérité morale, vers une unité sublime, ou présente-t-on une vision eschatologique, une construction mathématique de cette vérité supérieure, soit un double sublimé de la réalité terrestre ?

Dans sa contribution, Laurent Lavaud explicite la manière dont, de Platon à Plotin, l'idée de l'ascension de l'âme fait partie intégrante aussi bien de la pensée religieuse que de la philosophie, qui en serait une « suite ». Au VIe et Ve siècle avant notre ère, ce mouvement de l'âme constitue l'objectif des pratiques et rites concrets influencés par l'orphisme, le pythagorisme et les religions à mystères, auxquelles Platon était sensible. D'une part, ces pratiques étaient censées mener à une purification de l'âme après la mort, et d'autre part, en analogie, l'ascension faisait l'objet d'une activité philosophique dirigée vers un parcours intérieur de l'individu. Le rapport de l'individu au corps est « régulé » à travers ces deux types d'activités mentales, menées par l'âme. Ainsi, dans le *Phèdre* comme dans le *Phédon*, l'ascension philosophique est une réminiscence des réalités dont notre âme saisissait autrefois les formes divines, dans la vie intellective. Du sensible, il s'agit de passer à l'intellect, le règne de la vérité. Platon intègre l'idée, chère aux orphiques, de la purification de l'âme des illusions et des mensonges produits par le monde matériel. L'exercice de contemplation dans le présent confirme la liberté de l'âme individuelle par rapport au corps et c'est cet exercice que le philosophe devrait accomplir. Passé au projet de la cité, dans *La République*, Platon met en avant l'éducation qui remplace la conception mystique de l'initiation. Tandis que l'éducation permettrait à l'individu de s'y engager par libre choix pour mettre l'expérience au profit de la République même, l'orphisme est critiqué comme une superstition vendue au peuple. L'auteur explique qu'ici se dessinent les limites de la compatibilité de la mystique avec la philosophie politique de Platon : pour les orphiques et pythagoriciens, la vie mondaine est exclue après purification ; la vie est ailleurs, l'individu devrait rompre le cycle de la métempsycose et s'identifier au divin.

Pour ce qui concerne Plotin, la question est de savoir si son parcours des hypostases est semblable au « transport mystique » des théurges des oracles chaldaïques, contemporains du philosophe. Selon Lavaud, Plotin reste fidèle à Platon et son exigence de maintenir la philosophie comme activité irréductible. Plotin ne propose pas d'initiation mystique et rituelle, mais un exercice unifié de la pensée. L'ascension plotinienne ne mène pas à l'au-delà mais est « une plongée en soi-même » pour retrouver l'essence pure, tout en passant par une auto-transformation et par une « assimilation intellective des différents niveaux de réalité ». L'individu passerait ainsi de la perception de l'extériorité matérielle à la pensée discursive (*dianoia*), puis à l'Intellect (*nous*), pour dépasser l'intellection et fusionner avec le désir du Bien. À chaque étape correspond une substance modifiée de l'âme.

Ana Palanciuc offre, à partir de fresques byzantines et post-byzantines (jusqu'au XVe siècle inclus), une étude des débats sur l'ascension de l'âme dans les sources apocryphes qui puisent dans « une riche postérité néoplatonicienne ». Dans l'iconographie balkanique, de différentes configurations se rencontrent autour de l'âme de la Vierge. On rencontre tantôt une dormition, *koimesis* : une mort sans résurrection, sans l'assomption, où aussi bien corps qu'âme de Marie vont au Ciel ; tantôt une *metastasis*, une migration, tantôt une *analepsis* (littéralement un mouvement rétrograde), une élévation qui est décrite comme active pour l'ascension du Christ après sa résurrection, avec toutes ses connotations de rédemption, mais comme passive pour Marie. Les textes patristiques essayent de résoudre le problème de l'ascension vers Dieu et « l'accomplissement de la ressemblance divine » sans assimiler le domaine du divin et le domaine terrestre. Si, selon la christologie suivie, Jésus-Christ est divin, il ne peut qu'être Dieu, or, l'ascension de l'âme sera représentée par la figure de la Dormition de la Vierge, à côté de la crucifixion du Christ. Ainsi, les différentes iconographies mariales, qui ont leurs origines au début du Ve siècle, sont un reflet des débats théologiques et occasionnellement aussi d'un contexte politique, pas sans rapport avec la prolifération des règles liturgiques autour de la fête de la Dormition.

L'article de Sophie Delmas, « L'ascension de l'âme après la mort chez quelques maîtres en théologie du XIIIe siècle », clarifie les grandes questions du christianisme latin et nous guide à travers plusieurs traités qui portent le cachet du courant dominant de la pensée chrétienne dans ce siècle des *disputationes*, où les redécouvertes des textes grecs anciens sont aussi fraîches. L'aspiration de la béatitude de l'âme et de sa réunion avec son corps prime chez les penseurs scolastiques de cette époque. Leurs débats (des *quodlibets* et *quæstiones*) mettent en lumière des opinions non orthodoxes, parfois qualifiées d'hérétiques par les contemporains et attribuées aux « Grecs » ou, plus précisément, aux Pythagoriciens et Platoniciens. Les discussions se développent autour de trois thèmes centraux : le rapport entre l'âme et le corps, la vision béatifique et la « géographie » de l'au-delà, c'est-à-dire, le Paradis, l'Enfer, le Purgatoire et les limbes. À ces trois thèmes majeurs s'ajoute celui de la doctrine de la Trinité et du *filioque*, l'idée retenue par l'Église latine que le Saint Esprit procède du Père et du Fils au lieu du Père seul, selon l'Église grecque. Au sein de ces débats, l'ascension de l'âme apparaît sous des formes diverses. Pourtant, même si l'idée platonicienne et pythagoricienne de la migration de l'âme après la mort est présente dans l'art funéraire, elle est loin d'être acceptée unanimement et de faire partie intégrante de la doctrine catholique. Ainsi, elle est mise en question par le franciscain Guybert de Tournai, au milieu du XIIIe siècle. Le point délicat de la théorie de la métempsycose est la possibilité d'une migration vers le corps d'un animal, dont Eustache d'Arras dit qu'il est incapable d'accueillir l'âme rationnelle. On attribue la théorie de la transmigration tantôt aux Pythagoriciens, tantôt aux Platoniciens. Vers la même époque, la pensée averroïste selon laquelle l'âme humaine est dotée d'une part d'intellect acquis, un constituant qui est mortel et corruptible avec le corps, est rejetée par Bonaventure en 1267 et par Étienne Tempier, l'évêque de Paris. En fait, le stade du Purgatoire, représentant celui du premier jugement (celui des récompenses et des châtiments), s'avère crucial dans les débats des docteurs chrétiens. Lors du dernier Jugement et la résurrection des corps, l'âme retrouve son corps. Pourtant, il n'existe pas de consensus sur cette trajectoire. Certains théologiens continuent la pensée des antiques concernant la métempsycose, d'autres mettent en doute la demeure des âmes entre la mort et la résurrection. Selon les docteurs orthodoxes, l'idée du passage de l'âme par des lieux intermédiaires est considérée comme hérétique, attribuée par certains à des « Grecs » ou aux Arméniens (sans précision). Si l'âme ne passe pas par le Purgatoire, monte-t-elle vers l'empyrée ? Mais qu'en est-il alors de la béatitude et de la réunion de l'âme avec le corps ? L'auteur de cette contribution nous présente des tentatives de réponse fournies par les penseurs de l'époque.

La vision béatifique continue à être étroitement associée à l'idée de l'ascension de l'âme dans la tradition didactique. Ainsi, traitant de cette tradition, l'article de Margherita Belli met en lumière la transmission de la pensée de Boèce (v^{e}-vi^{e} siècle) à propos de l'ascension de l'âme dans les livres scolaires de la Renaissance. Dans cet essai sur « le néoplatonisme pour adolescents », nous faisons connaissance des commentaires de la *Consolation de la Philosophie* qui ont vu le jour entre 1456 et 1656. Ces traités comprennent ceux du Néerlandais Jean Murmellius (vers 1480-1517), du Louvaniste Jean Bernærts (Bernartius ; 1568-1601), de l'Allemand Theodorus Sitzmann (m. 1622/3) et du chanoîne Nantais René Vallin. Tous les commentaires façonnent le platonisme comme un système cohérent, comme s'il n'y avait pas de divergences dans les points de vue développés dans les différents dialogues de Platon. La réminiscence platonicienne comme doctrine de la préexistence des âmes avant les corps est rejetée par certains, intégrée par d'autres – Murmellius, par exemple, veut y voir une libération progressive du sensible. Comme l'auteur l'expose clairement, les auteurs essayent de trouver un « droit chemin » à travers les alternatives offertes par les différents courants, et à cet effet ils offrent des solutions pour soit une mise en valeur soit une négation de l'importance de la corporalité. Le néo-stoïcisme modéré de Juste Lipse vient à l'appui d'un Bernærts, tandis que d'autres et tout d'abord Murmellius rejettent rigoureusement toute forme d'épicurisme, serait-il aristotélicien, concordiste ou platonisant. Pour Bernærts, l'ascension de l'âme unie à Dieu se réalise sous la pression de la raison naturelle. Cette dernière enseigne les lois de la nature et quelques préceptes moraux fondamentaux : tout ce qui est né périt, les biens extérieurs sont périssables et nous devrions résister aux coups de la mauvaise fortune. Ainsi, par le biais de la nature, la jouissance modérée des choses extérieures est justifiée (les plaisirs corporels, la richesse, la noblesse, les joies familiales, la gloire). Bien que modérée, cependant, cette forme de jouissance des choses extérieures est inconciliable avec la nécessité de monter vers Dieu, puisque l'âme devrait être complètement libre du poids du corps. Voilà pourquoi Sitzmann et Vallin critiquent Bernærts et soutiennent que le *dictum* pythagoricien *Deum sequi* n'est pas réductible au *naturam sequi* des stoïciens. Toutefois, Bernærts, avec sa concession aux plaisirs du corps, approfondit sa réponse au conflit que ses collègues signalaient entre la poésie non didactique ou scientifique et la philosophie, visant respectivement à susciter les passions et à dominer par la raison.

Le stoïcisme est également un facteur fondamental dans la source étudiée par Natasha Constantinidou. Elle offre une analyse novatrice et limpide du traité *De la Sagesse* (1601-1607) de Pierre Charron, contemporain de Bernærts, Sitzmann et Vallin. La vision avec laquelle travaillait Charron n'était pas celle de la religion ou des rituels mystiques qui mènent vers l'élévation de l'âme vers Dieu ou le divin, mais celle de l'étude et de la philosophie. Toutefois, le sujet de la sagesse et plus spécifiquement de l'âme et de la grâce divine le situait entre philosophie et théologie et l'inscrivait ainsi dans les discussions pérennes, non pas simplement sur le même sujet, mais dans les débats entre les facultés de théologie et de philosophie et leur rivalité au sein de l'université. Ces débats touchaient au fond de la connaissance et du raisonnement humains : si, selon les présupposés de la théologie chrétienne et platonicienne, l'âme doit être immortelle, de quel crédit joue la vérité philosophique issue de l'argumentation aristotélicienne et/ou stoïque, pour qui l'âme est engendrée et au moins en partie corporelle ? Charron ne donne pas de réponses doctrinales et constate que l'immortalité de l'âme ne pourrait être prouvée, même s'il est en faveur de l'idée selon laquelle l'âme est faite d'une substance invisible, subtile, délicate. En raison de sa structure et de sa rhétorique, l'ouvrage laissait l'impression d'une certaine ambiguïté auprès de ses lecteurs contemporains. Constantinidou prend en considération le remaniement du livre après sa censure, les différences entre l'édition de 1601 et celle, posthume, de 1604 (republiée en 1607), plus adaptée à la doctrine chrétienne, qui se trouve dès lors moins contrastée avec les sources classiques. Ce remaniement n'aura pu empêcher sa mise à l'Index des livres prohibés en 1605 – ce qui à son tour n'empêchera pas d'ailleurs la grande popularité de la *Sagesse* jusque dans les années 1670. Selon Constantinidou, dans l'édition modifiée, la discussion de la grâce divine, qui rendait fonctionnelle l'ascension de l'âme, se trouve au cœur de l'ouvrage et non par hasard. Car elle offrait à Charron une solution en termes de révélation de la vérité, échappatoire du problème irrésolu de l'immortalité de l'âme voulue par les théologiens. Il n'en est pas moins vrai que le *sine qua non* de cette idée reste, pour Charron, la conception stoïcienne de l'intelligence humaine.

Dans les trois articles qui constituent l'accord conclusif de ce recueil, deux mouvements prédominent : la mobilité verticale, du monde terrestre vers les cieux et vice versa, et le dynamisme horizontal, interpersonnel ainsi qu'intra-personnel et corporel. Les essais traitent respectivement de la discussion de l'âme humaine et de son élévation par Marsile Ficin (1433-1499), de la symbolique visuelle associée à l'ascension de l'âme à l'époque de la Renaissance et des représentations d'ascensions de l'âme dans la Kabbale juive du XVIe siècle, qui est porteuse d'influence néoplatonicienne.

À partir d'une très belle discussion de l'anecdote sur Diogène de Sinope qui, en plein jour, cherche un homme avec une lanterne, Christophe Poncet montre de manière perspicace que, dans sa *Théologie platonicienne* Marsile Ficin marie l'exposé de sa redéfinition néoplatonicienne de l'âme humaine à une histoire critique de la philosophie jusqu'à son époque[1]. Le Florentin construit une analogie entre les cinq degrés de la réalité gravis par l'âme humaine, d'une part – du corps physique à Dieu en passant par la qualité, l'âme raisonnable et les anges – et, d'autre part, une échelle d'écoles philosophiques, dont chacune s'était intéressée à l'une de ces réalités. Poncet analyse en particulier la critique que Ficin réserve à l'adresse de Diogène de Sinope, représentant des cyniques qui ne reconnaissaient pas le statut de réalité des Idées selon Platon. Le philosophe construit son discours autour des images de la vision – celle des yeux versus celle de l'âme – et de la lumière – celle de la lanterne, non naturelle, versus celle des ténèbres et de l'intellect. L'œil de l'âme permet à l'homme d'accéder aux Idées, pourvu que cet organe de contemplation soit libre, défait du fardeau du monde matériel. Sa théorie est tout à fait traditionnelle dans sa confirmation du cursus philosophique comme remède qui éclaircit la vue pour diriger l'intelligence vers le Bien. En revanche, Ficin « corrige » bien des prédécesseurs avec sa défense d'un parcours de l'âme complet, qui ne saurait brûler l'étape du corps, du matériel, ni celles de la raison et des anges : les Idées n'ont de réalité que si ces expériences qui lient les choses intelligibles aux choses sensibles, peuvent être intégrées dans une même vie qui va vers le bien

1 Le sous-titre du présent recueil a été inspiré par une citation de Marsile Ficin qui apparaît dans l'article de Christophe Poncet. Il s'agit du commentaire de Ficin au septième livre de la *République* de Platon : M. Ficin, *Divus Plato*, Venise, Bernardino de Cori et Simone da Lovere, 1491, f. 220*v* : « *Cum ergo dicit animam, a lucerna ad lunam, a luna ad solem attolli significat a formis naturalibus ad mathematicas, ab his ad divinas denique elevari* [...]. »

suprême. Même si sur l'arrière-fond de l'histoire de la philosophie et de la théologie joue la querelle entre Platoniciens et Aristotéliciens, entre réalistes et nominalistes (les averroïstes, qui croient en la réalité des Idées et les fidéistes qui n'y croient pas), selon Poncet, Ficin se garde de faire interférer le conflit dans sa *Théologie platonicienne*. Il n'en confirme pas moins, encore de manière traditionnaliste, que la théorie de Platon est en parfaite concordance avec la foi chrétienne ; ainsi, le Christ est Idée de vertu, que les hommes à l'intelligence claire sauront apercevoir. Pourtant, Ficin n'inclut pas Aristote dans l'échelle des philosophes et évite ainsi la publication de son opinion – qui surgit néanmoins ailleurs dans son œuvre – que, en raison de sa théorie sur l'unicité de l'intelligence, qui exclut la perception de la réalité des Idées, le Stagirite occupe la même place que les cyniques, incapables de monter au-delà du niveau de la qualité des choses.

Également de forte inspiration néoplatonicienne sont les sources traitées par Daniel Rakovsky dans son article sur « la distinction symbolique entre l'œil gauche et l'œil droit dans le portrait de la Renaissance » et la représentation de cette « ascension sans élévation » dans l'iconographie de la Renaissance. À travers la discussion de sources antiques ainsi que des écrits des docteurs chrétiens, l'auteur attire notre attention sur cette symbolique, qui est passé pratiquement inaperçue jusqu'à aujourd'hui, de la distinction entre les deux yeux et la verticalité par opposition à l'horizontalité : le dualisme de l'expérience d'une part du monde sensible, distincte mais indissociable de l'aspiration verticale vers le Bien, d'autre part. À la base, l'iconographie en question est inspirée du *Timée*, plus précisément de la doctrine des trois âmes et de l'image de l'homme comme cosmos en miniature, mais aussi d'Aristote, pour ce qui est de la construction verticale du corps humain, idée reprise par Galien, puis par la tradition et des médecins de la Renaissance tels que Jean Fernel dans la première moitié du XVIe siècle. On répète la structure tripartite du corps dans le visage, où les yeux figurent les fenêtres de l'âme. Nombre de sources chrétiennes confirment que l'ascension ne s'accomplit que comme chemin et dans le contexte de la tension entre vie active et vie contemplative, symbolisées par la dualité de l'œil droit et l'œil gauche. La deuxième partie de l'étude de Rakovsky est consacrée aux exemples curieux des arts figuratifs de l'époque, où la représentation de cette dichotomie est reflétée par le strabisme des personnages-portraits.

Moshe Idel nous amène dans l'univers des kabbalistes qui faisaient école à Safed (ou Tsfat, au nord d'Israël) au XVIe siècle : celui de la Kabbale lourianique et cordovérienne, d'Isaac Louria et de Moïse Cordovero. L'ascension de l'âme est une figure fréquente dans la littérature juive post-biblique. Comme le souligne l'auteur de cette contribution, jusqu'ici seules de rares études ont prêté attention au thème de l'ascension de l'âme dans la Kabbale lourianique, tandis qu'il peut révéler un aspect important de l'évolution de la pensée kabbalistique et de sa rencontre avec la pensée grecque. Dans la Kabbale safédienne, inspirée d'un passage midrashique et souvent du *Zohar*, l'ascension de l'âme déclenche un accouplement sexuel divin, celui du *hieros gamos*, dans des scènes de rencontres génitales très explicites. Dans les textes en question, il s'agit d'une élévation nocturne de l'âme, poussée par un désir de se rapprocher de la source, soit une intelligence néoplatonicienne. Ces « escapades » nocturnes sont avant tout l'occasion d'étudier dans les académies célestes « des sujets ésotériques », ce qui permet leur caractérisation de noétiques. Idel met néanmoins en lumière l'aspect théurgique de ces textes où l'ascension de l'âme et son activité de stimulation sexuelle « provoque des processus intra-divins », c'est-à-dire l'accouplement du Mâle et de la Femelle divins. Il suffit de renvoyer le lecteur à l'article, qui explique de manière claire et détaillée ces processus de copulation et procréation. Même si l'étude du thème de l'ascension de l'âme dévoile l'influence de la philosophie grecque, deux générations après la Renaissance florentine, Moshe Idel souligne qu'à la différence de l'ascension (néo)platonicienne et de l'idéal suprême de la contemplation que les sources gréco-romaines et chrétiennes définissent, la Kabbale lourianique renforce au lieu de l'émousser la réalité corporelle voire sexuelle. Celle-ci trouve sa place entièrement justifiée dans l'entreprise spirituelle de l'étude des textes ésotériques et de l'ascension de l'âme kabbalistique.

Evelien CHAYES
CNRS-IRHT, Paris

INITIATION MYSTIQUE ET ASCENSION PHILOSOPHIQUE

De Platon à Plotin

Le problème de l'ascension de l'âme se situe, dans la culture grecque, au cœur d'une tension entre deux perspectives : la première est religieuse, elle concerne la purification de l'âme qui cherche à assurer son salut après la mort par un certain nombre de rites et de pratiques ascétiques ; la seconde est philosophique, elle envisage l'ascension comme le parcours intérieur de l'âme qui expérimente successivement différents modes de pensée. L'ascension de l'âme peut ainsi être lue soit à partir de pratiques religieuses et théurgiques, soit à partir d'une activité philosophique tendant à la saisie de l'intelligible.

Notons dès ici, toutefois, que cette idée d'un salut individuel de l'âme, obtenu par une certaine régulation du rapport aux corps, est loin d'aller de soi dans le contexte de la religion grecque des VIe et Ve siècles avant J.-C. C'est sans doute l'influence des religions à Mystères et de l'orphisme qui explique en grande partie l'introduction de cette idée dans la religiosité grecque. J.-P. Vernant présente en ces termes la révolution opérée par les « hommes divins » dont les initiés orphiques constituent l'un des plus frappants exemples :

> Ce type d'hommes, le mode de vie qu'ils choisissaient, leurs techniques d'extase, impliquaient la présence en eux d'un élément surnaturel, étranger à la vie terrestre, d'un être venu d'ailleurs et en exil, d'une âme, psychè, qui ne serait plus, comme chez Homère, une ombre sans force, mais un daimon, une puissance apparentée au divin et impatiente de la retrouver. Posséder le contrôle et la maîtrise de cette psychè, l'isoler du corps, la concentrer en elle-même, rejoindre par elle le lieu céleste dont on garde la nostalgie, tels auraient pu être, dans cette ligne, la fin de l'expérience religieuse[1].

1 J.-P. Vernant, *Mythe et religion en Grèce ancienne*, Paris, Seuil, 1990, p. 112.

On ne saurait comprendre les prémices religieuses de l'idée de l'ascension de l'âme, si l'on ne saisit le bouleversement qui s'accomplit autour du VIe siècle sur la définition même de ce qu'est une âme. Les poèmes homériques avaient certes déjà accompli une première distinction capitale, concernant la mort de l'être humain, entre le cadavre et l'âme : c'est cette dernière seule qui est caractérisée comme l'ombre errant dans les Enfers. Cependant, comme le souligne Dodds, dans la culture religieuse grecque dominante, il n'y a pas d'opposition entre le *sôma* et la *psychê*, mais l'âme semble n'être que « le corrélat mental » du corps[2]. C'est le fait de ce que Dodds appelle la « nouvelle structure religieuse », parmi laquelle on doit intégrer l'orphisme, que « d'attribuer à l'homme un soi occulte d'origine divine, et en opposant ainsi le corps à l'âme, d'introduire dans la culture européenne une nouvelle interprétation de l'existence humaine », interprétation que Dodds qualifie de « puritaine[3] ».

Cette nouvelle religiosité et la perspective inédite qu'elle implique en ce qui concerne la destinée individuelle de l'âme ne va pas sans créer des tensions avec la religion traditionnelle instituée par la cité. Il est significatif que les orphiques aient développé leur culte à l'écart de la cité[4]. Selon J.-P. Vernant, si cette nouvelle religiosité n'a pu s'imposer, du fait des résistances de la cité, « c'est la philosophie qui, en transposant dans son propre registre les thèmes de l'ascèse, de la purification de l'âme, de son immortalité, a pris le relais[5] ». C'est précisément cette idée d'un relais philosophique à une certaine expérience religieuse que j'aimerais ici interroger. La philosophie, et plus précisément la philosophie de Platon, que Vernant a directement en vue dans ces lignes, effectue-t-elle seulement la transposition du schème religieux de la purification de l'âme et de son ascension, par-delà la mort, vers le séjour des Bienheureux ? Est-elle en ce sens une excroissance d'une religiosité

2 E. R. Doods, *Les Grecs et l'irrationnel*, Paris, Aubier-Montaigne, 1965, p. 138.

3 *Idem*, p. 139.

4 Outre cette vision nouvelle de l'âme individuelle, l'orphisme défend une pratique du végétarisme qui va directement à l'encontre du sacrifice sanglant, lieu central de la sociabilité dans la cité. Vor par exemple, M. Détienne : « Le genre de vie appelé orphique ne se réduit pas à quelque végétarisme insipide : s'abstenir de manger de viande est dans la cité grecque un acte hautement subversif » (« Dionysos orphique et le bouilli rôti », dans *Dionysos mis à mort*, Paris, Gallimard, 1998, p. 170).

5 J.-P. Vernant, *op. cit.*, p. 112.

inédite, celle illustrée par l'orphisme et le pythagorisme, qui n'aurait pu trouver de plein épanouissement du fait de la résistance de la tradition de la cité, et qui aurait ainsi trouvé refuge dans l'exercice « laïc » de la philosophie ? Ou le « relais » opéré par la philosophie signifie-t-il aussi une métamorphose de la signification de l'âme, de son essence et de sa destinée ? Autrement dit, l'ascension philosophique de l'âme mise en scène par Platon est-elle réductible à son ascension religieuse, synonyme de purification et de salut ?

L'INITIATION MYSTIQUE COMME MÉTAPHORE DE LA RÉMINISCENCE PHILOSOPHIQUE (*PHÈDRE* ET *PHÉDON*)

Il est clair, en premier lieu, que Platon est sensible à cette nouvelle religiosité, à son vocabulaire et aux schèmes qu'elle introduit. De façon générale, il n'hésite pas à recourir au champ lexical et aux images des Mystères pour décrire l'ascension de l'âme. Ainsi dans le *Banquet*, lorsqu'il décrit la montée de l'âme vers le Beau sous la conduite d'Eros, introduit-il la distinction entre « l'initiation préliminaire » et « les mystères parfaits et "époptiques" » (209e *sq.*), ce qui est, selon W. Burkert, une « claire allusion à Eleusis[6] ». De même l'évocation dans le *Phèdre* de l'âme ailée qui monte au ciel à la suite des dieux est-elle toute imprégnée du rite des Mystères :

> La beauté, elle, était resplendissante à voir en ce temps où, mêlés à un chœur bienheureux – nous à la suite de Zeus et d'autres à la suite d'un autre dieu –, nous en avions une vision bienheureuse et divine, en ce temps où nous étions initiés à cette initiation dont il est permis de dire qu'elle mène à la béatitude suprême. [...] Intègres, simples, immuables et bienheureuses étaient les apparitions dont nous étions comblés en tant que mystes et époptes ; car, dans une lumière pure nous étions purs ; nous ne portions pas la marque de ce tombeau que sous le nom de « corps » nous promenons attachés à lui comme l'huitre à sa coquille. (*Phèdre*, 250, b-c, trad. L. Brisson)

6 W. Burkert, *Les cultes à Mystères dans l'Antiquité*, trad. A.-P. Segonds, Paris, Les Belles Lettres, 2003, p. 88. L'auteur renvoie sur ce point à Ch. Riedwig, *Mysterienterminologie bei Platon, Philon und Klemens von Alexandrien*, Berlin, de Gruyter, 1987, p. 5 *sq.*

Le vocabulaire employé renvoie, ici encore, très explicitement aux Mystères d'Eleusis : les « mystes » sont, dans les Grands Mystères, les initiés de premier niveau qui doivent garder le silence sur ce qui leur a été révélé ; les « époptes » sont les initiés de niveau supérieur capables de contempler le mystère de la divinité[7]. De plus, l'assimilation *sôma-sêma*, du corps et du tombeau, récurrente chez Platon (*Gorgias*, 493a ; *Cratyle*, 400c) aurait sans doute des origines pythagoriciennes[8].

Il faut noter, néanmoins, que le recours au champ lexical des Mystères s'intègre dans un discours mythique où Socrate décrit non pas « quelle sorte de chose est l'âme », ce qui exigerait un « discours divin et fort long », mais simplement « de quoi elle a l'air » (246a), en la comparant à un attelage ailé. Dans ce cadre, l'utilisation du vocabulaire de l'initiation a valeur de métaphore : Socrate établit un parallèle entre la contemplation originaire de l'être intelligible, avant la chute dans les corps, et l'état des initiés qui ont reçu la révélation mystique. Cela ne veut pas dire qu'il faille assimiler l'exercice de la philosophie à une initiation mystique : la seconde est seulement l'image de ce qu'accomplit la première lorsqu'elle cherche à se ressouvenir des réalités intelligibles. D'une façon générale, la métaphore de l'ascension de l'âme à la suite des dieux peut être lue comme une exhortation à accomplir une autre ascension : celle de la réminiscence, qu'effectue celui qui, dès son séjour terrestre, se voue à la contemplation de l'être. C'est ce que suggère Platon, juste après avoir évoqué le jugement des âmes : « il faut que l'homme arrive à saisir ce qu'on appelle "forme intelligible", en allant d'une pluralité de sensation vers l'unité qu'on embrasse au terme d'un raisonnement. Or il s'agit là d'une réminiscence des réalités jadis contemplées par notre âme, quand elle accompagnait le dieu dans son périple » (*Phèdre*, 240b-c, trad. L. Brisson). L'ascension mythique de l'âme qui parvient, en s'intégrant dans le cortège des dieux, à apercevoir « la plaine de la vérité » ne prend son sens entier que si on la rattache à l'effort de l'âme pour s'élever des perceptions sensibles vers la saisie intellective des Formes.

---

7 Voir sur ce point la note 222 de la traduction de L. Brisson, *Phèdre*, Paris, GF, 1995.

8 *Cf.* I. M. Linforth, *The Arts of Orpheus*, Berkeley, University of California Press, 1941, p. 147 *sq.* qui corrige « l'erreur » selon laquelle le jeu *sôma-sêma* remonterait à l'orphisme ; E. R. Dodds, *op. cit.*, p. 152 et 171, n. 87 ; M. Dixsaut, introduction au *Phédon*, Paris, GF, 1991, p. 47.

Que Platon utilise donc le langage du mythe ou celui du rite religieux, il garde toujours une unique visée : exhorter l'âme à la philosophie, et à l'effort qu'elle doit faire, dès son présent terrestre, pour chercher la vérité. La métaphore de l'ascension de l'âme lorsqu'elle est puisée dans des régimes de discours étrangers à la philosophie, n'a donc pas une signification close et univoque, mais elle doit être reliée à la signification philosophique de l'ascension, qui est la réminiscence.

Le *Phédon* présente un exemple tout à fait parallèle de cette exploitation platonicienne du schème religieux de l'initiation. Socrate y indique que « ceux qui ont établi à notre intention les rites initiatiques ne sont pas, de fait, des gens négligeables » dans la mesure où ils soutiennent que « quiconque arrive dans l'Hadès sans avoir été admis aux Mystères et initié sera couché dans le bourbier ; mais celui qui aura été purifié et initié partagera, une fois arrivé là-bas la demeure des dieux » (69c, trad. M. Dixsaut). Le double vocabulaire du « bourbier » et de la « purification » semble indiquer que l'on est ici dans un contexte orphique. La *katharsis* est pour l'orphisme le détachement de l'âme par rapport à la matérialité : elle s'accomplit au moyen d'un certain nombre de pratiques et de rites, telle que l'abstinence de toute nourriture carnée. L'âme ainsi purifiée durant son séjour terrestre peut espérer s'élever vers le divin et échapper à la chute dans le bourbier où plongent, après leur mort, les âmes qui se sont soumises aux puissances du corps. Faut-il alors, d'après Socrate, adopter ce genre de vie orphique fait de renoncement, d'abstinence et de pureté rituelle, afin d'assurer le salut de son âme et son ascension dans les séjours des bienheureux ? Rien n'est moins sûr. Une nouvelle fois, il faut interpréter le discours orphique, c'est-à-dire le transposer sur un plan qui n'est pas originellement le sien, à savoir la philosophie. Quelques lignes plus haut, Socrate a évoqué la purification propre au philosophe : « il est à craindre que ce soit donc bien le vrai qui, en réalité, constitue une purification à l'égard de toutes les choses de cette sorte : la modération, la justice, le courage – et que la pensée en elle-même soit le moyen de cette purification » (62b-c, trad. M. Dixsaut). Ce n'est pas une quelconque puissance magique ou théurgique qui purifie l'âme, mais la recherche du vrai, et ce qui souille l'âme n'est pas tant la matérialité en tant que telle, que toutes les illusions qu'elle draine, les mensonges et les faux-semblants qu'elle suscite. Ainsi, la pratique rituelle propre aux initiés, transposée sur le terrain de la philosophie, devient l'exercice exigeant et endurant de la pensée. Seule la pensée qui ne renonce jamais à ses propres lois peut purifier l'âme et lui permettre de s'élever vers le seul but qui vaille : la vérité. Si donc Platon retient des Mystères et de l'orphisme une certaine idée de l'âme et de son indépendance absolue par rapport au corps, ainsi qu'une forme d'exigence quant à la pureté de vie qu'il faut mener en vue d'assurer son salut, il semble cependant ne voir dans leurs pratiques rituelles que des métaphores de ce que doit être l'activité propre à un homme véritablement libre : l'exercice de la philosophie. Le salut pour le philosophe n'est pas la continuation indéterminée d'une vie bienheureuse par delà la mort, mais bien la contemplation enfin rendue possible de la vérité.

L'ÉDUCATION : UNE FIGURE PHILOSOPHIQUE DE L'ASCENSION (*RÉPUBLIQUE*, VII)

L'initiation mystique ne bénéficie cependant pas toujours d'une approche aussi favorable que dans le *Phèdre* ou le *Phédon*. Ainsi, dans la *République*, Glaucon dénonce avec une grande sévérité « les charlatans et les devins qui viennent aux portes des riches, les persuadent que des dieux leur ont conféré un certain pouvoir, en raison de leurs sacrifices et de leurs incantations » (*République*, II, 364b, trad. G. Leroux). Il est probable que ces « charlatans » ne soient personne d'autre que les orphiques[9], puisque dans la suite Glaucon évoque les « livres d'Orphée » sur lesquels « ils fondent les règles de leurs sacrifices, et ils font croire, non seulement aux individus mais aussi aux cités, qu'on peut être délivré et purifié de ses injustices par des sacrifices et des plaisirs innocents que ce soit au cours de sa vie, et même après la mort. Ils appellent initiations les rites qui nous délivrent des maux » (364e, trad. G. Leroux). Le ton est très différent : les rites orphiques semblent être assimilés au mieux à de la superstition, au pire à du charlatanisme. Même si ce n'est pas ici Socrate qui parle, il semble difficile, dans ce contexte, de conserver à l'initiation mystique le statut de métaphore de l'activité philosophique.

9 C'est par exemple l'hypothèse envisagée par J. Adam, *The Republic of Plato*, 2e édition révisée avec une introduction de D. A. Rees, Cambridge, Cambridge UP, 1965, note *ad locum*.

C'est l'éducation qui est, dans ces pages, au cœur de la médiation philosophique de Platon. On conçoit, dès lors, qu'il oppose avec la plus grande netteté l'initiation mystique à laquelle l'âme se livre sans défense, en subissant passivement la puissance des incantations et des pratiques rituelles, et l'éducation philosophique qui suppose la coopération libre et active de l'âme. Le jeu analogique entre le religieux et le philosophique ne fonctionne plus : de l'initiation à l'éducation, l'ascension de l'âme change radicalement de signification.

C'est ce qu'on peut observer en relisant l'un des textes les plus connus du platonisme : l'allégorie de la Caverne, au livre VII de la *République*. Rappelons-en brièvement les éléments principaux. Des prisonniers se trouvent enchaînés au fond d'une caverne, sans pouvoir bouger la tête, les yeux rivés aux ombres qui se dessinent sur la paroi. Ces ombres sont elles-mêmes projetées à partir d'un feu situé à l'entrée de la grotte et elles reproduisent des figurines manipulées au-dessus d'un muret. Dans cette situation, les prisonniers « pensent que le vrai n'est absolument rien d'autre que l'ombre des objets fabriqués » (515c). Cependant, certains de ces prisonniers se trouvent subitement libérés de leurs chaînes, contraints de se lever, de se retourner vers la lumière et de marcher vers l'entrée en gravissant une pente escarpée. Une fois dehors, éblouis par la lumière du soleil, ils commencent par observer les images des choses, par l'intermédiaire des ombres et des reflets, puis les êtres eux-mêmes, avant de contempler les astres de nuit et, enfin, de lever les yeux vers le soleil lui-même. Lorsque toutefois ils sont habitués à cette visibilité nouvelle et qu'ils commencent à en jouir, il leur faut redescendre vers le séjour de la caverne et tenter de libérer leurs anciens compagnons de captivité. Voici alors l'interprétation que donne Socrate de cette allégorie :

> En assimilant l'espace qui se révèle grâce à la vue à l'habitation de la prison, et le feu qui s'y trouve à la puissance du soleil, et en rapportant la remontée vers le haut et la contemplation des choses d'en haut à l'ascension de l'âme vers le lieu intelligible, tu ne risques pas de te tromper sur l'objet de mon espérance, puisque c'est sur ce sujet que tu désires m'entendre. Seul un dieu sait peut-être si cette espérance coïncide avec le vrai. (*République*, VII, 517b, trad. G. Leroux)

Il ne saurait être question de proposer une énième interprétation globale de l'allégorie. Je me contenterai donc de quelques remarques relatives à cette idée de « l'ascension de l'âme vers le lieu intelligible » mentionnée par Socrate dans son interprétation.

En premier lieu, l'ascension de l'âme ne va pas sans souffrances. Le texte insiste abondamment sur toutes les peines éprouvées par l'âme que l'on arrache à son séjour obscur : on la tire « par force », ses yeux sont éblouis par la luminosité nouvelle à laquelle elle est confrontée, elle peine à gravir la pente escarpée qui la mène vers la sortie, elle ne cesse de protester et de s'indigner. Le confort des apparences et des opinions dominantes dans la cité est difficile à quitter, et tout dans le texte indique que si l'âme n'était contrainte par une main de fer à se libérer, elle retournerait au plus tôt dans la douillette aliénation des ombres. Ces souffrances et ces protestations sont à l'image des réactions des interlocuteurs de Socrate dans les dialogues, lorsqu'ils se trouvent forcés, par l'insistance et le questionnement énergique du philosophe, d'abandonner leurs opinions premières et de se tourner vers une recherche authentique de la vérité. Nombreux sont les passages où les répondants de Socrate regimbent, se cabrent et font assaut de protestations indignées : pourquoi s'échiner ainsi à saisir une vérité qui semble toujours fuir, alors que l'on a sous la main les certitudes rassurantes que la cité a inculquées dès le plus jeune âge ? Remarquons au passage que l'ascension proposée par l'initiation religieuse ne va pas, elle aussi, sans souffrance et sans frayeur. Ainsi Aélius Aristide souligne-t-il qu'Eleusis « est ce qu'il y a à la fois de plus terrifiant et de plus lumineux dans tout ce qu'il y a de plus divin pour les hommes[10] ».

Cependant l'ascension mystique et l'ascension philosophique telle qu'elle est présentée dans le mythe de la caverne diffèrent radicalement par leurs visées. Si l'on prend l'exemple de l'orphisme, la visée de l'initiation est sotériologique. Voici le texte que l'on a découvert dans la tombe d'un initié orphique à Thurii :

> Tu es par nature semblable au dieu, tu as en toi un élément divin, tu es immortel ; tu es condamné à vivre, à mourir et à revivre pour une série indéfinie d'existences, humaines et animales, dont seule la religion peut te sauver. À partir de l'homme que tu étais, tu es devenu dieu. (tablette de Thurii[11]).

10 Aristide, *Or.* XXII (Eleusinios), 2. Dans le même sens, Artémidore de Daldis remarque que les divinités d'Eleusis « amènent d'abord quelque sorte de crainte et de périls pour les non-initiés mais ensuite elles mènent à la perfection ce qui est bon » (*Cité des songes*, II, 39). Ces deux références se trouvent dans W. Burkert, *op. cit.*, p. 89.

11 Cité par Leda Spiller dans l'*Encyclopédie des religions*, Paris, Bayard, 1997, tome 1, p. 159, note 29.

Le salut apporté par la religion orphique est avant tout de casser le cycle des réincarnations et de permettre à l'homme de s'identifier ultimement au divin : l'ascension prend ainsi le sens d'un congé donné à la destinée humaine pour se fondre dans l'existence divine. Même si Platon, on l'a vu, semble parfois sensible à une telle thématique, dans le cadre de la *République*, la visée globale du mythe est politique : si l'âme doit monter vers l'être intelligible, c'est en définitive pour redescendre et pour traduire dans la vie de la cité la vérité qu'elle a pu apercevoir à la lumière du Bien. Ici les chemins se séparent totalement entre l'orphisme et le platonisme. Les communautés orphiques (comme d'ailleurs les communautés pythagoriciennes) se situent à l'écart de la cité : l'observance rituelle exclut de la norme commune et les « purs » n'ont plus de commerce avec les citoyens ordinaires. L'ascension mystique est donc synonyme de séparation et d'exclusion. L'ascension philosophique doit, elle, prendre le risque de la redescente et du retour difficile dans la cité. D'une certaine manière, c'est même dans ce seul but que l'on a contraint certaines âmes à s'élever : réformer la vie de la cité, en refonder les bases non plus sur des préjugés mouvants, mais sur la claire considération de ce qui est juste. La finalité mystique est radicalement a-politique ; celle de la philosophie est la réforme des fondements de la vie commune. Il ne saurait être question par conséquent pour le philosophe de trouver refuge dans une quelconque communauté des purs qui laisse aller la cité à ses violences et à ses errances.

Pourtant Socrate présente « l'ascension de l'âme vers le lieu intelligible » comme l'objet d'une espérance, et non d'un savoir achevé, et il souligne que seul un dieu peut juger de la vérité de cette espérance[12] (*République*, VII, 517b). La philosophie ne tend-elle pas alors de nouveau à suivre les pas de la religion ? Quelle différence établir entre cette espérance philosophique et les promesses de salut faites par la religion ? La philosophie n'a pas plus de certitude que la religion en ce qui concerne la destinée de l'âme par delà son existence sensible. Et c'est sans doute cette absence de certitude qui pousse Socrate à donner à son discours la forme d'un mythe. On ne peut que s'étonner cependant de cette prudence socratique qui renvoie la vérité de son discours à un savoir divin : ne s'agit-il pas dans ces lignes de ce qui décide de la valeur de la

12 Je suis ici la traduction G. Leroux qui donne un sens fort à *tês emễs elpídos* (517b6).

philosophie et du choix le plus crucial que doit faire un homme quant à la manière de mener sa propre existence ? Comment fonder ce choix sur une simple espérance et non sur un savoir assuré ? La seule réponse possible est peut-être de renvoyer à l'expérience même de la pensée qui s'accomplit au fur et à mesure de la montée de l'âme : ce dont parle le mythe de la caverne n'est pas un ailleurs surnaturel ou un futur insaisissable, mais il est une invitation à saisir par la puissance de son âme les réalités intelligibles que sont les Formes, et leur source transcendante qui est le Bien. Il suffit que l'âme de celui qui s'adonne à la philosophie accomplisse par elle-même l'ascension vers la réalité intelligible et vers son origine, pour que l'objet de l'espérance ne soit plus rêve illusoire mais devienne expérience vécue.

Que le savoir philosophique s'ouvre, en son point le plus essentiel, sur une forme d'espérance ne doit cependant pas être négligé par le lecteur de la *République* : le savoir humain, fût-il celui de Socrate, le meilleur des philosophes, ne peut se clore sur sa propre certitude, mais un écart subsiste entre le vrai tel qu'il nous apparaît et ce qu'il est en lui-même, aux yeux d'un dieu. C'est là le signe de l'humaine condition, que la philosophie elle-même ne peut totalement dépasser.

Quoi qu'il en soit, c'est bien sur la possibilité d'une expérience propre de la vérité par chaque âme que se fonde le projet éducatif dans la *République.* Il faut y insister : dans la religiosité orphique, telle que Glaucon la présentait au livre II, c'est la puissance du prêtre et des rites qu'il accomplit qui délivre l'âme et lui offre le salut. L'âme n'y a part que passivement en se prêtant aux incantations et en se soumettant docilement aux sacrifices. Or, dans les lignes qui suivent le mythe de la caverne, Socrate rappelle ce que doit être l'éducation philosophique en soulignant que la puissance de connaître « réside dans l'âme de chacun, ainsi que l'instrument grâce auquel chacun peut apprendre ». Et il précise que la connaissance se trouve constituée à la suite du « retournement de cet instrument hors de ce qui est soumis au devenir » et que l'éducation n'est rien d'autre que « l'art de ce retournement » (518c). Une âme pourtant ne se retourne pas comme un gant : si l'éducateur peut orienter la « puissance de voir » de l'âme vers l'être (518d), il ne peut penser à la place de son élève. Tant que ce dernier n'a pas, par lui-même, fait l'effort de la pensée, et qu'il n'a pas saisi la réalité par une intellection autonome, ni le retournement ni la montée ne peuvent s'accomplir. L'ascension philosophique se distingue ainsi du transport mystique en ce que le second est un rapt soudain et l'effet d'une pratique théurgique, alors que la première s'accomplit laborieusement, avec constance, ténacité, et une participation dynamique de l'intelligence. La *teletè* mystique repose sur une passivité fondamentale de l'initié alors que la *paideia* philosophique requiert une tension active de cet « instrument » qu'est la pensée.

L'ASCENSION THÉURGIQUE DANS LES *ORACLES CHALDAÏQUES*

Transposons-nous alors au crépuscule du platonisme, au IIIème siècle après J.-C. La philosophie de Plotin, que l'on qualifie souvent de « mystique », fait-elle preuve d'une perméabilité plus grande que celle de son maître Platon, à l'influence religieuse ? Assiste-t-on, dans cette Antiquité tardive, à un brouillage des frontières entre le philosophique et le religieux ? Et, plus précisément, l'ascension que l'âme accomplit en gravissant la hiérarchie des hypostases que distingue Plotin, peut-elle être rapprochée du transport mystique propre aux théurges ? Il semble que Plotin soit resté beaucoup plus fidèle qu'on ne le dit habituellement à l'exigence platonicienne : la philosophie demeure une activité singulière, irréductible à nulle autre.

Pour s'en convaincre, proposons-nous un modèle d'ascension mystique qui imprégnait tout la culture intellectuelle du temps de Plotin : celui des *Oracles chaldaïques*. La thématique de l'*anagogè* est centrale dans ce texte, quoique développée de façon complexe et parfois difficile à interpréter[13]. Il faut en fait distinguer différentes étapes de l'ascension qui concerne chacune une partie distincte de l'âme. La première met en jeu la partie irrationnelle de l'âme ainsi que son véhicule (*ochèma*). Ce dernier a pour charge, depuis le médioplatonisme, de faire le lien entre la partie inférieure de l'âme et le corps. L'ascension de l'âme s'accomplit

13 Je m'inspirerai en grande partie de l'exposé que propose R. Majercik du thème de l'ascension de l'âme, dans son introduction à *The Chaldean Oracles : text, translation and commentary*, Leiden, Brill, 1989.

ainsi au moyen d'un certain nombre de rites matériels, tels que des massages de pierre ou d'herbes, censés purifier l'âme, ou des incantations[14]. Sans doute cette partie du rite n'avait-elle de portée que purificatrice et propédeutique par rapport à l'ascension elle-même.

Celle-ci commence vraiment avec l'attraction que les rayons du soleil exercent sur l'âme. Le rite devient ici très difficile à reconstituer[15]. On peut, semble-t-il, distinguer trois étapes dans cette ascension vers le soleil. La première consistait à enterrer le corps du fidèle afin de mimer symboliquement la mort (voir Proclus, *Théologie platonicienne*, IV, 9, 30, 17 *sq.*). Il s'agissait ainsi de préparer la séparation de l'âme avec le corps. La deuxième étape achève cette séparation. Dans l'interprétation de H. Lewy, l'officiant appelait l'âme de l'initié hors du corps, imitant ainsi l'attitude d'Achille lors des funérailles de Patrocle (voir Proclus, *Commentaire sur* La République, I, 152, 7-153, 20). Par ailleurs, cette cérémonie devait être accompagnée d'exercices respiratoires accomplis par l'initié afin de faciliter l'envol de l'âme (fr. 124) : il s'agissait, par ces pratiques, d'inhaler les rayons du soleil qui constituaient le support de l'ascension. Une fois, la séparation accomplie, débute la troisième étape : l'élévation de l'âme qui glisse sur les rayons du soleil. L'âme se trouve dans cette phase guidée par le théurge, des anges (fr. 122 et 123), ainsi que les trois télétarques, les dieux responsables de l'initiation (fr. 85). Une fois établie sur les rayons, l'âme s'élève jusqu'au centre du soleil (fr. 111) : l'âme se trouve dès lors purifiée et rendue immortelle.

Les interprètes divergent sur le sens à donner à cette dernière étape. La purification accomplie par l'ascension vers le soleil visible se redouble en effet d'une purification intelligible qui suppose l'exposition aux rayons de l'*Aion* : il s'agit de la lumière qui dérive du premier dieu, le Père, et qui a pour fonction d'éclairer les Formes intelligibles. Ainsi le fragment 49 définit-il l'*Aion* comme la « lumière générée par le dieu ». Selon Lewy, cette ultime étape de la purification intelligible demeure théurgique : elle s'accomplit par des rites magiques, des incantations et

---

14 R. J. Majercik donne pour cette partie du rite les références suivantes : Psellus, *P. G*, 122, 1132a8-11 ; Marinus, *Vita Procli*, 28 (fr. 206 des *Oracles*) ; Proclus, *De Magia*, p. 151, 5-9, Bidez.

15 Outre l'ouvrage de Majercik déjà cité, on pourra consulter Hans Lewy qui livre une interprétation très précieuse des différentes étapes de l'ascension de l'âme : *Chaldæan Oracles and Theurgy. Mysticism, Magic, and Platonism in the Later Roman Empire*, Nouvelle édition par Michel Tardieu, Paris, Études Augustiniennes et Turnhout, Brepols, 1978.

des visions[16]. R. Majercik[17] et P. Hadot[18] sont plus circonspects quant à la dimension théurgique de cette dernière étape. Ainsi, dans sa lecture globale de l'*anagogè* dans les *Oracles*, Hadot distingue deux moments : une ascension rituelle relative à la partie inférieure de l'âme, et une ascension purement intellective qui transcenderait la théurgie et qui concernerait la partie supérieure, rationnelle, de l'âme.

L'ASCENSION COMME UNIFICATION : PLOTIN

Que l'on privilégie l'une ou l'autre de ces lectures, l'impulsion première de la montée de l'âme reste, dans le contexte des *Oracles*, théurgique. Et il est vraisemblable que la partie rationnelle de l'âme elle-même pouvait être purifiée par des rituels magiques. Or, Plotin dans sa présentation de l'ascension de l'âme se démarque très nettement des pratiques chaldaïques : l'âme ne gravit pas les différents échelons du réel par une initiation mystique, mais par un exercice de plus en plus dense et unifié de la pensée. Toutes les images et les pratiques que l'on a évoquées dans le cadre de l'initiation chaldaïque sont profondément étrangers à la méditation plotinienne : l'âme a en elle les ressources pour s'élever jusqu'aux principes, sans qu'intervienne le processus externe et artificiel du rite. Cette position de Plotin doit être rattachée à l'une des thèses les plus profondes et les plus originales des *Ennéades* : la partie supérieure de l'âme, purement rationnelle, ne chute jamais dans le sensible. Alors même que l'âme est en proie à l'emprise de la matière et doit gouverner, non sans mal, son corps, elle reste, par une partie d'elle-même, parfaitement libre et détachée de toute matérialité, intimement unie à la vie intelligible[19]. La problématique de l'ascension

16 H. Lewy, *op. cit.*, p. 208.

17 R. Majercik, *op. cit.*, p. 39-46.

18 P. Hadot, « Bilan et perspectives sur les *Oracles Chaldaïques* » dans H. Lewy, *op. cit.*, p. 718-719.

19 Voir par exemple dans le traité 6 (IV, 8) : « Et s'il faut oser dire contre l'opinion des autres plus clairement ce que l'on pense, notre âme n'a pas plongé tout entière ici-bas, mais quelque chose d'elle reste toujours dans l'intelligible » (chap. 8, 1-2, trad. L. Lavaud).

est alors totalement différente de ce qu'elle était dans les *Oracles*. Dans ce dernier cas, l'âme se trouve isolée, perdue dans l'obscurité de la matière, et elle ne saurait plus trouver par elle-même la voie du retour : d'où l'importance de la théurgie qui accomplit ce dont l'âme se trouve désormais incapable. Dès lors en revanche que l'âme reste toujours là-bas, dans l'intelligible, alors même qu'elle est mobilisée par la vie sensible, il lui suffit, pour remonter, qu'elle se ressouvienne de ce qu'elle est déjà : l'ascension n'est plus une odyssée inquiétante et périlleuse vers l'au-delà, elle est une plongée en soi-même, où l'âme se retrouve et se reconnaît dans son essence la plus pure. On peut parler d'une forme d'optimisme philosophique de la part de Plotin, par contraste avec les visions plus tragiques de la destinée humaine propres aux *Oracles*, ou, de façon plus accentuée encore, au gnosticisme.

D'une certaine façon, c'est la lecture même des traités plotiniens qui tient lieu d'initiation : le seul rite à accomplir est celui de l'assimilation intellective des différents niveaux de réalité visés par le discours philosophique. Ce qui frappe, à la lecture des traités, est la récurrence de leur structure ascendante : rares sont les traités qui ne partent pas de la réalité sensible pour s'élever progressivement jusqu'à l'Un, principe suprême. Le lecteur – ou, originairement, l'auditeur de Plotin – doit ainsi traverser la hiérarchie du réel, en saisissant par son intelligence chaque nouvelle étape, jusqu'à se fondre avec le principe. Mais l'ascension n'est pas ici une promenade de la pensée qui contemplerait, à chaque pas accompli, un nouveau paysage ontologique auquel elle resterait extérieure. Penser, dans le plotinisme, c'est toujours devenir ce que l'on pense : ainsi en passant du sensible à l'intelligible et de l'intelligible à l'Un, non seulement l'âme passe d'un mode de pensée à un autre, mais en outre, elle se modifie elle-même, elle se transforme radicalement en s'élevant.

C'est la pensée, et sa progressive modification, qui scande donc les étapes de l'ascension[20] :

- Au point le plus bas, l'âme est livrée à l'extériorité matérielle : elle subit les affections du corps et elle accueille en elle les réalités qui lui sont extérieures par le processus de la perception.

20 L'un des meilleurs guides, pour repérer les différentes figures de la pensée qui jalonnent l'élévation de l'âme, est le traité 49 (V, 3), *Sur les hypostases qui connaissent*. Plotin se livre cependant parfois à des raccourcis saisissants qui font passer en quelques lignes de l'observation des corps à l'union silencieuse au principe. Voir par exemple le traité 9 (VI, 9), 1, 1-30.

- La pratique de la pensée discursive, la *dianoia*, signale alors un premier ressaisissement en elle-même de la pensée : la pensée qui raisonne, reste dépendante de la progressivité temporelle, puisqu'elle saisit ses objets les uns après les autres, mais elle suppose déjà une forme d'intériorisation et d'autonomie par rapport aux exigences de l'extériorité. La *dianoia* est la pensée propre à l'âme.
- Ce n'est cependant qu'au niveau du *nous*, de l'Intellect, que la pensée s'accomplit de façon absolue. À ce stade, plus aucune extériorité ne subsiste entre la pensée et l'être : l'intelligence s'identifie à l'intelligible qu'elle saisit. La pensée n'appréhende plus les Formes dans le labeur de la progressivité, mais la totalité de l'être lui apparaît « d'un coup » par une intuition unifiée ; dès lors, aucune partie de l'être n'est isolée d'une autre : la pensée d'un être singulier est aussi nécessairement pensée de la totalité.
- Enfin, l'ascension s'achève par le contact silencieux avec le principe. L'âme dépasse désormais l'intellection elle-même pour n'être plus que désir du Bien : Plotin précise que l'âme, désormais, « méprise le fait de penser » (traité 38 (VI, 7), 35, 1-2), qu'elle délaisse les splendeurs variées de l'intelligible. Seule subsiste l'ivresse de l'union au Bien, ivresse supérieure à l'état plus sobre et plus décent de la pensée intellective (*idem*, 35, 20-28).

À chaque nouvelle étape de son ascension, l'âme modifie sa substance. La pensée n'est pas une aventure dont elle sort indemne : accéder à un nouveau mode d'exercice de la pensée signifie adopter une identité neuve, plus dense et plus unifiée. Car c'est une seule dynamique qui fait passer de la perception au discours, puis de celui-ci à l'intuition intellective et à l'épreuve amoureuse du principe : cette dynamique est celle de l'unification. S'élever, dans tout le néoplatonisme, c'est s'unifier :

> Voilà pourquoi en toutes choses, la remontée se fait vers l'Un. Et en chaque chose il y a une certaine unité vers laquelle tu remonteras, et ce tout remontera vers l'un qui est avant lui, qui n'est pas encore absolument un, jusqu'à atteindre ce qui est absolument un et qui pour sa part ne remonte plus vers rien d'autre (traité 30 (III, 8), 10, 20-24, trad. J.-F. Pradeau).

Aussi l'ascension ne se réduit-elle pas à une extase vers une lointaine et inaccessible transcendance. C'est vers le plus intime de chaque réalité, en son point de rassemblement et d'unification qu'il s'agit de tendre : d'une certaine façon on ne monte jamais que vers soi, mais vers un soi identifié à la source même de tout ce qui est. Le schème de l'ascension plotinienne entrelace ainsi l'élan vers la transcendance et la plongée dans l'immanence, la hauteur du principe et la proximité de l'intériorité.

En centrant l'ascension de l'âme sur un exercice hiérarchisé de la pensée, Plotin reste fidèle aux intuitions principales du platonisme. De même que le prisonnier de la caverne platonicienne ne se délivre qu'en passant d'un mode de pensée à l'autre, de même l'âme, telle que Plotin la met en scène, ne peut accéder à elle-même que par l'exercice de plus en plus unifié de son intelligence. La philosophie peut certes emprunter au religieux certaines de ses figures. Il est même probable que le schème de l'ascension de l'âme a une origine religieuse avant d'être transférée par Platon sur le terrain de la philosophie. Il n'en demeure pas moins que cette dernière ne cesse de conquérir sa propre différence par rapport à d'autres modes de discours ou de représentations. La pensée, dans la philosophie, ne monte jamais que vers elle-même, vers ce qui constitue son centre le plus intime. Le Bien, dernier stade de l'ascension, n'est pas une divinité étrangère qui se révélerait soudain lors d'une ultime extase mystique de l'âme. Il est ce qui, à chaque étape de la montée, c'est-à-dire à chaque nouvel exercice de la pensée, suscite de l'intérieur le désir de l'âme et aimante son énergie vers le haut.

Laurent LAVAUD
ENS de Lyon /
IHRIM (UMR 5317)

L'ICONOGRAPHIE BYZANTINE DE LA DORMITION DE LA VIERGE

Une controverse balkanique sur l'ascension de l'âme

Parmi les débats souvent relevés par les philosophes anciens, celui sur l'ascension de l'âme fut l'un des plus stimulants et importants aux yeux des byzantins, étant transmis par une riche postérité néoplatonicienne à la fin de l'Antiquité. Il existe cependant une double assimilation byzantine, textuelle et iconographique, de la controverse ancienne sur l'ascension de l'âme, assimilation qui n'a pas fait encore l'objet d'une recherche rapprochée. Réminiscences de cosmologies antiques et controverses théologiques sont à l'œuvre dans plusieurs cycles de fresques byzantines et post-byzantines en Macédoine, Serbie et Roumanie. Cette étude identifie et analyse les formes particulières que l'iconographie de l'ascension de l'âme a pu prendre dans ces fresques, en s'intéressant spécialement aux représentations de l'ascension de l'âme de la Vierge. Plusieurs courants théologiques byzantins parlent de l'ascension concomitante de l'âme et du corps de Marie, préfigurant sa résurrection anticipée dans la Jérusalem céleste et montrant ainsi comment s'accomplirait celle des justes dans l'économie du salut. D'autres textes invoquent, par contre, l'ascension de l'âme de la Vierge et l'enterrement de son corps suivi, trois jours après, de son ascension au Ciel et de l'union à l'âme. Le choix du vocabulaire est déterminant dans les textes apocryphes inspirant les hymnographes byzantins : *koimesis* (dormition, dans le texte de pseudo-Jean[1], le seul de la tradition grecque du *Transitus Mariæ* qui affirme la croyance dans une mort sans résurrection, sans qu'il soit question d'assomption – immortalité

1 Voir *Clavis Apocryphorum Novi Testamenti* (CANT), éd. M. Geerard, Turnhout, 1992, 101 ; *Bibliotheca Hagiographica Græca* (BHG), éd. F. Halkin, Bruxelles, 1957, 1055-1056 ; texte traduit, présenté et annoté par S. C. Mimouni, dans *Les Évangiles Apocryphes* (EAC), vol. I, Gallimard, 1997, p. 163-188.

ou mort suivie de résurrection), *metastasis* (migration, dans le *Transitus R*[2]) ou *analepsis*, des choix qui décideront des variations et des nouveautés iconographiques dans les fresques dédiées à la scène de la Dormition de Marie. Le dernier terme, *analepsis*, se retrouve fréquemment dans la littérature ancienne chrétienne, prenant une valeur active lorsqu'il fait référence au Christ et à son ascension, mais une valeur passive d'« être élevée au ciel », lorsqu'il fait référence à l'ascension de Marie. Le choix de vocabulaire dans les sources apocryphes donne naissance à des détails iconographiques inédits qui révèlent le rapport particulier de chaque représentation à la controverse théologique sur l'ascension de l'âme. La dernière partie de l'étude propose une nouvelle interprétation et datation d'une de ces fresques, la *Dormition* de l'église Saint Nicolas de Curtea de Arges, en Roumanie.

Une des difficultés rencontrées par les auteurs patristiques familiers avec les textes néoplatoniciens était celle de témoigner de la rationalité de leur foi utilisant un vocabulaire tributaire aussi aux catégories de la philosophie grecque ancienne : comment réconcilier l'immortalité de l'âme, attribut divin, avec la transcendance divine, dans quels termes, précisément, formuler l'ascension de l'âme vers Dieu et l'accomplissement de la ressemblance divine, tout en gardant intacte la distinction entre les deux ordres de réalité, créée et incréée ? La doctrine de l'Incarnation soulevait une autre difficulté, quant à elle, reliée à celle de la déification de l'homme. Pour tout opposant à l'arianisme, la doctrine de la déification devenait un argument fort pour démontrer la nature entièrement divine du Christ : l'être humain ne pouvait être déifié que si le Christ était en vérité Dieu. Or derrière les disputes christologiques du IVe siècle, se retrouvent aussi des questions sotériologiques ; si le salut était formulé en termes d'union entre humanité et divinité, la christologie devait alors refléter cette union. Le développement de la christologie aura ainsi une influence déterminante pour les formulations ultérieures de la doctrine de la déification et de l'ascension de l'âme vers Dieu.

En commentant l'épisode de l'Exode 3, 14, Origène présentait tout être comme ayant une participation à Dieu : « De l'Être véritable, qui a dit par Moïse : "Je suis Celui qui est", participent tous les êtres, et cette

2 CANT 102 ; BHG 1056d ; trad. S. C. Mimouni, EAC, vol. II, Gallimard, 1997, p. 207-239.

participation à Dieu s'étend à tous, qu'ils soient justes ou pécheurs, doués de raison ou privés de raison, à tous les êtres absolument[3] ».

L'ascension de l'âme n'est autre que la visée de la perfection spirituelle, le progrès de l'être même, jusqu'à ce qu'il soit porté au niveau de l'Être divin et puisse demeurer « toujours et inséparablement avec le Père ».

L'ascension de Moïse du Mont Sinaï sera d'ailleurs le premier exemple d'inspiration biblique pour l'élaboration iconographique de l'ascension et du salut de l'âme. Ensuite, par les scènes consacrées à la Nativité, à l'Incarnation, d'une part, à la Crucifixion de l'autre part, le cycle iconographique du salut sera entièrement conçu et aménagé à Byzance à partir du IXe siècle.

La seule scène cependant où l'ascension et le salut de l'âme deviennent explicites iconographiquement est la scène de la Dormition de la Vierge. À partir du Xe siècle, elle accompagnera toute représentation de la Nativité ou de la Crucifixion, comme évènement tout aussi important dans l'économie du salut ; cette disposition iconographique est vérifiable pour les grands cycles de fresques, également pour les icônes ou les ivoires (Illustration 1).

Dans l'élaboration iconographique de la Dormition, plusieurs sources textuelles et iconographiques s'entremêlent, parfois plus qu'elles ne s'en décantent. Cela ne concerne pas uniquement la circulation des cahiers de modèles et celle des maîtres des grandes écoles de peinture, constantinopolitaine ou moravienne, mais également les textes liturgiques – les homélies lues pendant les vêpres, les hymnes chantés pendant la fête de la Dormition, célébrée le 15 août depuis l'empereur Maurice (582-602)[4] – textes qui insistent sur le rôle essentiel d'intercession de la Vierge dans l'économie du salut. Le culte marial remonte au début du Ve siècle à Jérusalem et la liturgie hiérosolymitaine[5] s'impose vers la fin de ce siècle face aux influences des liturgies de Constantinople, d'Alexandrie et d'Antioche. Aux alentours du IXe siècle, le texte liturgique de référence est composé ainsi de trois homélies attribuées à Jean

3 *Peri Archôn* I, 3, 6, éd. Paul Kœtschau, *Die Griechischen Christlichen Schriftsteller* (GCS) 22, Leipzig, 1913, p. 57, 1-5.

4 S. C. Mimouni et S. Voicu, *La tradition grecque de la Dormition et de l'Assomption de Marie*, Paris, Éditions du Cerf, 2003, p. 15-23.

5 Les éléments les plus importants sont déjà présents dans les catéchèses de Cyrille de Jérusalem, au IVe siècle ; voir Cyrille de Jérusalem, *Les Catéchèses baptismales et mystagogiques*, coll. « Les Pères dans la foi », Paris, Migne, 1993.

Damascène, André de Crète et Germain de Constantinople, toujours présentes dans les lectures liturgiques contemporaines[6]. Syméon de Thessalonique voie dans l'entrée dans l'autel pendant les Matines (*Orthros*) une ascension de l'âme vers le Ciel, la porte centrale du sanctuaire symbolisant la Vierge, et les neuf odes du Canon, multiples de trois (basés sur les neuves cantiques de la Bible), exemplifiant la Trinité[7].

À côté de cette tradition homilétique, il existe un grand nombre de textes non intégrés dans la tradition liturgique : un apocryphe, circulant sous le nom de Jean l'évangéliste, qui apparaît dans plus de 100 manuscrits, apocryphe publié par Tischendorf comme *Apocalypse de Marie*[8], rediscuté et traduit récemment par Claude Mimouni et Sever Voicu sous le nom de la *Dormition de Marie* de pseudo-Jean[9], le Transitus grec « R »,

6 Le Menée d'Août indique pour le 15 août des lectures des hymnes et du canon de Jean Damascène ; parmi les vers chantés : « Venue de flancs mortels selon la nature, Ô Pure, tu arrivas au trépas, mais ayant enfanté la vraie vie, tu fus transférée à la vie selon l'hypostase. [...] Vers les Cieux s'est envolée ton âme spirituelle, ô Toute-Sainte ; c'est au Paradis que la tente immaculée, triomphant de la corruption, est transportée. [...] Si son Fils inaccessible qui créa les cieux accepta librement d'être enterré comme mort, comment Celle qui l'enfanta sans concours de mari méconnaîtra-t-elle le tombeau ? » (Athènes, Apostoloki Diakonia, 1905). Le Typicon de l'église orthodoxe prévoie après l'entrée des prêtres, le *prokimenon*, mode 3 : Lc. 1, 46 <-47>, ensuite les trois petits antiphones et la prière synaptique avec les demandes, et trois lectures (Gen 28, 10-17 ; Ez 43, 27-44,4 ; Prov 9, 1-11). Ensuite, le tropaire chanté par les psaltes en mode 1 : « Dans ta maternité, tu es restée vierge, dans ta dormition, tu n'as pas délaissé le monde, ô Théotokos. Tu es passée à la vie, toi qui es Mère de la Vie, et par tes prières tu rachètes nos âmes de la mort. » Le matin de la fête, pendant le psaume 50 et à l'entrée de la Liturgie, est chanté le même tropaire, ensuite la prière du trisagion et le tropaire de la procession en mode 4 : « Avec toutes les générations, nous te proclamons bienheureuse, Mère de Dieu et Vierge ! Car l'Infini, le Christ notre Dieu, a voulu prendre en toi des limites et s'y enfermer. Heureux sommes-nous de t'avoir aussi pour Protectrice, car jour et nuit tu pries pour nous [...] » ; voir J. Mateos, *Le Typicon de la Grande Église, I, Le cycle des douze mois*, Rome, Pontificium Institutum Orientalium Studiorum, 1962, p. 369-371. V. aussi André de Crète, *In Dormitionem* I-II, PG 97, 1053A-1056D, 1068B-1069C, 1073A, 1080C-D, 1081C-D, 1085C, 1099A-B, 1097B-C, 1100A ; Joseph l'Hymnographe, *Mariale*, PG 105, 983-1414 ; Germanos I de Constantinople, *In Dormitionem* I, PG 98, 340-372, mais spécialement 345A-349C, 357A-D, 361C ; Jean Mauropous, *In Dormitionem*, PG 120, 1080B, 1081A-C, 1085A-C, 1093C-D, 1096C-1097A ; Jean le Géomètre, *In Dormitionem*, PG 106, 907B ; Jean Damascene, PG 96, 704A, 713D, 716A-C, 720A, 725C-728C, 733C, 741A-C, 749B, 753C-D, 756A-D, 760B, 1365A-D.

7 *Treatise on Prayer : An Explanation of the Services Conducted in the Orthodox Church*, traduit par H. L. N. Simmons, Brookline, MA : Hellenic College Press, 1984, 26-32.

8 Constantin von Tischendorf, *Apocalypses Apocryphæ*, Leipzig, H. Mendelssohn, 1866, p. 95-112, réimprimé à Hildesheim, Éd. G. Olms, 1966.

9 S. C. Mimouni et S. Voicu, *La tradition grecque de la Dormition et de l'Assomption de Marie*, Paris, Éditions du Cerf, 2003, p. 31-60.

la dormition (A et B) écrite par Jean de Thessalonique, une recension anonyme qui laisse supposer un contexte plus ancien que celui de Jean de Thessalonique, avant le VIIe siècle[10], une homélie sur l'assomption attribuée à Théoteknos de Livias. Il s'agit parfois de rédactions parallèles du même récit, en fonction des débats théologiques de leurs époques, des textes dont la circulation est une des plus larges, inspirant abondamment les iconographes ; si pour l'iconostase les règles demeurent toujours strictes, l'iconographie étant étroitement liée à chaque moment de la liturgie, dans le cas des programmes muraux, elle est beaucoup plus flexible et aérée, intégrant facilement les variations inspirées par cette littérature.

Une bonne partie des textes traitant de la mort et du devenir de Marie sont des récits hagiographiques, d'autres relevant de l'éloge funèbre, de l'*epitaphios logos*[11], composé de trois parties : l'introduction, la louange et les consolations[12]. La technique courante est celle de l'excursus descriptif ou narratif (les règles de la rhétorique classique peuvent s'appliquer très bien au texte de pseudo-Jean, aussi bien aux homélies d'André de Crète, de Jean Damascène ou de Germain de Constantinople). Il s'agissait pour ces auteurs chrétiens de prendre une position dans les débats théologiques concernant le sort réservé au corps et à l'âme de Marie dans l'économie du salut. Dès le Ve siècle, trois directions d'interprétation évoluent diachroniquement, déterminant les iconographes à répondre quelques siècles plus tard, avec leurs propres moyens, aux mêmes controverses. Une de ces directions insiste sur la dormition sans résurrection de la Vierge. Le seul texte de toute la tradition grecque qui témoigne de cette croyance est celui

10 Sur ce sujet, voir les deux ouvrages de référence de S. C. Mimouni, *Dormition et Assomption de Marie. Histoire des traditions anciennes*, Paris, Beauchesne, 1995 et S. C. Mimouni et Sever Voicu, *La tradition grecque de la Dormition et de l'Assomption de Marie*, Paris, Éditions du Cerf, 2003.

11 Justin Mossay, « Notes sur l'herméneutique des sources littéraires de l'histoire byzantine », dans *Recherches de Philologie et de Linguistique*, Louvain, 1972, p. 39-51. V. aussi B. E. Daley., « *At the Hour of Our Death* : Mary's Dormition and Christian Dying in Late Patristic and Early Byzantine Literature », dans *Dumbarton Oaks and Papers* 55, 2001, p. 71-89. V. aussi M. Jugie, *La mort et l'assomption de la Sainte Vierge. Étude historico-doctrinale*, Vatican, 1944 ; J. Ledit, *Marie dans la liturgie de Byzance*, Paris, Beauchesne, 1976.

12 Michel van Esbrœck a répertorié environ une centaine de textes, intégrés partiellement ou pas du tout dans la liturgie ; v. M. van Esbrœck, « Les textes littéraires sur l'Assomption avant le Xe siècle », dans *Les Actes Apocryphes des Apôtres*, Genève, Labor et Fides, 1981, p. 265-285 et aussi, du même auteur, « Étude comparée des notices byzantines et caucasiennes pour la fête de la Dormition », dans *Aux origines de la Dormition de la Vierge. Études historiques sur les traditions orientales*, Londres, Aldershot, 1995, p. 1-18.

de pseudo-Jean, conservé aussi en latin, en arabe, en géorgien et en slavon, peut-être aussi en syriaque (on le considère, en tout cas, comme donnant naissance à une version syriaque, la Dormition du pseudo-Jacques[13]), dans sa recension grecque étant transmis par une soixantaine de manuscrits entre le VIIIe et le XVIIe siècle. Il n'est jamais question ici d'une résurrection privilégiée de Marie. La Vierge est morte comme tous les autres êtres, son corps, préservé de la corruption, serait enterré dans un tombeau ou transporté ailleurs et son âme est montée au ciel où elle attendra la résurrection universelle. C'est aussi l'écrit le plus ancien du corpus des *Transitus Mariæ* (probablement du VIe siècle). Il est bien question ici de dormition (*koimesis*), mais l'âme de Marie, portée par le Christ, est déposée dans les « trésors du père », alors que le corps est enterré dans un tombeau et porté au paradis trois jours après. Certains manuscrits ne mentionnent pas le passage de Marie par le tombeau, mais font intervenir douze nouées qui emportent au paradis le corps de Marie en compagnie des apôtres, qui assistent à son transfert avant de revenir sur terre.

Une deuxième ligne d'interprétation concernerait la dormition et l'assomption. Le texte du Transitus grec « R », par exemple, parle de la migration (*metastasis*) de Marie. Le critère de la résurrection n'intervient pas ici, la Vierge est transférée, corps et âme, au paradis, sans transition par le tombeau.

La troisième direction interprétative irait dans le sens de l'assomption. Marie serait sortie de son corps, son âme montée au ciel et son corps transféré trois jours après, au paradis le corps et l'âme se réunissant ; il n'est jamais question de résurrection dans ce corpus de textes, mais de l'immortalité de Marie. Dans la tradition latine de ce type de textes, *transitus* et *assumptio* sont souvent associés, alors qu'ils n'entrent jamais en composition avec le terme *dormitio* (c'est le cas du *Transitus latin* de pseudo-Méliton de Sardes[14], le texte latin le plus répandu sur la dormition et l'assomption de Marie). D'autres textes de ce groupe parlent de Marie transférée corps et âme au ciel, où elle a été ressuscitée (donc mort suivie de résurrection). Dans l'homélie sur l'assomption attribuée à Théoteknos de Livias, le terme grec *analepsis*, utilisé d'habitude pour

13 S. C. Mimouni, *Dormition et Assomption de Marie*, Paris, Beauchesne, 1995, p. 118-127.

14 Édité par U. Chevallier dans *Bibliotheca Hagiographica Latina*, 2 vol., Bruxelles, 1898-1901, 5351-5352 ; voir aussi M. Haibach-Reinisch, *Ein neuer Transitus Mariæ des Pseudo-Melito*, Rome, 1962, p. 189-191.

décrire l'ascension du Christ[15], apparaît ici au passif, en référence à Marie qui est « élevée au ciel ».

Les trois phases doctrinales se retrouvent rarement simultanément dans les différentes traditions littéraires et vers le IXe siècle, Constantinople cristallisera une réaction accentuée contre l'assomption et en faveur de la dormition ; néanmoins, la diversité de la doctrine byzantine sur le sort final de Marie se maintient dans la théologie orthodoxe contemporaine et était déjà bien réelle pour Scholarios[16].

La diffusion de ces écrits apocryphes, l'établissement des textes liturgiques, la circulation des maîtres *zographes* et des cahiers de modèles doivent être analysés conjointement et rapprochés dans toute étude de l'iconographie de la *Dormition.* Pour en tracer son histoire, nous pouvons soit essayer de trouver, à partir des fresques et des lieux, une école de peinture et la tradition textuelle suivie (liturgique et apocryphe), soit partir d'une tradition textuelle, pour remonter à son milieu de vie, iconographique et littéraire. Les problèmes qui doivent être pris en compte sont stratifiés et concernent, d'une part, les changements de dédicace d'une église, mais aussi l'évolution du culte, des textes liturgiques. Lorsqu'une église change de dédicace, de saint patron, son programme iconographique est remplacé, les anciennes dédicaces, portraits de saints patrons sont effacés ; de même, lorsque des hymnes liturgiques sont réunis, ils ne sont pas forcément réaménagés, dans la plupart des cas ils sont abandonnés en faveur d'un autre corpus liturgique. Un autre aspect serait lié à la diffusion des écrits apocryphes et des cahiers de modèles ; dépendant de copistes et de *zographes*, leur transmission implique les copies, les rédactions successives, les ajouts et les réaménagements.

---

15 *Cf. Ac* 1, 11 et 1 *Tm* 3, 16.

16 « Après sa déposition en terre, le corps de la Vierge fut cherché, mais on ne le trouva point : il avait été transporté ailleurs non sans raison, afin que la chair qui avait fourni à Dieu la chair reçut quelque chose de plus que les autres corps. En quoi consiste son privilège, seul Dieu le sait. Quant à nous autres hommes, nous pensons les uns une chose, les autres une autre. Les uns pensent que ce corps très saint fut transféré au paradis terrestre, où il attend le second avènement du Christ, ne devant pas ressusciter alors de la même manière que les autres ; car il reste dans l'état où il était au dernier soupir, et il sera alors de nouveau animé par l'âme. Les autres disent qu'il fut animé le troisième jour, l'âme étant de nouveau descendue des cieux et qu'après avoir éprouvé la transformation et le changement que nous espérons pour les corps qui doivent ressusciter, il fut enlevé au ciel avec l'âme. », dans L. Petit, X. Sidéridés, M. Jugie, éd., *Œuvres complètes de Gennade Scholarios*, vol. I, Paris, 1928, p. 205.

Au début de cette étude, nous rappelions qu'au IXe siècle apparaissait déjà dans l'église byzantine un système de références cohérent, intégrant les scènes de la vie de Marie et les saints dans les structures liturgiques, les icônes et dans le programme de la décoration peinte des édifices du culte. Leur emplacement était établi non selon une hiérarchisation de la sainteté, mais selon la spécificité de leur témoignage de foi[17].

Rappelons également que le cycle iconographique des douze grandes fêtes de l'église orthodoxe était déjà établi au XIe siècle. Le dodecaorton était intégré à l'office liturgique, pensé pour occuper l'épistyle, une partie importante de l'iconostase. L'ensemble canonique comprenait déjà quatre triades : la première centrée sur l'enfance du Christ (Annonciation, Nativité, Présentation au Temple), la deuxième concerne sa vie, ses miracles (Baptême, Transfiguration, Résurrection de Lazare), la troisième est celle de la Passion (l'Entrée à Jérusalem, Crucifixion, Résurrection), la quatrième, les événements après la Résurrection (Ascension, Pentecôte, Dormition).

Avant ce siècle, certaines scènes étaient facilement interchangeables (l'Incrédulité de Thomas ou l'Apparition du Christ aux Femmes Myrrophores), mais à partir du XIIe, le cycle devient canonique. La cohérence de l'ensemble est exemplaire : la christologie, les fêtes reliées à l'Incarnation, sont encadrées par des scènes mariologiques, commençant avec la Naissance de la Vierge et clôturant le tout avec la Dormition. La diffusion de ce cycle est une des plus larges et il n'est pas surprenant de le retrouver copié pour le culte privé, sous la forme de panneaux de dimensions modestes, icônes ou ivoires, parfois plus élaborés, exerçant une influence sur le programme mural, fresque ou mosaïque, des églises byzantines.

17 Sur ce sujet, voir le *Typicon* de l'Église Sainte Sophie de Constantinople, qui reproduit le manuscrit Stavrou 44 (entre 950 et 970) de la Bibliothèque Patriarchale de Jérusalem, à la base de l'édition de référence de Mateos, *Le Typicon de la Grande Église*, Rome, 1962 ; pour les questions qui nous préoccupent ici, voir *I, Le cycle des douze mois*, p. 368. Notons également que le *Synaxaire* de l'empereur Basile II (Vat. gr. 1613, édité par Migne dans la Patrologie Grecque, vol. 117, col. 581-587), daté de 986, appelé à tort *Ménologe*, qui conserve 430 miniatures de saints et fêtes orthodoxes, ne couvre que les mois de septembre à février et ne peut pas avoir eu une influence sur l'iconographie de la Dormition, fixée depuis le VIe siècle le 15 août. Sur les calendriers iconographiques, voir Pavel Mijovič, « Les Ménologes en Roumanie et en Serbie médiévale », dans *Actes du XIVe Congrès International des Études Byzantines, Bucarest 6-12 septembre 1971*, Bucarest, 1975, p. 579-585.

Jusqu'au XIIIe siècle, la mise en place de personnages et éléments matériels dans la scène murale de la Dormition se fait ainsi autour d'une formule iconographique assez précaire, inspirée par l'icône intégrée dans l'épistyle et dans les ménologes. Dans le programme mural, elle commence à être souvent représentée dans les endroits de l'église où il existe déjà une scène de la Nativité ou de la Vierge à l'enfant, reliant directement, dans les fresques et mosaïques aussi, la scène de la Dormition à l'Incarnation et au rôle d'intercession de Marie. À partir du milieu du XIIIe, à Sopočani (1259-1265) (Illustration 2), le schéma initial prend une extension déterminante et la mandorle autour du Christ devient très ample.

Le type de la mandorle ample apparait également vers 1295 à Ochride (Illustration 3), ensuite dans plusieurs églises serbes, le rapprochement de ce développement avec la scène de la Transfiguration du Christ laissant penser à un glissement iconographique.

La mandorle du Christ est à Sopočani une étape dans le passage de l'âme de la Vierge au ciel, car c'est une parcelle du ciel que la Vierge rejoindra dans son ascension. Parfois, cela prend la figure d'un pont tendu qui unit le demi-cercle du ciel à celui de la mandorle, comme dans la fresque de Curtea de Arges, en Roumanie (fin XIVe, XVe siècle), sur laquelle nous reviendrons en détail un peu plus loin. (Illustration 4)

L'âme de la Vierge est portée par le Christ ; au centre de l'image on souligne sa venue par l'amplification de la mandorle et le cortège d'anges descendant avec lui, le Christ qui joue ici, une fois seulement dans toute l'iconographie orthodoxe, le rôle d'un ange psychopompe. La venue est mentionnée dans tous les textes apocryphes : le Christ apparaît dans la prière de Marie, trois jours avant sa mort.

Un de ces textes, écrit par Jean de Thessalonique (ses homélies ont eu peut-être la diffusion la plus importante dans les milieux byzantins à cause, en partie, de leur introduction dans les textes à usage liturgique ; son épitomé semble être rédigé uniquement en vue de son insertion dans les *typica*[18]), nous semble être la source d'inspiration des peintres de Curtea de Arges. Il existe de multiples copies des homélies de Jean de Thessalonique, les morcellements de ces textes ne sont pas moins

18 Le typicon du codex 266 de Patmos (avant le Xe siècle) présente à la date de 15 août un abrégé de l'épitomé de Jean de Thessalonique ; v. aussi le Supp. Gr. 919, BNF Paris (XIIe siècle), le Codex gr. 7 de Strasbourg, (XVe siècle).

nombreux, mais même s'il s'agit d'une diffusion de textes plus ou moins mutilés, la popularité de l'évêque de Thessalonique est considérable dans les Balkans. Au VIIe siècle, Jean de Thessalonique partait de la conclusion qu'il existait une tradition écrite sur la mort de Marie qui remontait aux apôtres, à un récit contemporain aux évènements. Il essaye donc de trouver dans ces apocryphes ce qui n'avait pas été déformé par les hérétiques. Le texte qui résulte de sa main est différent de celui du pseudo-Jean, mais assez proche de celui de *Transitus* « R », fondé en la croyance dans la Dormition et l'Assomption de Marie[19].

La représentation de l'âme de la Vierge comme un nouveau-né dans la fresque de Curtea de Arges n'est certainement pas une nouveauté. Elle se retrouve déjà à Yilanli Kilise, à Sušica (l'âme est sans bandelettes ici, rappelant la représentation des âmes dans le canon des Agonisants, dans la chapelle de la tour Saint-Georges, à Chilandar) ; dans la Dormition de Ayvali Kilise, l'âme est fusiforme et sort de la bouche de la Vierge (une source possible pourrait être ici le Psautier Dionysiou, cod. 65, f° 11v, qui garde l'illustration du moment de la mort, lorsque l'âme sort par la bouche sous la forme d'un nouveau-né fuselé). En ce qui concerne le nimbe, il apparaît dès la naissance de la scène de la Dormition (voir à Sainte Sophie d'Ochride et on en retrouve des représentations très proches stylistiquement aussi en Chypre et en Russie). Le nimbe est à mettre en rapport également avec les descriptions de l'âme que donnent les textes apocryphes, une des plus saisissantes se trouvant dans le manuscrit Vat. gr. 1982 (XIe), édité par A. Wenger[20], le témoin le plus ancien de la Dormition, la source probable de Jean de Thessalonique.

Courant le XIIIe siècle et au début du XIVe siècle, ce type s'assouplit : à l'église Studeniča (1209-1214), l'âme est encore contractée dans ses bandelettes, alors qu'à Sopočani (1259-1265), elle se recourbe légèrement dans les bras du Christ ; à Gračanica (Illustration 5), les bandelettes recouvrent bras et jambes. Nous n'avons trouvé aucune trace sur les bandelettes dans les textes apocryphes consultés : la tradition de l'homélie de Jean de Thessalonique et de l'épitomé parlent de l'âme qui fut « enveloppée ».

19 Traduit par Claude Mimouni et Sever Voicu, *La tradition grecque de la Dormition*, p. 109-178 et l'épitomé p. 185-191.

20 Voir A. Wenger, *op. cit.*, p. 211-241.

La première représentation de l'âme ailée que l'on a pu trouver est celle de la Dormition de Saint-Clément d'Ochride (1295), ensuite dans le catholicon de Vatopédi (1312) et à peine quelques années plus tard, elle apparaît en Serbie, à Žiča (1307-1316), à Prilep (1332), dans l'église de la Vierge à Peć (1324-1337), à Psača (1366-1371), dans une icône serbe du XIVe, aujourd'hui à l'Hermitage.

C'est très peu probable que l'innovation des deux ailes soit simplement une question de meilleure intégration dans un schéma fonctionnel de cette nouvelle iconographie. Nous pourrions en fait être ici en présence de l'illustration d'un texte apocryphe grec, inconnu ou perdu aujourd'hui. Les peintres Michel Astrapas et Eutychios auraient pu avoir lu ce texte dont ils se seraient servis pour illustrer la scène à Saint-Clément d'Ochride[21] et ils auraient pu très bien introduire ce détail en Serbie. Ni l'homélie de Jean de Thessalonique, ni l'épitomé, ni le *Transitus* « R » grec, les sources les plus répandues dans la région pour l'illustration de la scène de la Dormition, ne parlent du vol de l'âme. Dans la *Légende Dorée* pourtant, dans la partie consacrée à l'assomption de Marie[22], on retrouve « Sicque Maria anima de corpore egreditur et in ulnas filii advolavit », ce qui pourrait laisser penser que Jacques de Voragine, bien qu'en contact avec les compilations des autres Dominicains, Jean de Mailly, Barthélemy de Trente ou Vincent de Beauvais, aurait pu bien avoir eu accès à plusieurs sources anciennes et les faire fusionner, sources parmi lesquelles un *Transitus* B[23], texte attribué à Méliton de Sardes, une compilation d'homélies de Cosmas, une homélie de Jean Damascène et une homélie du pseudo-Augustin

21 Il n'y a pas vraiment de continuité, ni de style, ni de conception de l'iconographie avec les autres fresques des églises d'Ochride. Les peintres Michel Astrapas et Eutychès (connus comme les fondateurs de l'atelier de peinture du roi Miloutine) peuvent avoir fait seulement une simple visite ici, venant de Constantinople ou de Thessalonique. L'hypothèse sur l'existence de maîtres peintres permanents dans la ville ne peut pas être soutenue à cause des différences de style, du manque de continuité dans la création, mais l'hypothèse d'un séjour prolongé n'est pas exclue ; sur ce sujet, voir Gojko Subotić, « Ochrid and Kastoria : Monuments, Workshop and Style », dans *Byzantine Macedonia. Art, architecture, music and hagiography. Papers from the Melbourne Conference*, 1995, éd. J. Burke et R. Scott, Melbourne 2001, p. 88-96.

22 *Legenda aurea*, éd. G. P. Maggioni, Florence, 1998, p. 779-810.

23 *Transitus Mariæ.B.*, dans *Evangelia apocrypha*, éd. Constatin von Tischendorf, Hildesheim, 1966, p. 124-136 ; voir aussi A. Wenger, *L'assomption de la Très Sainte Vierge dans la tradition byzantine du VIe au Xe siècle. Études et documents*, Paris, 1955, p. 180 et M. Haibach-Reinisch, *Ein neuer Transitus Mariæ des Pseudo-Melito*, Rome, 1962, p. 189-191.

pour l'octave du Dimanche. Jacques de Voragine lui-même, lorsqu'il parle de son travail, suggère l'existence d'un corpus de légendes bien défini et facilement accessible à son époque.

Au monastère Marko, l'âme est représentée deux fois, d'abord entre les bras du Christ, dépourvue d'ailes, puis dans le registre supérieur, entre les deux portes ouvertes du ciel. Elle apparaît de face, les ailes déployées, les mains croisées sur la poitrine, dans une attitude glorieuse. (Illustration 6)

La présence des ailes ne semblerait donc pas liée particulièrement à l'Assomption corporelle, mais plutôt à la montée de l'âme au ciel (ciel qui est ici étoilé, détail assez rare dans l'iconographie de la Dormition) : il n'y a aucun ange à côté du Christ, l'âme de la Vierge n'a pu gagner le ciel que seule et le pont jeté entre la mandorle du Christ et la portion de ciel où s'ouvrent les portes du paradis, tenues par deux anges, rendent ce passage direct.

Ce n'est qu'au cours du second tiers du XIVe siècle, à Pološko, à Peć, puis à Mistra (1350-1380) et à Kalenić (1413) que l'on retrouve l'Assomption au-dessus de la scène de la Dormition.

La double assomption avait fait des fidèles à Byzance au cours des Xe et XIe siècle et on retrouve des échos chez les mélodes du XIIIe et XIVe siècles, chez Léon VI, dans son Sermon sur la Dormition[24], dont le tropaire est lu au mois d'août, chez Jean Mavropous ou Jean le Géomètre. Déjà au XIIe et au XIIIe siècle, un courant favorable à l'Assomption glorieuse, s'appuyant sur les hymnes liturgiques de la fête du 15 août, décide de la présence des mélodes à côté du lit de la Vierge, parmi les apôtres présents à la Dormition : Cosmas et Jean y sont insérés pour glorifier l'Assomption plénière de Marie ; c'est aussi la position de Jean de Phournès, de Michel Glykas et de Nicéphore Blemmydès. Certains hymnographes ajoutent même que Thomas arrive en retard : ainsi, il n'y a pas d'incohérence à représenter les apôtres onze ou douze sur terre et Thomas dans le ciel, autour de l'icône glorieuse de Marie.

La transition entre les deux évènements est assurée par une troisième scène – l'image du tombeau vide. Mais à Peć, l'Assomption domine la scène de la Dormition, sans que l'image du tombeau ouvert soit introduite pour rendre cohérente la suite des événements. Le tombeau

24 *Cf.* PG, vol. 107, col. 157-172.

apparaît sur le côté droit à Saint-Clément d'Ochride, la première église à illustrer le cycle de la Mort de Marie. (Illustration 3)

L'image de la Vierge en gloire en est absente : la Vierge apparaît gagner le ciel sur un nuage et accompagnée d'un ange, elle tend à Thomas sa ceinture (on retrouvera le même geste dans la fresque de Curtea de Arges.

Dans la fresque de l'église de la Pantanassa à Mistra (1428), la Dormition occupe sur le mur ouest une place secondaire. (Illustration 7)

Au lieu de se trouver au-dessus de la porte, elle occupe la surface à gauche et seulement le deuxième registre. La place la plus importante est réservée à une représentation de la Vierge glorifiée par tous les saints, délivrant le sens donné à la mort de Marie : elle gagne le ciel pour intercéder auprès du Christ et, au terme de son ascension, « la vierge est maintenant la seule, avec son fils, à habiter la région céleste avec son corps glorifié[25] ». La dominance de l'image de la Glorification sur la scène de la Dormition était déjà présente dans les représentations précédentes de l'Assomption triomphale de Marie, nous venons de le voir à Peć, mais ici, à Mistra, l'église est dédiée à la Vierge Pantanassa (Toute-puissante, Souveraine), ce qui pourrait expliquer, en partie, la place modeste, au deuxième registre, réservée à la Dormition.

Revenons maintenant aux fresques inédites de l'église Saint Nicolas de Curtea de Arges (Illustration 4), le monument le plus important en Valachie datant du XIVe siècle[26]. La scène de la Dormition est concentrée dans un cycle amplement narratif, les différents épisodes constituant organiquement une seule composition : l'Ange qui annonce la mort, la Vierge priant sous les palmiers, la Vierge faisant don de ses habits (trois épisodes en marge, des deux cotés), l'arrivée des apôtres sur des nuages, portés par des anges, les apôtres au chevet et autour du lit et aux pieds de la Vierge, Saint Paul et un groupe d'anges guerriers ; chacun de ces groupes est prolongé en profondeur par les femmes pleurant dans des absides et devant ce cortège funèbre du premier plan sont disposés Jéphonias, le juif impie, et l'ange qui lui coupe les

25 *Cf.* Grégoire Palamas, *Homélie sur la Dormition*, Migne, PG, vol. 151, col. 465 A.

26 C'est un édifice tripartite, appartenant au type byzantin de la « croix grecque inscrite », dont le programme iconographique a été élaboré vers 1375-1376. Sur la construction de l'église même, voir C. L. Dumitrescu, « Anciennes et nouvelles hypothèses sur un monument roumain du XIVe siècle : l'église Saint-Nicolæ-Domnesc de Curtea de Arges », dans *Revue Roumaine d'histoire de l'art*, 16 (1979), p. 3-63.

mains, protégeant la Vierge ; en bas, à droite, les apôtres contemplent le tombeau vide, mais Thomas arrive pour leur annoncer que la Vierge a été emportée au ciel.

Les rapprochements stylistiques entre les fresques de Curtea de Arges, les mosaïques de l'église de Chora-Kahrié Djami (1315-1321) et les fresques de l'église de la Présentation de la Vierge du monastère de Kalenić (vers 1417/1418)[27], en Serbie, sont, certes, indéniables. Le cycle sur la vie de la Vierge est très similaire entre les trois églises, presque identique entre Kahrié Djami (Illustration 8) et Kalenić (surtout l'enfance, jusqu'à la scène de l'Annonciation), mais stylistiquement, on peut distinguer trois ou quatre types de modèles différents pour l'ensemble des fresques de l'église Saint Nicolas, Kahrié Djami n'étant qu'un des modèles suivis à Curtea de Arges. À l'époque de la décoration de l'église valaque, la Serbie était dirigée par Stefan Lazarević, qui était parvenu à préserver l'autonomie du pays face à l'Empire Ottoman ; demeurant le seul état orthodoxe dans les Balkans, la Serbie devient assez vite un refuge pour ses voisins, elle va accueillir des maîtres *zographes*, des lettrés et cela pourrait expliquer en partie la multitude des sources du programme iconographique de ses églises. Il existe donc peut-être un lien direct, de modèle à copie, entre Kahrié Djami[28] et Kalenić ; à Kalenić, sur la paroi nord du narthex, sont présents les fondateurs de l'église (de même à Curtea de Arges), sur la paroi ouest, Euthyme, Athanase d'Athos, Théodose et Éphrem le Syrien, la Dormition se retrouvant dans le naos, sur la paroi ouest, comme d'habitude (*cf.* Curtea de Arges). Les analogies iconographiques entre certaines scènes représentées à Kahrié Djami, dans les églises de la région de la Morava et en Valachie, rappellent le rôle des cahiers de modèles qui circulaient dans les Balkans par l'intermédiaire des maîtres *zographes* itinérants. Les fresques de Kalenić seraient à rapprocher également des miniatures de l'évangile serbe de l'Hermitage, à

27 L'église de Kalenić, dédiée à la Présentation de la Vierge, est représentative pour l'école de peinture de Morava (fin XIVe-tout le XVe siècle) ; sur sa possible influence sur les églises valaques, voir D. Simić-Lazar, « Observations sur le rapport entre les décors de Kalenič, de Kahrié Djami et de Curtea de Arges », dans *Cahiers archéologiques*, 34, 1986, p. 143-160.

28 Paul Underwood a déjà parlé des manuscrits latins et byzantins qui auraient pu être les sources du programme iconographique de Kahrié Djami. Rappelons ici juste que les manuscrits les plus importants sont Dyonisiou 587, Cod. 14 d'Esphigménou (les deux au mont Athos), Vat. gr. 1156 et le Tétraévangile de la Laurentienne (Laur. VI.23, Florence) ; v. P. A. Underwood, *Karije Djami I-IV*, Princeton, 1975.

Saint Petersburg (celui qui signe les miniatures, Radoslav, slave d'après son nom, a travaillée, de toute évidence, dans la région de Kalenić). Les maîtres de Curtea de Arges et de Kalenić ne font pas référence stricte aux mosaïques de Kahrié Djami : on retrouve les mêmes fautes (le cas de Quirinus, par exemple, désigné comme étant César Auguste), ils auraient pu donc avoir bénéficié d'un modèle commun, différent de Constantinople.

En ce qui concerne les fresques de Curtea de Arges, des hypothèses différentes ont déjà été formulées sur les artistes qui ont décoré l'église : Razvan Theodorescu parle de maîtres venus de Constantinople, en emportant avec eux des cahiers de modèles, d'autres spécialistes parlent de maîtres serbes ou macédoniens venus probablement de Thessalonique ; les controverses se prolongent dans la discussion sur les commanditaires successifs de la décoration picturale[29].

La Dormition de la Vierge se retrouve à Curtea de Arges sur le mur ouest du naos, conformément à la tradition, on le disait déjà plus haut, au-dessus de l'entrée : la Vierge, étendue sur le lit, est entourée des apôtres, le Christ, accompagné d'anges, est descendu chercher son âme. Dans la partie supérieure, assez abîmée, les traces des couches repeintes sont évidentes, on peut distinguer clairement uniquement la montée au ciel de la Vierge et les apôtres qui apparaissent sur des nuages. Au premier plan, derrière Saint Paul qui se trouve, le dos baissé, aux pieds de la Vierge, un groupe d'anges guerriers, compacte et imposant, transperce la composition. Daniel Barbu[30] considère qu'il s'agit ici d'un élément iconographique proche de la tradition serbe du XIVe siècle où des anges se mêlent à ceux qui pleurent la Vierge. Effectivement, stylistiquement il existe un groupe très proche dans la Dormition de l'église de Ravanica

29 Certains historiens considèrent qu'il s'agit de Vladislav. La fondation de l'église de Curtea de Argeş peut être attribuée aujourd'hui au fils de Basarab, son associé et successeur au trône, un deuxième mécène du programme de la décoration peinte étant Radu, fils cadet de Nicolæ-Alexandre, devenu prince régnant après la mort de son frère Vladislav (d'après le tableau votif). Quant à la destination de l'église, d'autres controverses demeurent : elle a été considérée soit comme résidence princière, soit comme l'église des premiers métropolites valaques. Sur ce sujet, voir Ana Dumitrescu, « Une nouvelle datation des peintures murales de Curtea de Argeş. Origine de leur iconographie », *Cahiers Archéologiques*, 37 (1989), p. 135-162.

30 *Cf.* Daniel Barbu, *Pictura murală din ţara Românească din secolul al XIVlea*, Bucarest, 1986, p. 43.

où des anges forment un groupe compacte, en dehors de la mandorle du Christ, ou dans la *Dormition* de Gračanica, mais dans les deux cas, les anges font partie du cortège descendu avec le Christ.

À Curtea de Argeş, ces anges sont figurés tout à fait différemment de ceux qui entourent le Christ. Ana Dumitrescu[31] remarquait déjà leurs proportions excessives par rapport aux autres personnages. Ils dépassent même la figure du Christ, au centre de la composition. C'est une masse compacte, au même niveau que l'apôtre Paul, dans la scène centrale, et que Thomas, dans l'épisode où il raconte avoir reçu la ceinture de Marie. À noter que Thomas n'a qu'une jambe ici. Une partie de la composition aurait pu être effacée pour rajouter le groupe d'anges guerriers. Devant le lit de la Vierge se glisse l'épisode de Jéphonias et de l'ange qui lui coupe les mains impies. Les deux sont beaucoup plus petits et ils n'ont pas les mêmes proportions harmonieuses que les autres personnages. (Illustration 4)

En plus, l'épée de l'ange qui s'apprête à frapper Jéphonias touche presque la poitrine de Paul, qui se retrouve à couvrir avec sa main gauche l'aile de l'ange. La superposition des deux personnages dans une telle composition ample et finement élaborée donne à réfléchir. Il fallait, sans doute, arriver à insérer la scène dans le peu d'espace resté disponible au premier plan, devant le lit de la Vierge. Nous pensons que l'ajout de l'épisode de Jéphonias est contemporain et a un rapport direct avec le groupe d'anges guerriers du même premier plan.

Au-dessous de la scène, on a mis à jour partiellement au début du XXe siècle le texte d'un hymne de Jean Chrysostome dédié à la Vierge, chanté aux vêpres, avant la fête de la Dormition[32], qui insiste sur son rôle d'intercession auprès du Christ et de protectrice contre les ennemis.

Il y a de très grandes chances que le texte soit également inséré ultérieurement, au même moment que le groupe d'anges guerriers et l'épisode de Jéphonias ; en tout cas, ce n'est pas le fruit du hasard le fait que dans la scène de la Vierge à l'enfant trônant entre deux évêques et deux archanges lui rendant grâce (scène située dans la conque de

---

31 Art. cité, voir note 25.

32 V. Brătulescu, « Inscripţii slave religioase din biserica domnească de la Curtea de Argeş », *Buletinul Comisiunii Monumentelor Istorice*, X-XVI (1923), p. 190-192.

l'abside), un des évêques est Jean Chrysostome et l'autre Saint Nicolas (le saint patron de cette église).

La présence du premier saint doit être reliée également à un autre hymne figurant en bas de la composition, chanté uniquement dans la liturgie de Jean Chrysostome et non pas dans celle composée par Basile. Dans le manuel de peinture de Dyonisius de Furna, l'hymnographe recommandé à être représenté à côté du saint patron d'une église est pourtant Basile le Grand. Il s'agit donc d'un choix conscient à Curtea de Argeş. Les textes de deux hymnes mariales appellent la protection de la Vierge face aux ennemis ; ils sont inscrits dans deux compositions, dans la Dormition et dans la scène de la Vierge à l'enfant de la conque, où Jean Chrysostome est préféré à Basile le Grand ; la composition du Christ mort de la prothèse est, elle aussi, visiblement influencée par la liturgie de Jean Chrysostome.

Ce sont autant d'arguments qui peuvent soutenir l'hypothèse d'une nouvelle datation pour cette deuxième couche de peinture de l'église Saint Nicolas. Nous savons que la première couche fut réalisée sous Vladislav, dans les années 60/70 du XIVe siècle ; une nouvelle décoration de l'église, due peut-être à l'initiative du métropolite de l'église valaque et à celle du prince, aurait pu avoir lieu en plein XVe siècle, aux alentours de 1453. Malgré les affinités avec l'école iconographique de Morava et les apocryphes connus par les maîtres serbes, cette deuxième couche de peinture pourrait bien être l'œuvre de peintres locaux, inspirés d'abord par la situation inquiétante dans laquelle se trouvait le pays. Les interprétations de Jean de Thessalonique de la Dormition et de l'Assomption ont aidé les maîtres de la première couche de peinture à mieux comprendre et formuler iconographiquement le thème, mais pendant les invasions ottomanes dans les Balkans, il était devenu une nécessité de réaménager la scène, en y introduisant l'épisode de l'« ennemi exemplaire » Jéphonias, puni par l'ange, en y insérant le groupe d'anges guerriers et les prières d'intercession adressées à la Vierge.

Si, pendant les premiers siècles chrétiens, au moment de son introduction dans le calendrier liturgique, l'établissement de la date de 15 août pour la fête de la Dormition a donné lieu à un véritable éclatement des règles liturgiques, son histoire iconographique balkanique témoigne avec constance, à la fois de la vivacité des débats théologiques et des réaménagements du corpus liturgique dans les provinces byzantines, mais aussi du fait que la *Dormition* est peut-être la scène la plus généreuse et la plus exposée aux éclatements iconographiques.

Ana PALANCIUC
École normale supérieure, Paris

FIG. 1 – Triptyque de la *Dormition de la Vierge* : panneau central (ivoire), 4ᵉ quart Xᵉ siècle-1ᵉʳ quart XIᵉ siècle, CL394, Paris, musée de Cluny – musée national du Moyen Âge. Photo © RMN-Grand Palais (musée de Cluny – musée national du Moyen-Âge) / Jean-Gilles Berizzi.

Fig. 2 – Monastère de Sopočani (Serbie), *Dormition*, détail partie principale, fresque, vers 1259-1265.

FIG. 3 – Église de Saint-Clément d'Ochride (Macédoine),
Dormition, fresque, vers 1295.

FIG. 4 – Église de Saint Nicolas, Curtea de Arges (Roumanie), *Dormition*, fresque, fin XIVe-XVe siècle.

Fig. 5 – Monastère de Gračanica (Kosovo), *Dormition*, fresque, fin XIVe-XVe siècle.

FIG. 6 – Monastère de Marko (Macédoine), *Dormition*, fresque, fin XIVe-XVe siècle.

FIG. 7 – Église de la Pantanassa, Mistra (Grèce), *Dormition*, fresque, 1428.

FIG. 8 – Église de Chora-Kahrié Djami, Curtea de Arges (Roumanie), *Dormition*, mosaïque, vers 1315-1321.

L'ASCENSION DE L'ÂME APRÈS LA MORT CHEZ QUELQUES MAÎTRES EN THÉOLOGIE DU XIIIe SIÈCLE

La question de l'âme en général a suscité de nombreux débats au XIIIe siècle. La consultation des traités, questions et sommes scolastiques montre que ces débats se sont orientés autour de trois thèmes principaux, déjà largement étudiés, celui du rapport entre l'âme et le corps[1], celui de la vision béatifique[2] et celui de la « géographie de l'au-delà », c'est-à-dire le Paradis, l'Enfer, le Purgatoire et les limbes[3]. La question de l'ascension elle-même de l'âme après la mort dans les débats universitaires a été moins étudiée, même si elle est dans une certaine mesure liée à ces deux thèmes. Par contre, elle a attiré

1 Sur les liens entre le corps et l'âme, voir notamment C. Casagrande, S. Vecchio, *Anima e corpo nella cultura medievale, Atti del Convegno di Studi della Societa per lo Studio del Pensiero Medievale, Venezia, 25-28 settembre 1995*, Florence, Sismel, 1999. Voir aussi les mises au point particulièrement claires de J. Baschet, *La civilisation féodale. De l'an mil à la colonisation de l'Amérique*, Paris, Flammarion, 2006, notamment les chapitres III et IV de la seconde partie.

2 Sur la vision béatifique, voir notamment C. Trottmann, « Deux interprétations contradictoires de Saint Bernard : les sermons de Jean XXII sur la vision béatifique et les traités inédits du cardinal Jacques Fournier », *MEFREM*, 105, 1 (1993), p. 327-379 ; *id.*, « Psycho-somatique de la vision béatifique selon Guerric de Saint Quentin », *RSPT*, 78 (1994), p. 203-225 ; *id.*, « La vision béatifique dans la seconde école franciscaine de Matthieu d'Aquasparta à Duns Scot », *Collectanea francescana*, 64 (1994), p. 121-180 ; *id.*, *La vision béatifique, des disputes scolastiques à sa définition par Benoit XII*, Rome, École française de Rome, 1995 ; *id.*, *Sur la vision de Dieu aux multiples formes. Le quodlibet de Guiral Ot*, édition critique, traduction et introduction, Paris, Éditions du Cerf, 2001 (Sic et non). Voir plus récemment C. Trottmann, A. Dumouch, *Benoit XII. La vision béatifique*, préface de Mgr Cattenoz, archevêque d'Avignon, Avignon, Docteur angélique, 2009 ; C. W. Bynum, *The Resurrection of the Body in Western Christianity, 200-1336*, New York, Columbia University Press, 1995.

3 Voir la bibliographie donnée par L. Ducolomb, « La doctrine du salut », dans *Structures et dynamiques religieuses dans les sociétés de l'Occident latin*, Rennes, PUR, 2010, p. 310.

l'attention des chercheurs dans les domaines de l'iconographie[4] et de la littérature[5].

Il existe cependant au XIIIe siècle des débats universitaires, parfois virulents, autour de l'ascension de l'âme qui s'expliquent de plusieurs façons. L'université de Paris est d'abord une institution alors assez récente, née avec le siècle et pleine de dynamisme : elle reçoit en 1215 du légat pontifical Robert de Courson des statuts, renforcés en 1231 par la bulle pontificale *Parens Scientiarum*[6]. Certains étudiants, notamment à la faculté des arts, sont attirés par les nouveautés philosophiques et la découverte de la science gréco-arabe, favorisée par un mouvement de traductions sans précédent. La réception de ces doctrines dans l'Occident latin et leur assimilation entraînent de nombreux débats au sein de la faculté de théologie et suscitent les condamnations universitaires parisiennes de 1270 et 1277[7]. Ensuite, les théologiens scolastiques doivent affronter le développement de certaines hérésies : à partir du XIIe siècle, celles-ci deviennent plus nombreuses, même si elles ne concernent qu'une minorité de la population et apparaissent finalement assez peu dans la littérature scolastique. Enfin, depuis le schisme de 1054, l'Église latine reste opposée à l'Église grecque : si l'opposition sur le *filioque* est bien connue, d'autres points de doctrine sont l'objet de controverses, notamment autour du purgatoire.

Pour étudier le thème de l'ascension de l'âme après la mort, nous puiserons essentiellement dans l'œuvre des deux grands maîtres en théologie du XIIIe siècle, le franciscain Bonaventure et le dominicain Thomas d'Aquin, tout en prenant comme fil conducteur la réflexion du maître franciscain Eustache d'Arras, actif à Paris à la fin des années 1260[8].

4 On pense évidemment aux travaux de J. Baschet, *Les justices de l'au-delà. Les représentations de l'enfer en France et en Italie (XIIe-XVe siècles)*, BEFAR, 279, Rome, École française de Rome, 1993 ; *id.*, *Le sein du père. Abraham et la paternité dans l'Occident médiéval*, Paris, Gallimard, 2000. Voir aussi A. Bratu, *Image d'un nouveau lieu de l'au-delà : le purgatoire. Émergence et développement (vers 1250-vers 1500)*, thèse dactylographiée, EHESS, Paris, 1992.

5 C. Carozzi, *Le voyage de l'âme dans l'au-delà d'après la littérature latine (Ve-XIIIe siècle)*, Rome, École française de Rome, 1994.

6 Voir en dernier lieu P. Gilli, J. Verger, D. Le Blévec (éds.), *Les universités et la ville au Moyen Âge : cohabitation et tension*, Leyde–Boston, Brill, 2007.

7 C. König-Pralong, *Avènement de l'aristotélisme en terre chrétienne*, Paris, Vrin, 2005 ; L. Bianchi, *Censure et liberté intellectuelle à l'Université de Paris (XIIIe-XIVe siècles)*, Paris, Les Belles Lettres, 1999.

8 S. Delmas, *Un franciscain à Paris au milieu du XIIIe siècle. Le maître en théologie Eustache d'Arras*, Paris, Éditions du Cerf, 2010.

Dans cette perspective, deux thèmes ont été privilégiés, les modalités de l'ascension de l'âme et les étapes de cette ascension.

LES MODALITÉS DE L'ASCENSION DE L'ÂME

L'idée de l'ascension de l'âme s'appuie sur un présupposé, l'immortalité de l'âme, un thème d'origine platonicienne. Dans l'art funéraire, le XIIIe siècle correspond du reste au développement du thème de la migration de l'âme : la mort y est figurée par la séparation de l'âme et du corps, alors qu'auparavant, l'iconographie témoignait de la migration de l'âme et du corps. L'âme est alors souvent présentée comme sortant de la bouche du défunt.

Or ce présupposé même de l'immortalité de l'âme se trouve parfois battu en brèche, notamment par les conceptions philosophiques. Ainsi, dans son traité intitulé *Rudimentum doctrine*, composé sans doute vers 1259-1262, le franciscain Guibert de Tournai examine plusieurs séries d'erreurs philosophiques, notamment celles des Pythagoriciens et des Stoïciens qui, selon lui, se laissant emporter par leur imagination (*fictio ex parte ymaginationis*), soutenaient l'immortalité des âmes[9]. Mais les philosophes antiques ne sont pas les seuls en cause. En effet, pour Averroès, il existe trois parties dans l'âme humaine, l'intellect possible, l'intellect agent et l'intellect acquis : si les deux premières sont éternelles, la troisième est corruptible et se dissout avec le corps. La conséquence de l'unité de l'intellect agent pour tous les hommes entraîne donc la négation de l'immortalité de l'âme individuelle. C'est à cette conception averroïste que Bonaventure s'en prend lors du Carême 1267, à l'occasion d'une série de conférences sur le Décalogue, les *Collationes de decem preceptis*[10]. Dans la deuxième conférence, celle sur le second commandement qui interdit

---

9 *Pithagorici enim et Stoyci ponunt animas hominum immortales.* Guibert de Tournai, *Rudimentum doctrinæ*, d'après Paris BnF lat. 15451, f° 95ra-vb. Voir aussi *S. Vanni-Roghi* (éd.), *L'immortalità dell'anima nei mæstri francescani del secolo XIII*, Milan, Publicazioni dell'Università cattolica del Sacro Cuore, 1936.

10 Bonaventure, *De decem preceptis*, collatio II nn. 24-25, et collatio III n° 5 dans *Opera omnia*, tome V, 514b, 515b. *Cf.* aussi *Les Dix Commandements*, traduction, introduction et notes de Marc Ozilou, Paris, Éditions du Cerf, 1992.

toute idolâtrie, prononcée le 13 mars 1267, il met particulièrement en garde ses auditeurs contre les philosophes. Pour lui, la présomption déréglée de l'investigation philosophique[11] est responsable de certaines erreurs : à côté de l'éternité du monde, de l'unité de l'intellect, il dénonce une troisième erreur qui nie la possibilité pour un homme mortel de parvenir à l'immortalité. Du reste, lors de la censure universitaire du 10 décembre 1270, l'évêque de Paris Étienne Tempier condamne treize erreurs parmi lesquelles se trouve la négation de l'immortalité de l'âme qui apparaît dans la proposition suivante : « l'âme étant la forme de l'homme en tant qu'homme, se corrompt lorsque le corps se corrompt[12] ».

La remise en cause de la séparation de l'âme et du corps atteint un degré supplémentaire dans une des propositions condamnées en 1277 par Étienne Tempier : selon celle-ci, « rien ne peut être connu au sujet de l'intellect après sa séparation d'avec le corps ». Pour Roland Hissette, l'idée selon laquelle on ne peut rien savoir de ce qui advient de l'âme après la mort peut être rapprochée d'un passage de Siger de Brabant selon lequel les philosophes n'envisagent pas la séparation totale des âmes car ils ne peuvent rien savoir des âmes séparées[13].

Une fois que l'âme est séparée du corps, elle entame son ascension. Pour certains théologiens du XIIIe siècle, cette migration ne peut se faire sans la présence des anges. Ce motif, d'origine biblique, se retrouve encore dans l'iconographie médiévale. Il fait ainsi partie des sujets auxquels est confronté le maître franciscain Eustache d'Arras dans une de ses questions disputées, la question 1 *De ascensu animarum*. Dans ce texte, il s'interroge plus spécifiquement sur la nécessité d'une aide des anges pour les âmes se séparant de leurs corps ou sortant du Purgatoire[14]. Dans cette question, Eustache d'Arras propose une solution que j'ai appelée

---

11 Bonaventure parle d'erreurs en philosophie qui procèdent *ex improbo ausu investigationis philosophicæ*. Bonaventure, *De decem preceptis*, collatio II n° 24 dans *Opera omnia*, tome V, 514b.

12 F.-X. Putallaz, R. Imbach, *Profession : philosophe. Siger de Brabant*, Paris, Éditions du Cerf, 1997, p. 59.

13 R. Hissette, *Enquête sur les 219 articles condamnés à Paris le 7 mars 1277*, Louvain–Paris, Vander-Oyez, 1977, p. 310-311 ; D. Piché, *La condamnation parisienne de 1277*, Paris, Vrin, 1999, p. 115.

14 *Questio est de ascensu animarum ad celum empyreum. Et est questio utrum ad istum ascensum necessarium sit eis ministerium angelorum aut per se ipsas adiuvente per gratiam possent illuc ascendere*. Eustache d'Arras, question 1 *de ascensu animarum*, réponse, Vatican Borghese 139, f° 8vb.

« réponse critique[15] » : il mentionne une opinion contraire (attribuée à des *quidam*) selon laquelle les âmes méritantes et dignes de s'envoler ont besoin de l'aide motrice des anges et de leur conduite pour monter vers le ciel empyrée[16]. Lorsqu'on se réfère aux arguments en faveur de l'intervention des anges dans l'ascension de l'âme, il apparaît qu'Eustache d'Arras s'inspire de la *Hiérarchie céleste* du Pseudo-Denys, de son principal commentateur, Hugues de Saint-Victor, mais aussi d'Aristote (*Philosophus*). Pour soutenir son opinion, Eustache d'Arras s'appuie sur l'opinion des docteurs (*catholici doctores*) et affirme que les âmes n'ont pas besoin de l'aide des anges : elles sont capables de monter au ciel par leur nature et par la force naturelle qu'elles ont reçue de Dieu[17].

Cependant, même si les anges ne sont pas indispensables à l'ascension des âmes après la mort, ils sont tout de même présents à leurs côtés. C'est la précision qu'apporte Eustache d'Arras dans la question 2 *De ascensu animarum* quand on lui demande si les anges assistent les âmes lors de cette ascension[18]. Dans sa réponse, Eustache d'Arras explique que certains actes angéliques sont qualifiés à juste titre de « ministère des anges », d'autres non. En effet, explique-t-il, le véritable ministère angélique consiste essentiellement à encourager les hommes à bien agir et à se protéger du mal, c'est-à-dire à aider les hommes au cours de leur vie lorsqu'ils sont confrontés aux défauts, aux imperfections. Ainsi, l'âme bienheureuse, parfaite, séparée du corps, n'a pas besoin de ce type de ministère[19]. Cependant, il existe d'autres actes angéliques qui

15 S. Delmas, *Un franciscain à Paris au milieu du* XIII*e siècle. Le maître en théologie Eustache d'Arras*, Paris, Éditions du Cerf, 2010, p. 83.

16 *Est notandum quod fuerunt quidam qui credebant simul et asserebant quod anime que decedunt a corporibus sine aliquo purgabili plene meritis bonorum operum ita quod digne sunt quod evolent, indigent ministerio angelorum ad hoc quod ascendant et moveantur ad locum sue glorie, scilicet ad celum empireum. Unde, sine angel<orum> motoribus et ductoribus non ascenderent, sicut dicunt.* Eustache d'Arras, question 1 *de ascensu animarum*, réponse, Vatican Borghese 139, f° 12 va.

17 *Propterea, catholici doctores qui attendunt dicta sanctorum et statum talium animarum, ponunt sicut ponendum est et asserendum scilicet quod tales anime, ad hoc quod ascendant ad locum sue glorie, non indigent ministerio angelorum moventium ipsas sive deportantium atque ducentium. Unde, per naturam suam et per vim nature cum hiis que a Deo acceperunt se ipsis istud possunt nec angelis ad hoc indigent.* Eustache d'Arras, question 1 *de ascensu animarum*, réponse, Vatican Borghese 139, f° 12 va.

18 *Secundo queritur supposito quod anime non indigeant angelico ministerio ad hoc quod ascendant in eis, utrum verum sit quod angeli ministrent eis et assistant tanquam deducentes in ascensu illos.* Eustache d'Arras, question 2 *de ascensu animarum*, réponse, Vatican Borghese 139, f° 11vb.

19 *Notandum est quod quidam sunt actus angelici respectu hominum sive animarum in quibus proprie et principaliter et essentialiter consistit angelicum ministerium. Tales autem actus sunt excitare*

sont appelés à tort « ministère » : il s'agit de l'assistance apportée aux saintes âmes ou encore des compliments qui leur sont faits. Ces actes ne concernent pas à proprement parler le ministère des anges, mais sont des actes d'amour et de charité[20]. Pour finir, Eustache d'Arras énumère les raisons qui expliquent ce comportement des anges : il évoque la perfection de leurs mérites, leur respect envers les âmes et leur volonté de montrer que les âmes sont méritantes[21].

Cette question semble préoccuper les théologiens de la fin du XIIIe siècle, puisqu'elle apparaît lors des séances extraordinaires qui se tenaient à l'Université de Paris à l'Avent et au Carême et au cours desquelles n'importe qui pouvait poser des questions sur n'importe quel sujet : il s'agit des séances quodlibétiques ou quodlibets. Ainsi, Matthieu d'Aquasparta, élève franciscain d'Eustache d'Arras, est interrogé lors d'une séance quodlibétique sur le même thème : est-ce que l'âme peut par elle-même sans l'aide des anges monter dans le ciel[22] ? La réponse

---

scilicet ad bene agendum sive stimulere et promovere et adiuvare et dirigere in bonum et similiter custodire et similiter defendere sive tueri contra hostem et contra malum et similiter a malo revocare ad bonum. Isti sunt actus ministeriales angelorum et forte ad hoc alii in quibus proprie consistit ministerium. Et quia isti actus sunt contra imperfectionem et defectum eius cui ministratur, ideo ministerium angelorum proprie respicit animam sive hominem secundum statum vie et meriti in quo adhuc est homo subiectus imperfectioni et defectioni [...]. *Quia autem iam anima exuta et beata libera est ab omni defectu, ideo ministerium angelicum, proprie loquendo de ipso, non respicit hominem pro statu illo et ideo vero ac proprio ministerio non est ponendum quod angeli ministrent animabus beatis ascendentibus ad celum empireum.* Eustache d'Arras, question 2 *de ascensu animarum*, réponse, Vatican Borghese 139, f° 14vb-15ra.

20 *Sunt autem alii actus angelici in quibus proprie loquendo non consistit ministerium angelicum, sed large et inproprie appellatur ministerium, cuiusmodi sunt assistere animabus sanctis, congratulari de ipsarum bonis sicut de gloria et huiusmodi, associare ipsas et quasi ad modum deducentis se habere ad illas. Et istos actus bene habent angeli boni respectu animarum exutarum ad celum empireum ascendentium. Isti actus proprie non sunt ministeriales, sed magis sunt actus dilectionis et caritatis ostensivi quam habent angeli sancti ad animas.* Eustache d'Arras, question 2 *de ascensu animarum*, réponse, Vatican Borghese 139, f° 15ra.

21 *Ratio autem quare istos ultimos actus habent respectu talium animarum est multiplex. Prima est propter consummationem meriti angelorum* [...] *Secunda autem ratio est propter reverentiam animarum* [...] *Tertia ratio est propter ostensionem ydoneitatis animarum ad ipsum suum premium, et ad premii locum.* Eustache d'Arras, question 2 *de ascensu animarum*, réponse, Vatican Borghese 139, f° 15ra.

22 *Utrum anima decendens in gratia possit per se sine angelico ministerio ascendere in celum ?* Matthieu d'Aquasparta, quodlibet VI, 4 d'après P. Glorieux, *La littérature quodlibétique*, tome II, Paris, 1935, p. 198. Les quodlibets de Matthieu d'Aquasparta sont en cours d'édition par Amandine Postec. Elle a commencé l'édition et l'étude des trois premiers quodlibets dans sa thèse soutenue à l'École Nationale des Chartes (2010), *Le genre quodlibétique au XIIIe siècle. Défense et illustration de la pensée d'un maître en théologie Matthieu d'Aquasparta*

de Matthieu est très proche de celle de son maître, même si les éléments de l'argumentation diffèrent. En s'appuyant sur la *Physique* d'Aristote, Matthieu explique que l'âme séparée monte au ciel par sa propre force. Les anges ne contribuent pas à cette ascension et n'en sont pas un principe moteur, mais se contentent de soulager et d'accompagner les âmes. Ces dernières sont joliment comparées à l'épouse d'un roi qui ne peut se déplacer sans sa cour, ici angélique[23].

LE PASSAGE DE L'ÂME PAR UN AUTRE CORPS

Sans atteindre directement l'enfer ou le royaume des cieux, les âmes, selon Augustin, reçoivent dès leur mort des récompenses ou des châtiments. Ainsi, durant le Moyen Âge, l'idée d'un premier jugement, qui précède le Jugement dernier tout en étant complémentaire de celui-ci, s'impose peu à peu[24].

Vers la fin du XIIe siècle, les théologiens affirment que dès la mort, les âmes peuvent atteindre leur destination définitive. Ainsi, les âmes peuvent connaître leur ascension vers le Paradis. D'autres au contraire vont connaître la descente vers l'Enfer. L'ascension des âmes peut connaître une étape temporaire au Purgatoire : Jacques le Goff a bien montré comment ce « troisième lieu », à côté du paradis et de l'enfer, s'affirme au XIIe siècle, notamment avec saint Bernard[25]. Le purgatoire s'impose alors dans le vocabulaire et en tant que lieu spécifique pour les âmes. Il est du reste admis comme dogme au concile de Lyon II (1274) et apparaît fréquemment dans la prédication du XIIIe siècle. Pour pouvoir poursuivre leur ascension, les âmes ont besoin des suffrages des vivants.

(v. 1240-1302), o.f.m. Édition critique et commentaire des trois premiers Quodlibets. Je remercie vivement Amadine Postec qui m'a transmis le texte du quodlibet VI, 4.

23 Matthieu d'Aquasparta, quodlibet VI, 4, Assise bibl. com. 134 f° 219, Todi bibl. com. 44 f° 304. Le texte sera publié dans la thèse d'Amandine Postec, *Profil intellectuel d'un homme de pouvoir : les* quodlibets *de Matthieu d'Aquasparta disputés à Paris et à la Curie entre 1277 et 1287*, Université Lumière Lyon 2, 2015.

24 J. Baschet, « Jugement de l'âme, Jugement dernier : contradiction, complémentarité, chevauchement ? », dans *Revue Mabillon*, n.s., 6 (1995), p. 159-203.

25 J. Le Goff, *Le purgatoire*, Paris, Gallimard, 1981.

Le Jugement dernier est annoncé par l'Évangile de Matthieu et par l'Apocalypse : lors de sa seconde venue, le Christ séparera les boucs des brebis. Les mauvais iront dans le feu éternel, les justes s'élèveront dans le royaume des cieux. Le Jugement dernier marque la fin de l'ascension de l'âme dans la mesure où elle retrouve son corps lors de la résurrection des corps. La réflexion des théologiens porte donc sur le rapport entre ces deux jugements : pour Thomas d'Aquin par exemple, le premier jugement de l'âme est caché et individuel, alors que le second concerne aussi les corps ressuscités.

Cependant, ces étapes franchies par l'âme entre la mort et la résurrection lors du Jugement dernier ne vont pas de soi. Certaines œuvres du XIIIe siècle témoignent de la persistance de croyances liées à la philosophie antique en la métempsycose. D'autres indiquent que le lieu où se trouvent les âmes entre la mort et la résurrection, même s'il n'est ni le corps d'un animal, ni un autre corps humain, reste le sujet d'incertitudes.

Les écrits scolastiques du XIIIe siècle témoignent d'abord de la persistance de croyances issues de la philosophie antique, notamment d'origine pythagoricienne, selon lesquelles l'âme séparée du corps humain entre successivement dans un autre corps (d'homme ou d'animal) : il s'agit de la métempsycose ou la théorie du « véhicule de l'âme ».

Si on suit le franciscain Eustache d'Arras à la fin des années 1260, ce dernier indique dans son quodlibet III, 10 que la migration de l'âme dans un corps animal est évoquée par Ovide dans *Les métamorphoses*[26]. En fait, ce passage d'Ovide s'inscrit dans un long passage consacré à Pythagore[27]. Selon les partisans de cette thèse, l'âme reste dans ce corps animal jusqu'au jour de la résurrection et de la récupération de son propre corps. Les tenants de cette opinion refusent donc de tuer comme de manger des animaux car ils craignent que les âmes de leurs proches s'y trouvent. Eustache d'Arras

26 Ovide, *Les métamorphoses*, éd. G. Lafaye, tome III, Paris, 1957, p. 125.

27 « Que les corps aient été détruits par la flamme du bûcher ou réduits en poussière par le temps, ils ne peuvent plus souffrir d'aucun mal, sachez-le bien. Pour les âmes, elles ne sont pas sujettes à la mort ; quand elles ont quitté une première demeure, elles vont toujours vivre dans de nouveaux domiciles [...] Le souffle vital circule, il va de-ci, de-là et il prend possession à son gré des créatures les plus différentes ; des corps des bêtes, il passe dans celui des hommes, du nôtre dans celui des bêtes [...] Donc ne laissez pas la gloutonnerie l'emporter en vous sur vos devoirs de famille ; gardez-vous, si vous en croyez ma voix prophétique, d'expulser par d'horribles assassinats, des âmes parentes des vôtres, ne nourrissez pas de sang votre sang », Ovide, *Les métamorphoses*, éd. G. Lafaye, tome III, Paris, 1957, p. 126.

condamne clairement cette thèse de la migration des âmes dans des corps différents qui, à ses yeux, est complètement irrationnelle (*valde irrationalis*) et ridicule (*ridiculum*). Il montre que l'âme ne peut parfaire ou mouvoir que le corps humain. Les corps des animaux n'ont ni la proportion, ni la disposition nécessaire pour accueillir l'âme rationnelle[28].

Selon une autre croyance, l'âme, une fois sortie du corps humain au moment de la mort, par sa force et sa puissance naturelle, est capable d'entrer non pas dans le corps d'un animal, mais dans un autre corps humain qu'elle trouve sans âme. Elle peut alors le vivifier, le mouvoir et même y exercer des opérations. Eustache d'Arras précise que cette erreur est citée dans le premier livre du *De anima* d'Aristote, au milieu des opinions critiquées par le Philosophe[29]. Ce dernier l'attribue du reste aux Pythagoriciens qui soutiennent la transmigration des âmes.

Les scolastiques attribuent cette erreur tantôt aux Pythagoriciens, tantôt aux Platoniciens. Ainsi, dans son *Rudimentum doctrinæ*, Guibert de Tournai, reproche aux philosophes de se laisser emporter par leur imagination et accuse les Pythagoriciens et les Stoïciens de soutenir que l'âme ne peut pas mourir avec le corps et qu'elle peut migrer de corps en corps[30]. De même, Guillaume de Baglione renvoie tantôt au

---

28 *Quidam turpiter et irrationabiliter erraverunt, ponentes quod anima hominis, quando separabatur a corpore humano, intrabat corpus canis vel equi vel galline vel bovis, et ibi erat usque ad diem resurrectionis et resumptionis sui proprii corporis ; dicentes quod in talibus corporibus faciunt anime penitenciam suam. Dicunt etiam quod anima, quantum est de gradu quod habet in ordine universi, numquam debet vel potest esse sine ullo corpore. Et ideo, quando egreditur corpus humanum, subintrat corpus alicuius animalis, et hii non audent interficere animalia vel aves et comedere, timentes ne anime parentum suorum sint in illis corporibus. Quorum errorem recitat Ovidius Methamorphosos xv vel xiv, dicens : Quid meruere boves animal sine fraude doloque. Sed iste error est valde irrationalis, quia in condicione anime non est ei datum quodlibet corpus perficere et movere, sed solum corpus humanum. Unde corpora alia non sunt ei proportionalia ; imo, cum anima utatur corpore sicut intrumento, solum corpus humanum est ei proportionale instrumentum. Rursus, nulla forma vel perfectio est alicui materie unibilis, nisi proportionali et disposite. Corpora autem aliorum animalium non sunt disposita quantum ad complexionem nec quantum ad organizationem ad receptionem rationalis anime. Et ideo non potest anima rationalis illis uniri se aut sicut instrumento, aut sicut perfectibili. Et ideo, ridiculum est illud ponere.* Eustache d'Arras, quodl. III, 10, réponse.

29 *Alii autem circa istam questionem erraverunt, dicentes quod anima exiens de uno corpore humano per mortem, vi et potestate sue nature, potest aliud corpus subintrare quod inveniat sine anima alia, et potest illud vivificare et movere, et per illud potest suas operationes exercere. Quem errorem reprobat Aristoteles in primo libro de anima qui etiam error implicat et asserit impossibile et contra dicta et auctoritates sanctorum.* Eustache d'Arras, quodl. III, 10, réponse.

30 *Pithagorici enim et Stoyci ponunt animas hominum immortales. Sed eciam in hoc quod recte senciunt, non evadunt errores. Namque, cum hoc premerentur argumento quo concluditur ut necesse sit animas occidere cum corporibus, dixerunt non nasci animas, sed de corporibus migrare in corpora.*

De anima d'Aristote (et donc aux Pythagoriciens), tantôt aux erreurs des Manichéens[31]. Enfin, dans une autre question disputée, il rattache cette idée aux Platoniciens[32]. Thomas d'Aquin fait le même rapprochement en l'attribuant aux Platoniciens (par exemple dans la *Somme théologique*, I, q. 76, a. 7), mais aussi en renvoyant plus correctement à Proclus qui distingue deux véhicules, le véhicule immortel de l'âme rationnelle et le véhicule mortel de l'âme irrationnelle[33]. Cette théorie est encore mentionnée quelques années plus tard par Matthieu d'Aquasparta dans sa question 1 *De motu animæ separatæ* ; il en dénonce lui aussi le caractère erroné et l'attribue aux Platoniciens. L'attribution de cette opinion tantôt aux Pythagoriciens, tantôt aux Platoniciens, n'a rien de surprenant, étant donné la proximité entre les deux écoles.

Enfin, Matthieu d'Aquasparta rapproche aussi cette théorie de la condamnation de 1277, et plus précisément l'article 132[34] selon lequel « L'intellect, quand il veut, s'introduit dans le corps, et quand il ne veut pas, ne s'y introduit pas ». Roland Hissette évoque à propos de cette thèse un commentaire averroïste anonyme qui estime que si l'âme n'est pas l'acte et la forme substantielle du corps, on peut admettre avec Platon qu'elle lui est unie comme moteur ; dans ce cas, elle peut agir selon sa volonté, tantôt le laissant, tantôt le vivifiant.

Guibert de Tournai, *Rudimentum doctrinæ*, Paris BnF lat. 15451, f° 95rb. *Cf.* Lactance, *Divinæ Institutiones*, livre III, chapitre XVIII, *PL* 6, col. 405-407.

31 I. Brady, « Background to the condemnation of 1270 : Master William of Baglione, o.f.m. », *Franciscan Studies*, 30 (1970), p. 5-48, en particulier p. 15 et 23.

32 I. Brady, « The questions of Master William of Baglione, o.f.m., *de æternitate mundi* (Paris, 1266-1267) », *Antonianum*, 47 (1972), p. 362-371, 576-616, en particulier p. 606-607. Cette thèse platonicienne est aussi évoquée par Bonaventure dans son *Commentaire des Sentences* II. Sent. d. 18, q. 2, a. 2 (tome II, p. 449). D. D'Avray, « Some franciscan ideas about the body », *AFH* 84 (1991), p. 343-365.

33 Thomas d'Aquin, *L'Unité de l'intellect contre les averroïstes suivi des textes contre Averroès antérieurs à 1270*, traduction d'Alain de Libera, Paris, 1994, p. 239 note 138.

34 Matthieu d'Aquasparta, question 1 *De motu anime separate*, dans *Questiones disputatæ de anima separata, de anima beata, de ieiunio et de legibus*, éd. PP. Collegii Bonaventuræ, Quaracchi, 1959, p. 3-19. R. Hissette, *op. cit.*, p. 210-211. D. Piché, *op. cit.*, p. 82-83. La référence à la condamnation parisienne de 1277 se trouve aussi chez Pierre de Falco, quodl. I, 9, « Quæstiones de quodlibet (Quodlibet I-II) », éd. A.-J. Gondras, *AHDLMA* 33 (1966), p. 111-234, en particulier p. 143-145.

LE PASSAGE DE L'ÂME PAR DES « LIEUX INTERMÉDIAIRES »

La question 3 *De exitu animarum* d'Eustache d'Arras permet d'aborder un autre débat : en effet, à propos des lieux où se trouvent les âmes séparées de leur corps, le maître franciscain est interrogé de la façon suivante : « Est-ce que les âmes montent vers le ciel empyré avant le jour du jugement [dernier] et la récupération de leur corps ou restent-elles dans certains lieux en dehors de ce lieu[35] ». La réponse donnée à celle-ci fait de nouveau partie des « réponses critiques » :

> À ce sujet, certains se sont trompés, mus peut-être par les objections susdites, en déclarant que les âmes ne montent pas au ciel et ne sont pas glorieuses jusqu'au Jugement dernier quand elles récupèrent leur corps pour que la correspondance entre les mérites soit parfaite. En effet, de même que les âmes ont mérité dans leur chair et, au moment où elles étaient dans leur corps, leur a été dévolu un lieu de mérite, de même elles doivent seulement connaître la béatitude dans leur corps. Et seulement à celles qui existent dans leur corps doit être dévolu un lieu de récompense. Comme le mérite concerne l'homme tout entier, et non une partie, il en est de même pour la gloire ou la récompense. C'est pour cette raison qu'ils disent qu'aucune âme ne sera récompensée dans la gloire avant le Jugement dernier quand elles récupéreront leur corps. Par conséquent, en attendant, les âmes de saints sont hors du ciel, dans quelques lieux calmes, sans tourment ; elles y attendent avec un espoir assuré leur gloire[36].

35 *Queritur tercio de locis animarum a corporibus exutarum et separatarum sine ullo purgabili utrum videlicet ascendant ad celum empireum ante diem iudicii et resumptionem suorum corporum vel sunt in locis aliquibus extra illum locum.* Eustache d'Arras, question 3 *De exitu animarum*, réponse, f° 27vb.

36 *Responsio, dicendum quod circa questionem istam, aliqui erraverunt, moti fortasse aliquibus predictarum rationum, et dicentes animas non ascendere ad celum nec esse gloriosas usque ad iudicium quo resument sua corpora ut sic proportio plena meriti ipsarum ad premium et e contrario. Sicut enim meruerunt in carne et existentibus in corpore assignatus est locus meriti, sic debent solum beatificari in corpore et existentibus in corpore debet solum assignari locum premii. Et sicut meritum est totius hominis, non secundum partem, sic et gloria sive premium. Et propter hoc, isti dicunt quod nulla anima premiabitur in gloria usque in diem iudicii quo resumet corpus suum. Et ideo sanctorum anime usque ad tempus istud sunt extra celum in quibusdam locis quietis, sine ulla molestia, expectantes certa spe suam gloriam et locum glorie feliciter tunc resumptis corporibus suum premium accepture et celum insimul ingressure.* Eustache d'Arras, question 3 *De exitu animarum*, réponse, f° 29vb.

Ce passage permet de comprendre qu'Eustache d'Arras dénonce une erreur selon laquelle, jusqu'au Jugement dernier, les âmes ne se trouvent ni au paradis, ni en enfer, ni au purgatoire, mais en « quelque obscur réceptacle ». Pour Eustache d'une part, non seulement cette erreur nie toute béatitude avant le jugement universel, mais elle refuse aussi toute rétribution immédiate avant la réunion de l'âme au corps, puisque c'est dans ce corps que l'âme a pu pécher comme mériter.

Cette erreur est connue dès le début du XIIIe siècle sous le qualificatif d'« hérésie ». Elle est mentionnée par exemple par Guillaume d'Auxerre dans la *Summa aurea* (vers 1222-1225) :

> Les élus entièrement purifiés s'envolent aussitôt en paradis, bien que d'aucuns aient eu la sottise de croire et de prêcher le contraire : jusqu'au jour du jugement les âmes des élus n'entreront pas au paradis céleste ; mais c'est là une hérésie[37].

Cette hérésie est mentionnée à plusieurs reprises par les maîtres en théologie postérieurs, tel Albert le Grand qui, lorsqu'il commente le quatrième livre des *Sentences* de Pierre Lombard vers 1248, l'attribue à « certains Grecs » : selon eux, la personne, avant le Jugement dernier, n'entre dans le ciel ou en enfer. Les âmes sont maintenues jusqu'à ce moment-là dans des « lieux intermédiaires[38] ». Albert le Grand critique cette position qu'il considère comme une hérésie très grave. De même, dans son *Commentaire des Sentences*, Bonaventure dénonce cette erreur défendue par « certains Grecs » et les juge sévèrement puisqu'il les qualifie de sots (*stulti*)[39]. Il en est de même dans le *Commentaire des Sentences* de Thomas d'Aquin : commentant le livre II de Pierre Lombard, il explique qu'elle dérive des affabulations de Pythagoriciens et des poètes[40]. Une

37 Guillaume d'Auvergne, *Summa aurea*, cité par M. Dykmans, *Les sermons de Jean XXII sur la vision béatifique*, Rome, Presses de l'Université grégorienne, 1973, p. 14-15.

38 *Disputari potest hic de quodam errore quorumdam Græcorum qui dicunt nullum ante diem judicii intrare cælum vel infernum, sed in lociis mediis usque illuc conservari.* Albert le Grand, *In IV Sent.* d. 21, a. 10, dans *Opera omnia*, éd. A. Borgnet, t. XXIX, Paris, 1894, p. 875-879.

39 Bonaventure, *In IV Sent.* d. 21, p. 1, art. 3, q. 2, dans *Opera omnia*, tome IV, Quaracchi, 1889, p. 557-558.

40 *Ad quintum dicendum, quod error Græcorum est ponentium nullam animam ante diem judicii neque in Infernum neque in cælum ire : et est derivatus a fabulis Pythagoricis et pœtarum…* Thomas d'Aquin, *In II Sent.* d. 6, q. 1, a. 3 ad 5. L'erreur des Grecs apparaît aussi un peu plus loin *In II Sent.* d. 11, q. 2, a. 1 : *Homini* […] *statim post mortem ultima sua perfectio confertur, nisi forte aliquid purgandum repugnet, nec differtur usque ad diem iudicii, ut Græci errantes dicunt. Cf.* aussi IV *Sent.* d. 45 q. 1, a. 1, qla 2.

référence analogue se lit dans le quatrième livre du *Contra Gentiles* mais un pas supplémentaire est franchi avec la négation du Purgatoire :

> Ainsi est écartée l'erreur de certains Grecs qui nient le Purgatoire et disent que les âmes, avant la résurrection des corps ne montent pas au Ciel, ni ne descendent en enfer[41].

Enfin, toujours chez Thomas d'Aquin, la fin du traité *Contre les erreurs des Grecs* (II, 40) évoque de nouveau cet aspect particulier de leur erreur, la négation du Purgatoire.

La négation du Purgatoire est par ailleurs mentionnée vers 1252 dans le traité anonyme intitulé *Contra Græcos*[42]. Les divergences entre les Grecs et les Latins sur ce sujet semblent alors récentes : elles se seraient manifestées en 1231-1232 lors d'une conversation entre un religieux franciscain, frère Barthélemy, et un évêque grec, Georges Bardanès. Ce dernier remarque que le franciscain « préconise la fausse doctrine qu'il existe un feu purificateur, où sont amenés ceux qui meurent après avoir fait leur confession, mais qui n'ont pas eu le temps de faire pénitence de leurs péchés et sont purifiés avant le Jugement dernier, en obtenant, avant le Jugement dernier, la délivrance de la peine[43] ».

Une doctrine analogue est aussi attribuée aux Arméniens : une attribution affirme ainsi que les âmes des défunts, avant le jugement général, n'allaient ni au ciel, ni en enfer, mais restaient sur terre ou même dans l'air, comme les démons dont parle saint Paul dans l'Épître aux Éphésiens (2, 2)[44]. Les auteurs de cette hérésie ne semblent pas

---

41 *Per hoc autem excluditur error quorundam Græcorum, qui Purgatorium negant, et dicunt animas ante corporum resurrectionem neque ad cælum ascendere, neque in infernum demergi.* Thomas d'Aquin, *Contra Gentiles*, lib. 4 cap. 91 n. 11.

42 Une édition de ce texte, bien que fautive, est accessible dans la *PG* 140, col. 487-574. Ce traité est sans doute d'un frère dominicain du couvent de Constantinople. *Cf.* A. Dondaine, « *Contra Græcos.* Premiers écrits polémiques des dominicains d'Orient », *AFP* 51 (1951), p. 320-446.

43 A. Dondaine, *op. cit.*, p. 320-446, en particulier p. 345-347. M. Roncaglia, *Georges Bardanès, métropolite de Corfou et Barthélémy de l'ordre franciscain*, Rome, 1953. M. Dykmans, « De Jean XXII au concile de Florence ou les avatars d'une hérésie gréco-latine », *Revue d'histoire ecclésiastique*, 68, 1 (1973), p. 30-66. J. Le Goff, *La naissance du Purgatoire*, Paris, 1981, p. 376-379. Thomas d'Aquin, *Traités. Les raisons de la foi. Les articles de la foi et les sacrements de l'Église*, introduction, traduction du latin et annotations par Gilles Emery, Paris, 1999, p. 49-54.

44 F. Lanzoni, *La leggenda di S. Girolamo*, Miscellanea Geronimiana, Rome, Tipografia Vaticana, 1920. F. Jansen, « La cinquième erreur arménienne », *Ephemerides Theologicæ*

être bien identifiés. Cependant, il semble qu'un texte très répandu au Moyen Âge suppose que les Latins furent concernés, comme les Grecs, par cette hérésie. C'est ce que montre une pseudo-lettre de saint Cyrille de Jérusalem adressée à saint Augustin sur les miracles de saint Jérôme[45].

Ainsi, même si cette erreur des Grecs est connue et dénoncée depuis le début du XIIIe siècle, elle reste préoccupante dans les années 1260. Dans le *De rationibus fidei*, Thomas d'Aquin est confronté à cette même hérésie : il rédige ce traité à la demande d'un certain « chantre d'Antioche » qui le sollicite pour réfuter certaines erreurs des Grecs et des Arméniens. Il leur reproche de rejeter le Purgatoire en disant que les âmes des défunts attendent, séquestrées, jusqu'au jour du jugement leur récompense ou leur châtiment, c'est-à-dire jusqu'à ce qu'elles recouvrent leur corps[46]. Tout le chapitre 9 du *De rationibus fidei* est consacré à la réfutation de cette doctrine[47].

L'ascension de l'âme après la mort préoccupe les maîtres en théologie du XIIIe siècle. S'ils s'intéressent surtout à sa destination et à la vision béatifique, quelques thèmes cependant retiennent leur attention. D'une part, il s'agit du rôle des anges dans l'ascension de l'âme : le consensus qui se dégage est que leur présence n'est pas indispensable, mais qu'ils encouragent l'âme dans sa montée vers le ciel. D'autre part, les théories issues de la philosophie antique et arabe suscitent des réflexions autour des étapes de cette ascension, que ce soit dans

---

Lovanienses 16 (1939), p. 94-110, en particulier p. 103.

45 *Quædam hæreseos inter Græcos secta surrexit, quæ ad Latinos usque devenit, quæ suis nephandis nitebatur rationibus probare, quod animæ beatæ, usque ad universalis diem iudicii, in quo corporibus erunt iterum coniungendæ, visione et cognitione divina, in qua tota consistit beatitudo sanctorum, privabantur, dampnatorum animæ similiter ad diem illum nullis cruciabuntur pœnis. Quorum ratio talis erat : sicut anima cum corpore meruit vel peccavit, ita cum corpore præmia recipit sive pœnas. Cf.* M. Dykmans, *Les sermons de Jean XXII…*, *op. cit.*, p. 17-18.

46 *Circa statum animarum post mortem Græcos et Armenos asseris errare dicentes quod animæ usque ad diem iudicii nec puniuntur, nec præmiantur, sed sunt quasi in sequestro, quia nec pœnam nec præmia debent habere sine corpore ; et in sui erroris assertionem inducunt quod Dominus in evagelio dicit : « In domo patris mei mansiones multæ sunt ».* Thomas d'Aquin, *De rationibus fidei de forma absolutionis*, éd. Léonine, tome XL-B, Rome, 1968, p. 57 et p. 6-7 pour la datation. Thomas d'Aquin, *Les raisons de la foi. Les articles de la foi et les sacrements de l'Église*, introduction, traduction du latin et annotations par Gilles Emery, Paris, 1999, p. 64-65.

47 Thomas d'Aquin, *Les raisons de la foi. Les articles de la foi et les sacrements de l'Église*, introduction, traduction du latin et annotations par Gilles Emery, Paris, 1999, p. 116-131.

d'autres corps – d'animaux ou d'hommes – ou dans différents lieux intermédiaires.

Cependant, pour les scolastiques du XIIIe siècle, ce qui est essentiel, c'est que l'âme séparée de son corps lors de la mort n'aspire qu'à une chose : la béatitude. Elle désire ardemment que cette ascension s'achève pour retrouver son corps. Bonaventure compare joliment l'union du corps et de l'âme à l'attachement entre deux époux, pressés de se réunir[48].

Sophie DELMAS
Université Lumière Lyon 2

48 Bonaventure, *IV Sent.* d. 43, a. 1, q. 5.

NEOPLATONISMO PER ADOLESCENTI

in alcuni commenti alla *Philosophiæ consolatio* di Severino Bœzio (1456-1656)

Nel quadro della tarda maturità *Bœzio consolato da Filosofia*, il pittore barocco Mattia Preti raffigura Bœzio e Filosofia, esprimendo due momenti dell'ascesa dell'anima a Dio. Artista colto e raffinato[1], egli li mutua dalla tradizione umanistico-rinascimentale : da una parte, la liberazione dalle passioni corporee, rappresentata dalle Muse della Pœsia che fuggono dalla cella di Bœzio ; dall'altra, l'amore che mette in moto l'anima. Preti lo concretizza nell'assai poco bœziana raffigurazione di Filosofia come di una giovane donna, la cui fiorente e sensuale bellezza è appena ricoperta da un leggerissimo peplo greco.

Durante l'Umanesimo e il Rinascimento tanto la liberazione dalle passioni corporee, quanto l'amore che mette in moto l'anima sono stati ampiamente e profondamente trattati. Entrambi i temi hanno goduto di una non comune fortuna, i cui effetti hanno finito per investire anche quattro dei sette commenti latini alla *Consolatio*, composti tra il 1456 e il 1656 ; ovvero, nei due secoli che decorrono dall'anno in cui Marsilio Ficino presentò le sue *Institutiones ad Platonicam disciplinam* a Cosimo de' Medici e a Cristoforo Landino[2]. I quattro commenti in questione sono i *Commentaria* di Johannes Murmellius (1514), il *Commentarius* di Jean Bernærts (1607), le *Notæ* di Theodor Sitzmann (1607) e le *Notæ* di René Vallin (1656)[3], che si distinguono dalle *Enarrationes* di Denis le

1 *Cf.* J. T. Spike, *Mattia Preti : catalogo ragionato dei dipinti*, Taverna-Firenze, 1999, p. 228-229.

2 *Cf.* S. Gentile, « Il ritorno di Platone, dei platonici e del *corpus* ermetico. Filosofia, teologia e astrologia nell'opera di Marsilio Ficino », in C. Vasoli, *Le filosofie del Rinascimento*, éd. P. C. Pissavino, Milano, 2002, p. 193-228.

3 *Cf.* J. Murmellius, *Commentaria*, in A.M.S. Bœthius, *De consolatione philosophiæ libri V*, Coloniæ, 1535 ; J. Bernartius, *Commentarius*, in A.M.S. Bœthius, *De consolatione philosophiæ libri V*, Antverpiæ, 1607 ; T. Sitzmannus, *Notæ*, in A.M.S. Bœthius, *De consolatione philosophiæ libri V*, Hanoviæ, 1607 ; R. Vallinus, *Notæ*, in A.M.S. Bœthius, *Consolationis philosophiæ libri V. Eiusdem Opuscula sacra auctiora*, Lugduni Batavorum, 1656.

Chartreux (1470 ca.), dalla *Grammaticalis explanatio* di Josse Bade van Assche (1498) e dalla *Præfatio* di Pieter Bert (1620)[4] per la loro capacità di esplicitare la struttura neoplatonica del capolavoro di Bœzio. E se tale struttura è articolata secondo il movimento circolare dell'*adunare/explicare*, nelle pagine che seguono verranno affrontate tre questioni :

1. i commenti alla *Consolatio* di Murmellius, Bernærts, Sitzmann e Vallin sono fortemente improntati dalla dottrina ficiniana della *prisca theologia* ;
2. Murmellius, Bernærts, Sitzmann e Vallin adattano il processo di ascesa dell'anima a Dio ad un pubblico di adolescenti, sottoponendo il neoplatonismo di Bœzio e quello di altri filosofi al vaglio del cristianesimo ;
3. a beneficio del medesimo pubblico, gli stessi commentatori della *Consolatio* mettono a confronto il neoplatonismo con i diritti della corporeità, dei quali la formula stoica *naturam sequi* costituisce la cifra.

LA COMPLESSA VALENZA FILOSOFICA DI QUATTRO COMMENTI ALLA *CONSOLATIO*

Le tre questioni sopra elencate comportano una rivalutazione della qualità filosofica dei commenti rinascimentali e moderni alla *Consolatio*, sulla scorta dei pionieristici studi condotti da Lodi Nauta. A Nauta spetta il merito di averli tratti fuori dal limbo storiografico dove li avevano confinati Pierre Courcelle e Anthony Grafton[5], a partire dai *Commentaria* di

4 *Cf.* R. F. Glei, « *Quæ philosophia fuit, facta philologia est.* Der Kommentar des Jodocus Badius Ascensius (1498) zur *Consolatio Philosophiæ* des Bœthius », in *Bœthius christianus ? Transformationen der* Consolatio Philosophiæ *in Mittelalter und Früher Neuzeit*, éd. R. F. Glei, F. Lebsanft, N. Kaminski, Berlin-New York, 2010, p. 179-216 ; *Denys the Carthusian, commentator on Bœtius's* De consolatione philosophiæ, éd. R. MacKen, Salzburg, 1984.

5 *Cf.* L. Nauta, « Some aspects of Bœthius' *Consolatio philosophiæ* in the Renaissance », in *Boèce ou la chaîne des savoirs*. Actes Du Colloque International de la Fondation Singer-Polignac, Paris, 8-12 Juin 1999, éd. A. Galonnier, Louvain-la-Neuve–Paris, 2003, p. 767-778 ; *id.*, « The *Consolation* : The Latin Commentary Tradition : 800-1700 », in *The Cambridge Companion to Bœthius*, éd. J. Marenbon, Cambridge, 2009, p. 255-278.

Murmellius, che Nauta ritiene estremamente riduttivo apprezzare soltanto per il loro valore letterario. Più che per la loro capacità esegetica della *Consolatio*, infatti, i *Commentaria* sono da considerare per il programma educativo di stampo erasmiano di cui essi cui sono portatori : un commercio continuo tra lo studio dei classici (*litteræ*) e i retti comportamenti umani (*mores*), che si nutre ora dell'Umanesimo italiano, ora dall'Umanesimo del Nord[6]. Murmellius ha fatto della *Consolatio* un testo di studio nelle scuole preuniversitarie, spingendo in avanti un'importante tradizione che comprendeva le glosse dei manoscritti fiorentini[7], i commenti di Giovanni Traversio e di Pietro da Muglio[8] e la già ricordata *Grammaticalis explanatio* di Josse Bade. È possibile che, non diversamente dai *Commentaria* di Murmellius, anche i commenti alla *Consolatio* di Bernærts, Sitzmann e Vallin siano qualcosa di più di mere « concatenations of long quotations from a number of Greek and Latin authors[9] » ?

Con le dovute proporzioni, quello che Nauta afferma a proposito dei *Commentaria* di Murmellius, si può ripetere anche a proposito dei commenti alla *Consolatio* di Bernærts, Sitzmann e Vallin. Lo confermano alcune circostanze relative alla loro composizione e pubblicazione. I protagonisti del *Commentarius* di Bernærts sono gli adolescenti (*adulescentes*) Antonius Sucquetus e Federicus Lixbonnæus. Sitzmann offre le *Notæ* ai suoi insegnanti (*præceptores*) Konrad Rittershausen e Wolfgang Heider[10], mentre le *Notæ* di Vallin corredano un'edizione critica del testo della *Consolatio* che Pierre Cally mantiene nella sua edizione *ad usum Delphini*. Il *Delphinus* in questione è niente di meno che il *Grand Dauphin*, figlio di Luigi XIV ed *exemplar* di tutti gli adolescenti (*adolescentes*) di Francia[11].

6 *Cf. id.*, « A Humanist Reading of Bœthius's *Consolatio Philosophiæ*. The *Commentary* by Murmellius and Agricola (1514) », in *Between Demonstration and Imagination. Essays presented to John D. North*, éd. L. Nauta, A. J. Vanderjagt, Leiden–Boston–Köln, 1999, p. 313-338.

7 *Cf.* R. Black, G. Pomaro, *La* Consolazione della filosofia *nel Mediœvo e nel Rinascimento italiano : libri di scuola e glosse nei manoscritti fiorentini*, Firenze, 2000, p. 22-23.

8 *Cf.* G. Federici Vescovini, « Due commenti inediti del XIV secolo al *De consolatione philosophiæ* di Bœzio », *Rivista critica di storia della filosofia*, XIII (1958), p. 384-414.

9 *Cf.* L. Nauta, « *Magis sit Platonicus quam Aristotelicus* : interpretations of Bœthius's Platonism in the *Consolatio Philosophiæ* from the Twelfth to the Seventeenth Century », in *The Platonic Tradition in the Middle Ages*, éd. S. Gersh, Maarten J.F.M. Hœnen, Berlin–New York, 2002, p. 165-204.

10 *Cf.* T. Sitzmannus, *op. cit.*, p. 3.

11 A.M.S. Bœthius, *Consolationis philosophiæ libros V. Interpretazione et notis illustravit P. Callyus*, Lutetiæ Parisiorum, 1680, f° ẽv° : « Usi sumus lectione quam, consultis sanioribus libris, recensuit Renatus Vallinus, exceptis paucis vocibus quas, ut ibidem monuimus, validissimis

Tanto Murmellius, pertanto, quanto Bernærts, Sitzmann e Vallin hanno fatto della *Consolatio* un testo di studio, nel senso che essi ne hanno approfittato per veicolare un'eterogenea serie di nozioni che chi si sarebbe iscritto ai corsi universitari avrebbe dovuto conoscere. Innanzitutto, la prosodia e la metrica latina ; poi, la letteratura latina in prosa e in versi ; ed infine, i primi elementi di altre discipline : dalla letteratura greca a quella biblica, dalla storia alla geografia, dalla filologia al diritto, dalla filosofia alla teologia. La *Consolatio* è diventata il centro nel quale sono arrivate a convergere una pluralità di citazioni di classici greci e latini, annalisti e cronisti, padri della chiesa e scolastici, umanisti italiani e d'oltralpe, giuristi latini e cinque-seicenteschi, nonché di buona parte dei filosofi antichi, medievali e umanistico-rinascimentali.

Per di più, oltre a riferirsi a specifiche discipline, queste citazioni sono l'espressione del contesto culturale al quale i singoli commentatori appartengono. Ed in analogia con ciò che Nauta ha osservato a proposito dei *Commentaria* di Murmellius, dell'Umanesimo italiano e dell'Umanesimo del Nord, i commenti di Bernærts, Sitzmann e Vallin possono essere riportati – rispettivamente – al neostoicismo di Justus Lipsius, all'attività di editore-traduttore di testi di Rittershausen e alla tradizione storico-filologico-erudita seicentesca. Contesti culturali tanto riconoscibili, quanto diversi, i quali hanno fatto sì che ciascun commentatore scegliesse di associare alla *Consolatio* certi autori piuttosto che altri. Murmellius chiama in causa Ficino, Lorenzo Valla, Erasmo, Rudolph Agricola, Jakob Wimpfeling e Hermann von dem Busche ; Bernærts privilegia Seneca, Epitteto e Simplicio ; Sitzmann tende verso i padri greci ed i pitagorici ; e Vallin si rivolge ai filosofi del medioplatonismo e del neoplatonismo. Ma soprattutto, i diversi complessi di citazioni – dai quali sono composti i *Commentaria* di Murmellius, il *Commentarius* di Bernærts, le *Notæ* di Sitzmann e le *Notæ* di Vallin – sono connessi e organizzati da una stessa forma filosofica, costituita

---

coniecturis convicti, mutandas existimavimus » ; *op. cit.*, f° ã iijr : « Si vero auctor ille faciles ad Te habuerit aditus, Serenissime Delphine, maiorem doctrinæ virtutisque accessionem se sperabit facturum, non solum in Te, sed in omnibus etiam adolescentibus, ad quos, velut a capite ad membra, regiæ Tuæ institutionis forma derivatur ». Sull'edizione *ad usum Delphini* della *Consolatio cf.* L. Nauta, « Platonic and Cartesian Philosophy in the Commentary of Bœthius' *Consolatio Philosophiæ* by Pierre Cally », *British Journal for the History of Philosophy*, IV (1996), p. 79-100 ; P.-A. Deproost, « Boèce », in *La collection* Ad usum Delphini, éd. M. Furno, Grenoble, 2005, vol. II, p. 209-216.

dalla *prisca theologia* ficiniana[12]. La *prisca theologia* è un perenne svolgimento, intrinsecamente religioso, il quale comporta un sostanziale accordo tra le diverse dottrine filosofiche e tra queste ultime e le sacre scritture. Essa muove dalla tradizione caldaica o da Ermete Trismegisto per poi dipanarsi attraverso Orfeo, Aglaofemo, Pitagora, Platone, Filone di Alessandria, Numenio di Apamea, i neoplatonici, gli evangelisti e i padri della chiesa, fino a comprendere anche Giovanni Duns Scoto, il cardinale Bessarione e Nicolò Cusano[13].

Se i commenti rinascimentali e moderni alla *Consolatio* non sono mere « concatenations of long quotations from a number of Greek and Latin authors » è perché, in base alla successione ficiniana dei filosofi e dei teologi[14], Murmellius, Bernærts, Sitzmann e Vallin elaborano ciascuno una propria successione. Murmellius e Bernærts ne danno una giustificazione teorica, che legittima anche la citazione di Pier Lombardo e di Tommaso d'Aquino :

> *Sapientia enim nunquam senescit, nunquam vim suam amittit. Et quo plura eius studio consequutus fueris, eo plura superesse cognoscenda deprehendes. Priscis profecto seculis apud Hebraeos, Ægyptios, Græcos, Latinos, aliasque gentes philosophi extiterunt,*

12 Per la conoscenza che Ficino ebbe della *Consolatio* e la diffusione del capolavoro di Bœzio presso la corte medicea *cf.* D. Brancato, « Readers and Interpreters of the *Consolatio* in Italy, 1300-1500 » in *A Companion to Bœthius in the Middle Ages*, éd. N. H. Kaylor, P. E. Phillips, Leiden–Boston, 2012, p. 357-411.

13 Nell'*Argumentum in librum Mercurii Trismegisti* la successione dei filosofi inizia da Mercurio e prosegue con Orfeo, Aglaofemo, Filolao e Platone. Nel *De christiana religione*, invece, Zoroastro viene preposto a Mercurio e la successione dei filosofi è proiettata verso il cristianesimo, attraverso il neoplatonismo greco. Infine, nell'epistola *De le due vie de la felicità e numero de i libri composti* ai neoplatonici greci vengono aggiunti quelli latini, i filosofi arabi, gli scolastici e i contemporanei di Ficino, così che la successione dei filosofi arriva ad includere Cusano e Bessarione. *Cf.* M. Ficinus, *Argumentum in librum Mercurii Trismegisti ad Cosimum Medicem*, in *id.*, *Opera omnia*. Riproduzione facsimile dell'edizione Basileæ 1576, Torino, 1962, vol. II, p. 1836 ; *id.*, *De christiana religione liber*, in *id.*, *Opera omnia*. Riproduzione facsimile dell'edizione Basileæ 1576, Torino, 1962, vol. I, p. 25 ; *Le divine lettere del gran Marsilio Ficino, tradotte in lingua toscana da Felice Figliucci senese*, ristampa anastatica dell'edizione Venezia 1548, éd. S. Gentile, Roma, 2001, vol. II, 132v° ; M.J.B. Allen, « Marsilio Ficino, Hermes Trismegistus and the *Corpus Hermeticum* », in *New Perspectives in Renaissance thought*, éd. J. Henry, S. Hutton, London, 1990, p. 38-47 ; C. Vasoli, « La *prisca theologia* e il neoplatonismo religioso », in *Il neoplatonismo nel Rinascimento*, éd. P. Prini, Roma, 1993, p. 83-101.

14 Sulla compresenza di una trasmissione unilineare e multilineare della verità nella successione ficiniana dei filosofi e dei teologi *cf.* M. Idel, « *Prisca Theologia* in Marsilio Ficino and in some Jewish Treatments », in *Marsilio Ficino : his Theology, his Philosophy, his Legacy*, éd. M.J.B. Allen, V. Rees, with M. Davies, Leiden, 2002, p. 137-158.

> *aliisque successerunt alii, neque vim philosophiæ potuerunt unquam exhaurire, nec ad finem discendi peruenire. Hieronymus* Ad Nepotianum *: « amplexetur me modo sapientia. Et Abisag nostra, quæ nunquam senescit, in meo requiescat sinu. Impolluta est, virginitatisque perpetuæ et quæ, similitudinem Mariæ, cum quotidie generet semperque parturiat, incorrupta est*[15] ».

> *Quinimmo etiamsi divini verbi falarica meritissimo inprimis pugnandum censeamus, fidenter armati et stipati procedamus Christo, Prophetis, Apostolis atque omni apparatu Biblico : advocamus tamen et iudicio non celeberrimos solum antiquissimosque auctores, Dionysium, Iustinum, Cyprianum, Athanasium, Basilium, Nazianzenum, Ambrosium, Hieronymum, Chrysostomum, Augustinum, Latinum Gregorium aliosque legitimos patres conscriptos ; sed porro et sæpius utimur Platonis, Aristotelis, Senecæ, Epicteti, Plutarchi, Mercurii aliorumque philosophorum sententiis. Amplius dico : nec Epicuri bene dicta tanquam ab eo dicta contemno*[16].

Sitzmann e Vallin, invece, preferiscono mostrare fattivamente che in ogni dottrina filosofica è presente la verità scritturistica. Tra i tanti esempi che si possono trarre dalle rispettive *Notæ*, sono assai significative le due seguenti catene di autori, che comprendono la Sibilla Eritrea, Ermete Trismegisto, Omero, Pitagora, le sacre scritture, Platone, lo Pseudo-Aristotele, Virgilio, lo Pseudo-Plutarco, lo Pseudo-Giustino ed i padri della chiesa greca e latina. La prima catena è di Sitzmann :

> *Sibylla Erythræa, apud Lactantium libro I* Divinarum Institutionum *: « Ἀλλὰ θεὸς μόνος εἷς πανυπέρτατος, ὃς πεποίηκεν Οὐρανὸν ἠέλιόν τε καὶ ἀστέρας ἠδὲ σελήνην, Καρποφόρον γαῖάν τε καὶ ὕδατος οἴδματα πόντου ». Hinc propria Dei veri nota est opus creationis rerum, qua in* Psalmis, *item apud* Esaiam *aliosque Prophetas discernitur ab idolis. Quid ? Quod Pythagoras quoque hoc ipsum agnovit in versibus, quos refert Iustinus Martyr libro* De monarchia. *Sunt autem isti* [...], *vertente C. Rittershusio : « si quis erit, qui se pro numine poscat haberi, huic mundo similem debet producere mundum. De quo dicere ei liceat, Mens exstat hic orbis. Nec tantum statuens mundum, sic dicat. Hic a me conditus est, sed opus simul incolat ipse suum : et tunc facta fidem facient, certum ipsi numen inesse ». Neque omittenda pulcherrima Minucii Felicis verba. « Palam est », inquit, « parentem omnium Deum, nec principium habere, nec terminum ; qui nativitatem omnibus præstet, sibi perpetuitatem ; qui ante mundum sibi fuerit ipse pro mundo ; qui universa quæcunque sunt, verbo iubet, ratione dispensat, virtute consummat*[17] » ;

e la seconda è di Vallin :

---

15 J. Murmellius, *op. cit.*, p. 9.
16 J. Bernartius, *op. cit.*, p. 186.
17 T. Sitzmannus, *op. cit.*, p. 229.

ex mente Platonis ac platonicorum, qui existimabant Deum seu summum Iovem habitare supra cœli verticem. Imo et ipsius Aristotelis, qui referente Plutarcho in Placitis Philosophorum *et divo Cyrillo* Contra Julianum, *« Deum appellat formam separatam et universi sphæram insidere contendit ». Huc spectant quæ habentur libro eius* De Mundo, *ante finem « superiorem et primam sedem mundi sortitus, ea de causa ὕπατος, quasi supremus appellatus est : et ut inquit pœta, in summo culmine universi cœli suum habet domicilium collocatum ». Hermes* Asclepio, *« Deus supra verticem summi cœli consistens, ubique est, omniaque circumspicit ». Quin et sacri codices id affirmant* Esaiæ *capitulo* 66 *« Cælum sedes mea » et Prophetæ Regis* Psalmo CXLVIII *« laudate eum cœli cœlorum » et post « confessio » seu gloria « eius super cælum et terram ». Quos cœlos cœlorum beatus Augustinus cum platonicis intellectuales vocat libris XII* Confessionum, *capitulo IX* [...]. *Ergo, ut ait paulo post idem Aristoteles, hæc opinio ex communi more et mortalium consensu obtinet, « superiora esse Deo tradita ». Locus autem ille ὑπερουράνιος, nunc οὐρανὸς, id est cœlum, ab etymo nimirum vocis eiusdem οὐρανὸς, inquit idem, quasi sit « finis supremorum » corporum « extimus ». Nunc autem Ὄλυμπος, hoc est, Deorum sedes Homero et aliis veteribus dicitur; ut et Virgilio, « candidus insuetum miratur limen Olympi / sub pedibusque videt nubes et sydera Daphnis*[18] ».

I legami tra un autore e l'altro non vengono indeboliti neanche dal fatto che nel 1614 vennero pubblicate le *De rebus sacris et ecclesiasticis exercitationes XVI* di Isaac Casaubon, dal momento che Vallin non teme di confrontarsi con la posticipazione del *corpus hermeticum* al III-IV secolo dell'era cristiana. Ed all'ironia, con la quale Casaubon smaschera l'origine greca di una pretesa lingua sacra egizia, egli oppone l'identificazione di Ermete Trismegisto con l'autore degli *Hermaica* : « Hermes [...] seu, ut divus Cyrillus ait, *Librorum Hermaicorum* auctor qui eos Athenis composuit[19] ». Cirillo non chiarisce quando questa traduzione-trasmissione dall'egizio al greco sarebbe avvenuta. Nulla vieta a Vallin, pertanto, di postulare che essa avrebbe avuto luogo dopo l'epoca di Ippocrate e di Erodoto, di modo che il *corpus hermeticum* poteva continuare a svolgere la sua funzione di mediazione tra il pensiero egizio e quello greco nell'ambito della *prisca theologia* ficiniana. Forse, Vallin difende l'antichità del *corpus hermeticum* con un'argomentazione che rispetto alla saggistica cœva non appare filologicamente robusta[20], ma essa è comunque un

18 R. Vallinus, *op. cit.*, p. 75-76.

19 R. Vallinus, *op. cit.*, p. 58. Vallin cita il primo capitolo del *Contra Julianum* di Cirillo. *Cf.* Cyrillus, *Pro Christiana Religione adversus Julianum Imperatorem Libri X*, in *Patrologiæ cursus completus*, éd. J.-P. Migne, Series Græca, Lutetiæ Parisiorum, 1859, vol. 76, 548A.

20 Oltretutto, Vallin non rinuncia a citare alcuni passi del *corpus hermeticum* stigmatizzati da Casaubon, come quello in cui Dio viene definito *lumen intellegibile.* Per una rassegna,

indicatore di quanto profondamente la *prisca theologia* ficiniana sia arrivata a radicarsi nell'utilizzazione della *Consolatio* come testo di studio. Ve l'ha impiantata per primo Murmellius, il quale se ne è servito per connettere e organizzare le molte ed eterogenee citazioni che compongono i suoi *Commentaria*. I suoi successori hanno continuato l'operazione da lui avviata, fino a costruire catene di citazioni sempre più lunghe cronologicamente e complesse dottrinariamente, implementando il numero degli autori affiancati alla *Consolatio*. Sono autori che precedentemente o non le venivano collegati o le venivano collegati soltanto sotto i nomi generici di antichi, pitagorici, stoici e platonici. Sitzmann si compiace di poter citare Giovanni Crisostomo, Isidoro di Pelusa, Cirillo, Gregorio di Nissa, Origene e l'inedita *Vita Pythagoræ* scritta da Porfirio : il suo mæstro Rittershausen gliene aveva messo generosamente a disposizione il manoscritto, insieme a quello di un'antologia delle opere dei principali padri della chiesa greca, le *Sacræ lectiones*[21]. Infine, Vallin moltiplica i nomi dei pitagorici, chiamando in causa Archita di Taranto, Ippodamo di Turi, Filolao di Taranto, Apollonio di Tiana, Quinto Sestio e Publio Nigidio, per cui alla metà del Seicento intorno alla *Consolatio* è arrivato a ruotare un numero impressionante di autori.

L'elenco è così ricco di nomi che è impossibile citare i singoli autori uno per uno. Sulla base di quelli menzionati finora, tuttavia, si può formulare induttivamente una considerazione che li comprende tutti : la rispondenza alla *prisca theologia* ficiniana degli autori collegati da Murmellius, Sitzmann, Bernærts e Vallin alla *Consolatio* da una parte si fonde con il programma bœziano « Aristotelis Platonisque sententias in unam revocare concordiam[22] », dall'altra ha portato ad acquisire la

---

invece, delle polemiche *cf. Raccolta di dissertazioni di storia ecclesiastica in italiano, o scritte o tradotte dal francese per opera di F. Zaccaria. Tomo I*, Roma, 1792, p. 147-157 ; A. Grafton, « Protestant versus Prophet : Isaac Casaubon on Hermes Trismegistus », *Journal of the Warburg and Courtauld Institutes*, XLVI (1983), p. 78-93.

21 *Cf.* C. Rittershusius, *Sacrarum lectionum libri VIII, quibus multa ad ius ciuile et ad historias pertinentia, non pauca etiam in sanctis Patribus aliisque probatissimis scriptoribus laudantur, illustrantur, emendantur, editi opera filii N. Rittershusii*, Norimbergæ, 1643 ; Malchus, *De vita Pythagoræ*. Nunc primum ex manuscripto in lucem editus a C. Rittershusio cum eiusdem notis, ad clarissimum et doctissimum virum D. Hensium, Altorfii, 1610. Anche se pubblicato sotto il nome di Malchus, quest'ultimo volume viene considerato l'*editio princeps* della *Vita Pythagoræ* di Porfirio, congiuntamente all'edizione greco-latina, data alle stampe da Lucas Holstenius nel 1630.

22 A.M.S. Bœthius, *In librum Aristotelis* Peri hermeneias *commentarii. Editio secunda*, éd. K. Meiser, Lipsiæ, 1880, p. 80.

consapevolezza che la *Consolatio* non è soltanto un'epitome del *Timæus* e un deposito di citazioni tratte dal *Gorgias* e dalla *Respublica*, ma è anche un'opera appartenente alla tradizione neoplatonica. Con l'Umanesimo e il Rinascimento, il neoplatonismo di Bœzio è stato amplificato dal medioplatonismo di Alcinoo (o Albino), Massimo di Tiro, Plutarco, Apuleio e di Aulo Gellio e dal neoplatonismo di Plotino, Porfirio, Giuliano Imperatore, Giamblico, Proclo, Ammonio, Ierocle, Simplicio, Calcidio, Marciano Capella, Macrobio, Agostino e dello Pseudo-Dionigi, mentre l'ascesa dell'anima a Dio è stata proposta agli allievi delle scuole preuniversitarie in una maniera che sta al pensiero di Ficino così come il dipinto *Bœzio consolato da Filosofia* di Preti sta al frontespizio decorato dell'edizione Vallin della *Consolatio* (Fig. 1). Se il primo è stato dipinto intorno al 1680, il secondo è stato inciso nel 1656. Nel frontespizio decorato dell'edizione Vallin, pur trovandovisi raffigurate le Muse della Pœsia che fuggono dalla cella di Bœzio, Filosofia non è certamente la giovane fiorente e sensuale di Preti, ma è piuttosto la donna matura e dal *reverendi vultus* della prima prosa del primo libro della *Consolatio*. A differenza che nel testo bœziano, ella indossa non una veste regale, lacerata in più punti dalle dispute tra i filosofi, bensì un peplo greco integro e intatto, che esprime compiutamente la dottrina della *prisca theologia* ficiniana. Essendo intatto e integro, infatti, il peplo di Filosofia rimanda all'antica Grecia e alla concordia tra le diverse scuole filosofiche[23]. Colei

23 Le pieghe della veste di Filosofia sono una traccia dei gradini di cui parla Bœzio nella prima prosa del primo libro della *Consolatio*. Insieme allo scettro e al libro, questi elementi ritornano più volte nelle raffigurazioni medievali e umanistico-rinascimentali della Filosofia bœziana : dalle miniature dell'XI secolo all'*Allegoria della filosofia* (1502) di Albrecht Dürer. Il frontespizio dell'edizione Vallin, tuttavia, presenta un'interessante novità. Per la prima volta, la Filosofia bœziana dismette gli abiti della regina o della dama medievale per indossare il peplo greco, secondo un abbigliamento che si ripresenta sia in altri frontespizi o antiporte seicentesche, sia nel dipinto di Preti *Bœzio consolato da Filosofia*. Molto probabilmente, Preti si è ispirato al frontespizio decorato dell'edizione Vallin. Lo si può dedurre non soltanto dalla datazione del suo dipinto, ma anche da più di un particolare, che la sua tela ha in comune con quel frontespizio : la postura e la posizione delle Muse, di Bœzio e di Filosofia, insieme alla forma ed alla posizione della porta e della finestra della cella in cui è rinchiuso Bœzio. Per una rassegna delle raffigurazioni medievali della Filosofia bœziana, dove Filosofia viene presentata come una regina o come una dama, si può scorrere l'apparto iconografico del fondamentale studio di Courcelle, *La Consolation de philosophie dans la tradition littéraire : antécédents et postérité de Boèce* (Paris, 1967). Invece, per i frontespizi e le antiporte seicentesche, che ricalcano il frontespizio dell'edizione Vallin, si possono guardare direttamente le edizioni o traduzioni della *Consolatio*, che li contengono, come ad esempio : A.M.S. Bœthius, *Consolationis*

che lo porta, tuttavia, ha poco a che fare con la bellezza corporea, primo gradino dell'ascesa dell'anima a Dio nel *Commentarium in* Convivium *Platonis de amore* dello stesso Ficino[24].

Tanto Murmellius e Bernærts, quanto Sitzmann e Vallin saltano questo gradino, benché ciascuno di loro lo faccia con modalità diverse. Murmellius e Bernærts considerano la Venere Terrena come il più caduco dei beni esterni di cui parlano gli stoici[25]. Vallin la associa platonicamente al più nobile dei sensi[26], mentre Sitzmann la riduce alle caste gioie del matrimonio, approvate dalla morale cristiana[27]. Ma in compenso, Murmellius e Sitzmann accolgono la Venere Celeste quale forza divina che pervade l'intera natura[28]. E come Ficino, anch'essi coniugano il *De rerum natura* con il neoplatonismo, secondo un'associazione che è comprovata dalla loro capacità di individuare precise citazioni del pœma lucreziano nella *Consolatio*[29].

Philosophiæ Libri V. Eiusdem Opuscula Sacra, Lugduni Batavorum, 1671 ; *Boèce consolée par la philosophie.* Traduction nouvelle par N. Régnier, Paris, 1676 ; S. Bœthius, *Consolatio philosophiæ, oder Christlich-vernunfft-gemesser Trost und Unterricht [...]*, Sultzbach, 1667.

24 *Cf.* M. Ficinus, *Commentarium in* Convivium *Platonis de amore*, édition et traduction par P. Laurens, Paris, 2002, p. 36-38 ; C. Vasoli, *Filosofia e religione nella cultura del Rinascimento*, Napoli, 1988, p. 76-117 ; S. Gentile, « Il ritorno di Platone, dei platonici e del *corpus* ermetico. Filosofia, teologia e astrologia nell'opera di Marsilio Ficino », in C. Vasoli, *Le filosofie del Rinascimento*, éd. P. C. Pissavino, Milano, 2002, p. 193-228.

25 *Cf.* J. Murmellius, *op. cit.*, p. 241-246 ; J. Bernartius, *op. cit.*, p. 309.

26 R. Vallinus, *op. cit.*, p. 73 : « *In amatoriis deliciis primus gradus est videre.* [...] *Secundus, "colloqui". Tertius, "contrectare" : in quo tamen longe minorem quam in visu voluptatem constituit apud Achillem Tatium* ἐρωτικῶν *libro I.* [...] *Et revera contrectatio, nisi legitima sit ; fere non pudicarum est* ».

27 *Cf.* T. Sitzmannus, *op. cit.*, p. 250.

28 J. Murmellius, *op. cit.*, p. 303-304 : « Polum extimum] *supremum cœlum. Lucretius libro* De rerum natura *I : "Ergo viuida vis animi peruicit, & extra / Processit longe flammantia mœnia mundi, / Atque omne immensum peragrauit mente animoque"* » ; T. Sitzmannus, *op. cit.*, p. 231-232 : « *Iam vero quanta est naturæ*] *Respexit ad versus Lucretii, qui sunt in* Prœmio *libri I* Ad Venerem : *"Omnibus incutiens blandum per pectora amorem, / efficis ut cupide generatim sæcla propagent. / Quæ quoniam rerum Naturam sola gubernas, / nec sine te quicquam dias in luminis oras / exoritur". Et paullo post "omnia quando / paullatim crescunt, ut par est, semine certo, / crescendoque genus servant, ut noscere possis / quæque sua de materia grandescere alique"* ».

29 Murmellius e Sitzmann riconoscono come lucreziani alcuni versi della *Consolatio* segnalati come tali anche da Ludwig Bieler e da Joachim Gruber : « *Tum porro puer* [...] *nudus humi iacet* [...] *indigus omni / vitali auxilio, cum primum* [...] *ex alvo matris natura profudit* » ; « *inter cæruleum viridis miscere zmaragdos* ». *Cf.* A.M.S. Bœthius, *Philosophiæ consolatio*, éd. L. Bieler, Turnhout, 1957, p. 115 ; J. Gruber, *Kommentar zu Bœthius* De Consolatione Philosophiæ, Berlin–New York, 2006², p. 178, 297 ; U. Todini, « Bœzio, più 'pagano' di Lucrezio ? », in *Boèce ou la chaîne des savoirs*, Actes Du Colloque International de la

I PROGRESSIVI GRADI DELL'ASCESA DELL'ANIMA A DIO E IL FINALE GODIMENTO DI LUI

Una delle peculiarità che distinguono il neoplatonismo dal pensiero di Platone è data dal fatto che i neoplatonici organizzano in un unico sistema filosofico dottrine che si trovano esposte separatamente nei diversi *Dialogi*. Anche la *Consolatio* possiede questa peculiarità, nella misura in cui Bœzio compone in un solo percorso elementi filosofici singolarmente presenti nel *Meno*, nel *Phædo*, nella *Respublica* e nel *Phædrus* : il corpo bollato come carcere dell'anima, il ripiegamento dell'anima in se stessa, la conoscenza concepita come reminiscenza e l'innalzamento dell'anima al di sopra della corporeità e delle passioni[30]. Egli ne fa tanti gradini che l'anima deve risalire. Com'è noto, però, non tutte le dottrine elencate sono compatibili con il cristianesimo. Di conseguenza, se fin dal Medioevo si era posta la necessità di sottoporre il platonismo di Bœzio al vaglio del cristianesimo, Murmellius, Bernærts, Sitzmann e Vallin hanno dovuto fare la stessa cosa; anzi, essi non hanno potuto che comprendere nella loro valutazione critica anche il neoplatonismo degli altri filosofi che erano stati da loro stessi collegati alla *Consolatio*, così da condizionare fortemente la loro descrizione dell'ascesa dell'anima a Dio.

Accantonato l'amore per la bellezza corporea, tanto per Murmellius, quanto per Bernærts, Sitzmann e Vallin, l'anima rientra in se stessa allorché essa riceve l'impulso a liberarsi dal peso della corporeità. Quest'impulso le viene impresso dall'amore che costringe ogni ente a permanere nell'esistenza[31]. E – alla maniera di Pitagora, Giovanni

Fondation Singer-Polignac, Paris, 8-12 Juin 1999, éd. A. Galonnier, Louvain-la-Neuve–Paris, 2003, p. 23-31.

30 *Cf.* F. Klingner, *De Bœthii consolatione philosophiæ*, Berlin, 1921, p. 32-38.

31 Bernærts conclude la sua descrizione dell'ascesa dell'anima a Dio con un bel passo tratto dalle *Confessiones* di Agostino : « *convertantur ergo et quærant te, quia non sicut ipsi deseruerunt te creatorem suum, ita et tu deseruisti creaturam tuam* ». Egli lo chiosa con le seguenti parole : « *trahantur initio timore tuo, ducantur sponte postea amore tuo* » (J. Bernartius, *op. cit.*, p. 391). Né sono meno suggestive le espressioni adoperate dagli altri tre commentatori. J. Murmellius, *op. cit.*, p. 263 : « *Tria igitur, (vt breui complectar) amoris beneficia collaudabimus, quod nos olim diuisos in integrum restituendo, reduci in cælum : quod suis quemque collocat sedibus, facitque omnes in illa distributione quietos, quod omni expulso fastidio suo quodam ardore oblectamentum quasi nouum iugiter accendit in animo, redditque illum blanda et dulci fruitione beatum* » ; T. Sitzmannus, *op. cit.*,

Evangelista, Paolo Apostolo, lo Pseudo-Dionigi e Ficino – Murmellius, Bernærts, Sitzmann e Vallin lo concepiscono come un raggio di quel vero sole che è Dio, in un facile concordismo tra filosofia antica e sacre scritture. Risulta loro più complicato, invece, conciliare il cristianesimo con la concezione platonica e neoplatonica della conoscenza come reminiscenza, in quanto tale dottrina comporta la preesistenza delle anime rispetto ai corpi. Già nel Medioevo la sua presenza nella *Consolatio* aveva suscitato pesanti perplessità, come dimostrano le censure dello Pseudo-Tommaso e di altri commentatori[32]. Sitzmann condanna la dottrina della reminiscenza senza appello[33], mentre Murmellius prima le oppone la stessa critica che le aveva rivolto Agostino, poi la ripropone abbassandola ad una progressiva liberazione dalla corporeità[34]. E se Vallin la giustifica soltanto in considerazione del fatto che all'epoca di Bœzio la chiesa non l'aveva ancora condannata[35], Bernærts non vi accenna neppure. L'ascesa dell'anima a Dio che i quattro commentatori descrivono, pertanto, non passa in alcun modo attraverso la dottrina della conoscenza come reminiscenza. Forzatamente, Bernærts la fa passare attraverso la ragione naturale, servendosi della dottrina che fa della ragione naturale una scintilla della luce divina, presente indistintamente in tutti gli uomini. Più agevolmente, Sitzmann e Vallin la fanno passare attraverso un innatismo cristianizzato come quello di Agostino, insieme al quale Sitzmann

---

p. 276 : « FLAGRAT AMORE] Augustinus libro XII *De civitate Dei*, capitulo 20 : *"Pervenire ad conspectum Dei, atque ita fieri beatum contemplatione incorporeæ lucis per participationem incommutabilis immortalitatis eius, cuius adipiscendæ amore flagramus". Catullus* Carmine *LXVIII "mens cæco flagrabat amore". "Flagrare charitate", Quintus Curtius libro III ; "Flagrare meliore gradivo", Silius libro XV in* Prologo *"pro Marte uti prospero sive secundo"* » ; R. Vallinus, *op. cit.*, p. 88-89 : « *REFLUANT CAUSÆ*] *Amore nimirum ad id impellente, ut inquit : quem Dionysius ex Hierothæi Hymnis dicit esse "vim quandam unificam atque commiscentem. Superiora quidem moventem ad inferiorum providentiam ; quæ autem eiusdem sunt ordinis. Ad communionem mutuam adhortantem. Ac inferiora" tandem "revocantem, ut ad meliora et superiora convertantur". Amor igitur conversionis et ascensus animæ ad Deum causa est et quidem impultrix* ».

32 *Cf.* Pseudo-Thomas, *Expositio in Bœthii* De consolatione Philosophiæ, in Thomas Aquinas, *Opera omnia*, ut sunt in indice thomistico, additis 61 scriptis ex aliis medii ævi auctoribus, curante R. Busa, Stuttgart-Bad Cannstatt, 1980, vol. 7, p. 154. Per Guglielmo di Conches, Nicholas Trevet e Guglielmo d'Aragona *cf.* L. Nauta, « *Magis sit Platonicus quam Aristotelicus* : interpretations of Bœthius's Platonism in the *Consolatio Philosophiæ* from the Twelfth to the Seventeenth Century », in *The Platonic Tradition in the Middle Ages*, éd. S. Gersh, Maarten J.F.M. Hœnen, Berlin–New York, 2002, p. 165-204 : 177-195.

33 *Cf.* T. Sitzmannus, *op. cit.*, p. 234.

34 *Cf.* J. Murmellius, *op. cit.*, p. 383.

35 *Cf.* R. Vallinus, *op. cit.*, p. 63.

confuta la purificazione neoplatonica delle anime dopo la morte di cui parla Porfirio[36]. Sempre rispetto alla conformità del neoplatonismo al cristianesimo, inoltre, Murmellius, Bernærts, Sitzmann e Vallin si mantengono a distanza dalla deificazione neoplatonica, ovvero, da quell'unione dell'anima con Dio che esige che l'anima venga a vivere la stessa vita di Dio, a conoscere le cose così come Dio le conosce[37]. A tale altezza l'anima può arrivare soltanto con l'eccesso estatico, dopo aver superato gradualmente ogni forma di dualità : cominciando dalla corporeità e terminando con la conoscenza discorsiva e il linguaggio. Com'è noto, Bœzio non aveva accolto la deificazione neoplatonica, distinguendo la deificazione-partecipazione dalla deificazione-assimilazione :

> *sed uti iustitiæ adeptione iusti, sapientiæ sapientes fiunt, ita diuinitatem adeptos deos fieri simili ratione necesse est. Omnis igitur beatus deus. Sed <deus> natura quidem unus ; participatione uero nihil prohibet esse quam plurimos*[38].

Murmellius, Bernærts, Sitzmann e Vallin ripetono questa distinzione. Probabilmente, più di Bœzio essi sono avvertiti che la deificazione-partecipazione è l'effetto di un dualismo, reso insanabile dal dogma della creazione *ex nihilo* : Dio è metafisicamente semplice. Egli è l'unità, l'essere e il bene. Tutte quante le altre cose, invece, sono il risultato della

---

36 *Cf.* T. Sitzmannus, *op. cit.*, p. 253.

37 Plotinus, *Enneades cum Marsilii Ficini interpretatione castigata*, éd. F. Creuzer, G. H. Moser, Parisiis, 1855, p. 539 : « *At, si quando contraria huic incesserit via, non in aliud quidem deveniet animus, sed perveniet in se ipsum : atque ita cum non sit in alio, non iudicandus est propterea esse prorsus in nullo, sed potius in se ipso consistere : esse vero in se solo, neque in ente, nihil aliud est, quam esse prorsus in deo. Fit enim et ipse aliquis non essentia, sed essentia quoque superior, quatenus videlicet deo se prorsus insinuat* » ; Proclus, *De providentia et fato et eo quod in nobis ad Theodorum Mechanicum*, in Proclus, *Tria opuscula. Provvidenza, libertà, male.* Testo latino e greco, a cura di F. D. Paparella, Milano, 2004, p. 398 : « *Hanc, o amice, divinissimam enter operationem anime aliquis operans, soli credens sibi ipsi, scilicet flori intellectus, et quietans se ipsum non ab esterioribus motibus, sed ab interioribus, deus factus ut anime possibile, cognoscet solummodo, qualiter dii omnia indicibiliter cognoscunt singuli secundum le unum quod sui ipsorum* ». Sull'unione neoplatonica dell'anima con Dio esiste una vasta letteratura. Tra i numerosi studi e saggi sull'argomento si possono ricordare L. P. Gerson, *Plotinus*, London, 1994, p. 218-225 ; J. Bussanich, « Plotinus's Metaphysic of the One », in *The Cambridge Companion to Plotinus*, éd. L. P. Gerson, Cambridge, 1996, p. 38-65 ; R. Arp, « Plotinus, mysticism, and mediation », *Religious studies*, XL (2004), p. 245-263 ; W. Beierwaltes, *Proklos : Grundzüge seiner Metaphysik*, Frankfurt am Main, 1979, p. 385-389.

38 *Cf.* A.M.S. Bœthius, *Philosophiæ consolatio*, *op. cit.*, p. 54 ; C. Moreschini, « Neoplatonismo e cristianesimo : *partecipare a Dio* secondo Bœzio e Agostino », in *Sicilia e Italia suburbicaria tra IV e VIII secolo.* Atti del Convegno di Studi Catania, 24-27 ottobre 1989, éd. S. Pricoco, F. Rizzo Nervo, T. Sardella, Catania, 1991, p. 282-295 ; J. Gruber, *op. cit.*, p. 294.

composizione metafisica tra l'individuo e ciò che lo fa esistere, essere uno ed essere buono. Poco importa che Murmellius citi la traduzione ficiniana dei *Pythagoræ Symbola* e l'*Epistola ad Lucilium XLVIII*, dove Seneca sostiene che il filosofo è pari a Dio[39]. Poco importa anche che Vallin elenchi un'interminabile catena di citazioni di Plotino, Proclo, Ierocle, Giamblico, Ammonio e Simplicio. Tantomeno importa che egli presenti l'ascesa dalla filosofia pratica alla filosofia teoretica come un ομοίωσις θεώ, se poi le sue argomentazioni virano decisamente verso un neoplatonismo più ortodosso, rappresentato da Teodoreto e da Agostino. La deificazione neoplatonica diventa un processo moralmente fondato su una vita virtuosa e metafisicamente fondato sulla partecipazione al bene, rifiutando l'unione sostanziale tra l'anima e Dio[40]. Di più. Come Agostino, Vallin sostiene che l'anima non può neanche iniziare l'ascesa a Dio naturalmente o volontariamente, in quanto il suo innalzamento è totalmente opera dalla grazia[41]. La stessa passività dell'uomo di fronte alla grazia si trova anche nei *Commentaria* di Murmellius[42], mentre Bernærts è più vicino a Tommaso e alla possibilità che la grazia trovi nell'uomo un aggancio dal quale esercitare la sua forza trænte[43]. Tanta deferente osservanza dell'ortodossia cristiana spiega anche come mai, quando Vallin e Bernærts affermano che Dio è ineffabile e inconoscibile, che di lui si può dire non tanto 'ciò che è' quanto 'ciò che non è', la loro concezione della conoscenza negativa non porti all'eccesso estatico, ma si fermi al compimento della conoscenza discorsiva[44]. Bernærts non

39 *Cf.* J. Murmellius, *op. cit.*, p. 73.

40 *Cf.* R. Vallinus, *op. cit.*, p. 21-26.

41 R. Vallinus, *op. cit.*, p. 26 : « *Aut si quæ statuenda est, eam amplecti decet, quæ est Clementis Alexandrini* Stromatis II *circa finem, Lactantii Firmiani locis citatis et præsertim Sixti philosophi ex mente summi illius, qui instar omnium est, Augustini libro* De natura et gratia [...]. *Nam utique cum dicit "similes fiant Deo", Charitatem Dei futuri sunt similes Deo, "quæ diffusa est in cordibus nostris, non naturæ possibilitate, nec libero arbitrio, quod est in nobis, sed per Spiritum Sanctum qui datus est nobis"* » ; J. Oroz Reta, « De l'illumination à la déification de l'âme selon saint Augustin », in *Studia Patristica XXIV*, éd. A. E. Livingstone, Louvain, 1993, p. 364-382.

42 J. Murmellius, *op. cit.*, p. 206 : « Cum igitur hominis animus sit a summo bono creatus, beari non potest, nisi diuina gratia ei reconcilietur et in id ipsum reducatur ».

43 *Cf.* A. N. Williams, « Deification in the *Summa theologiæ* : A structural interpretation of the *Prima pars* », *The Thomist*, LXI (1997), p. 219-255 ; P. G. Rocca, *Speaking the incomprehensible God : Thomas Aquinas*, Washington D. C., 2004, p. 3-47.

44 J. Bernartius, *op. cit.*, p. 318 : « *Ceterum cum Dei essentiam nullus calamus, nullas vox explicet, nulla mens comprehendat, ita nec quisquam Dei bonitatem. Potius ut laudemus eam, ut amemus,*

va oltre l'*analogia entis* dell'Aquinate[45] così come Vallin non va oltre la convenzionale citazione di un passo dello Pseudo-Dionigi[46]. Egli non ignorava certamente che Tommaso lo aveva commentato spiegando che è legittimo predicare di Dio le proprietà delle creature, perché Dio è la causa di ogni cosa e trasmette a ciascuna di loro una qualche sua somiglianza : « ipse [Deus] "quidem" est "causa" existendi "omnibus", transfundens in omnia aliqualiter suam similitudinem, ut sic ex nominibus creatorum nominari possit[47] ».

La maniera in cui Murmellius, Bernærts, Sitzmann e Vallin prendono le distanze dalla deificazione neoplatonica e sottopongono al vaglio del cristianesimo le dottrine della conoscenza come reminiscenza e della preesistenza delle anime è fortemente condizionata dal contesto culturale al quale ciascuno di loro appartiene : dall'acquisizione del neoplatonismo di Ficino da parte di Murmellius[48], alla volontà di Bernærts di dimostrare che lo stoicismo è compatibile non soltanto con il cristianesimo ma addirittura con la teologia dell'Aquinate[49] ; dal fatto che Sitzmann sia vissuto in un ambiente in cui si vagheggiava di fare

ut cum propheta exclamemus : "confitemini Domino, quoniam bonus". [...] *Breviter sed dilucide Bœthius noster docet Deum esse, providentiam esse. Nos ut ordine procedamus illud præfabimur : "quidquid de Deo dicitur, certum est quod Deus non est id quod de Deo dicitur, quia ineffabilis est"* » ; R. Vallinus, *op. cit.*, p. 68 ; P. G. Rocca, *op. cit.*, p. 49-72.

45 J. Bernartius, *op. cit.*, p. 319 : « *quod nomina ista de Deo et aliis rebus dicta nec omnino univoce nec omnino æquivoce dicuntur, sed secundum proportionem ad unum* ».

46 R. Vallinus, *op. cit.*, p. 70-71 : « *Sed quid ethnici nos morantur ? Sublimis ille christianæ theologiæ angelus* De divinis nominibus *capituli V finem faciat : "Est autem ex ipsa bonitate atque in ea ipsum simpliciter esse entiumque principia ; atque entia omnia et quæ quomodo libet passim ipsa essentia continentur. Sunt, inquam, ibi hæc absolute, collectimque et unite.* [...] *In centro similiter omnes circuli lineæ simul coniunctæ consistunt : ipsumque punctum habet omnes in se rectas lineas simul unitas tam invicem quam ad principium unum, ex quo pariter processerunt. Iam vero in ipso centro penitus sunt coniunctæ : parum vero discedentes inde, parum quoque inter se discernuntur ; longius autem inde distantes, longius atque simpliciter ; quantum centro viciniores sunt, tantum et ipsi et invicem sunt coniunctæ ; quantum rursus ab ipso discedunt, tantundem et inter se distant"* ».

47 Thomas de Aquino, *In librum beati Dionysii* De divinis nominibus *expositio*, éd. C. Pera, P. Caramello, C. Mazzantini, Torino–Roma, 1950, p. 9.

48 Nei suoi *Commentaria* Murmellius cita non soltanto le traduzioni ficiniane dei *Dialogi* e delle *Epistulæ* di Platone, ma anche altre opere di Ficino : il *Commentarium in* Convivium *Platonis de amore*, la *Theologia platonica de immortalitate animorum* e l'*In librum* De felicitate.

49 Le pagine del *Commentarius* – che hanno per oggetto la seconda parte della *Consolatio*, dal metro nono del terzo libro fino alla fine dell'opera – sono completamente intessute di citazioni tratte dal *Compendium theologiæ*. Bernærts definisce Tommaso *apex theologorum*, qualificandolo come *eruditus*, *eximius*, *pius*, *sublimis*.

per gli scritti pitagorici ciò che Lipsius aveva fatto per quelli stoici[50], all'appartenenza di Vallin alla tradizione storico-filologico-erudita seicentesca. Questa tradizione induce Vallin a glossare la *Consolatio* con un numero impressionante di testi medioplatonici e neoplatonici, maggiore di quelli adoperati dai suoi predecessori[51] : da Plutarco e Alcinoo (o Albino) a Plotino, Proclo, Giamblico, Ammonio, Ierocle e Simplicio, passando attraverso Apuleio, Marciano Capella, Calcidio, Macrobio, Agostino, Sinesio e lo Pseudo-Dionigi. Il che porta Vallin a restituire a Bœzio il posto che gli compete tra i neoplatonici greci e latini, pagani e cristiani. Non a caso, egli è il primo commentatore della *Consolatio* ad interpretare correttamente il sintagma *levis currus* del celeberrimo metro nono del terzo libro[52]. Il *cursus* è un veicolo costituito dal quinto elemento, vale a dire, dall'etere. La natura dell'etere è inferiore a quella dell'anima, ma è superiore a quella dell'acqua, dell'aria, della terra e del fuoco, e la sua funzione è duplice : da una parte, portare l'anima da Dio ai corpi ; dall'altra, riportare l'anima dai corpi a Dio. A differenza di Murmellius, che si limita ad identificare il *currus* con l'intelletto, e a differenza di Bernærts e di Sitzmann, che non ne parlano neppure, Vallin è assai pronto a spiegare quanto esso sia importante nel riunire a Dio l'anima che da lui si è separata scendendo nei corpi. Ma, se è stato accertato che questa rinnovata e ritrovata unione non coincide con la deificazione neoplatonica e non richiede l'eccesso estatico, in che cosa essa consiste ?

---

50 C. Rittershusius, *Pythagoricarum sententiarum libellus ad nobilissimum juvenem Rudolphum a Binaw*, Altorfii, 1610, f° χ2r° : « *Cæterum vim ac pondus harum sententiarum, tametsi per temetipsum* [*Rudolphum a Binaw*] *satis assequi possis latius tibi exponet eruditissimus magister tuus, Tobias Adamus, amicus meus non e multis : cui ego, dum hi me familialiter, ut scis, utebatur, aliquando auctor eram, ut Malchum hunc ipse Latinum faceret et Scholiis (quod eum pro insigni sua doctrina ægregie exequi posse scio) vellet illustrare. Animadverteram enim quanti Pythagorica instituta pleraque faceret, de quibus etiam ipse aliqua commentari decrevisset, sicut de philosophia stoica fecit Justus Lipsius, singulari ævi decus* ».

51 *Cf.* N. Kaminski, « Hellwig–Vallinus–van Helmont / Knorr von Rosenroth : Bœthius' *Consolatio philosophiæ* im Fadenkreuz einer konfessionalisierten Philologie », in *Bœthius christianus ? Transformationen der* Consolatio Philosophiæ *in Mittelalter und Früher Neuzeit*, éd. R. F. Glei, F. Lebsanft, N. Kaminski, Berlin–New York, 2010, p. 261-302.

52 Sul *levis currus cf.* L. Nauta, « *Magis sit Platonicus quam Aristotelicus* : Interpretations of Bœthius's Platonism in the *Consolatio Philosophiæ* from the Twelfth to the Seventeenth Century » in *The Platonic Tradition in the Middle Ages. A Doxographic Approach*, éd. S. Gersh, Maarten J.F.M. Hœnen, Berlin, 2002, p. 165-204 ; P. Courcelle, « Tradition néo-platonicienne et tradition chrétienne des ailes de l'âme », in *Plotino e il Neoplatonismo in Oriente e in Occidente*, Roma, 1974, p. 265-325.

Con le parole del *De amore* di Ficino, Murmellius descrive l'unione dell'anima con Dio come l'inesauribile godimento di Dio, mentre Sitzmann la fa consistere nei raggi della luce divina che l'uomo lascia penetrare in se stesso, una volta che la ragione ha dissipato le nebbie delle passioni. L'illuminazione divina viene da lui identificata con la contemplazione della verità. Inizia Murmellius :

> *IGNE] amore, Marsilius Platonicus in* Commentario, *oratione quarta, cap. 6. : « Æternus igitur amor, quo semper in deum afficitur animus efficit vt deo semper tanquam nouo spectaculo gaudeat. Amorem hunc eadem dei bonitas semper accendit in animo, quæ et beatum facit amantem*[53] ».

Continua Sitzmann :

> *REDUCI FACIS IGNE REVERTI]* [...] *Ut porro hoc melius intelligatur, sciendum quod quidam ex philosophis animæ beatitudinem tunc fieri existimaverint, cum omni prorsus corpore exuta ad Deum simplex et sola quodammodo nuda rediret ; de quo commento beatus Augustinus in libris* De civitate Dei, *Macrobius libro I* In Somnium Scipionis, *capitulo 9. Existimo autem Pythagoram primo id statuisse.* [...] *« Atque tuo splendore mica »] Lactantius* De ira Dei, *capitulo 1 : « nobis aliquo lumine opus est ad depellendas tenebras, quibus offusa est hominis cogitatio, quoniam in carne mortali agentes, nostris sensibus divinare non possumus. Lumen autem mentis humanæ Deus est : quem qui cognoverit et in pectus admiserit, illuminato corde, mysterium veritatis cognoscet*[54] ».

Come per i teologi scolastici, invece, per Bernærts l'unione dell'anima con Dio è il fine ultimo dell'uomo. Con le parole di Tommaso, egli distingue la conoscenza discorsiva dell'esistenza di Dio, che l'uomo può avere in questa vita, dalla visione intuitiva dell'essenza di Dio, che l'uomo avrà nell'altra vita :

> *TE CERNERE FINIS] Nihil possumus melius quam illud aureum ab ore aureo : « non in quibuscumque spiritualibus actibus ultimus finis hominis consistit, sed in hoc quod Deus per essentiam videatur.* [...] *Sicut igitur qui voluptati vacant, voluptuosam vitam agere dicuntur ; ita qui divina potiuntur visione, æternam obtinent vitam, secundum illud Iohannis XVII, "hæc est vita æterna, ut cognoscant te Deum verum"*[55] ».

E Vallin identifica l'unione dell'anima con Dio con la *conversio* del platonismo latino. Secondo lui, è legittimo trasporre ciò che Bœzio

53 J. Murmellius, *op. cit.*, p. 263.
54 T. Sitzmannus, *op. cit.*, p. 59.
55 J. Bernartius, *op. cit.*, p. 317.

scrive dell'anima del mondo all'anima razionale umana, in una reinterpretazione in chiave calcidiana di *Genesis* I, 26, « *faciamus hominem ad imaginem et similitudinem nostram* ». L'intelletto umano è immagine della mente divina, così che tra questa e quello c'è lo stesso rapporto che c'è tra il modello e la copia. È come dire che, contemplando il modello che imita, l'anima umana arriva ad acquistare la consapevolezza di partecipare della di lui immutabilità ed eternità :

> *Ita utraque anima, et mundi et hominis qui* μικρόκοσμος *est, perfectissima mentis divinæ imago est.* [...] *Similiter quemadmodum anima mundi, dum « mentem illam profundam circuit » et ad eam convertitur* [...] *ita anima rationalis, conversa ad eandem mentem, a qua sortitur intelligentiam, supercælestium ac æternarum rerum semperque manentium compos, omnisque veritatis et notionum certarum capax, perturbationesque ex sensibus provenientes sedat ac temperat*[56].

Seguendo dappresso il testo della *Consolatio*, Vallin si impegna nella cristianizzazione del *currus* neoplatonico, ricordando che non soltanto i pagani, ma anche i cristiani hanno abbracciato questa dottrina : non ultimi Origene, Atenagora e Giovanni Filopono. Atenagora la considera una prova della resurrezione dei corpi, mentre Filopono insiste sulla natura luminosa del veicolo. La descrizione che egli ne offre concorda con quelle che Vallin attribuisce a Platone, Aristotele, Virgilio e Proclo, così che le sue parole trasmettono una luce che tutto pervade : tanto pervasiva da accomunare i diversi modi in cui Murmellius, Bernærts, Sitzmann e Vallin concettualizzano l'unione dell'anima con Dio. Questa luce li penetra sotto varie forme : ora come l'occhio di Dio che vede ogni cosa (*visio divina*), ora in quanto bontà divina che accende (*accendit*) l'animo umano, ora nella qualità di luce della mente (*lumen mentis*), ora essendo la luce inaccessibile in cui Dio abita. « *Qui* [...] *et lucem habitat inaccessibilem* » è un noto versetto dell'*Epistola ad Timotheum II* di Paolo, che Vallin connette con una lunga catena di filosofi che prima dell'Apostolo avevano lodato Dio e parlato di lui sotto il simbolo della luce. Qualcuno lo aveva chiamato *ardor cæli* ; qualcun altro *Vesta* ; un altro ancora *ignis Olympi*. E come la fisica aristotelica esige che ciascun corpo naturale abbia il suo luogo naturale, così Vallin descrive la *lux inaccessibilis* in cui Dio abita come il luogo naturale dell'anima. Se, pertanto, per Bœzio l'anima è fuoco,

56 R. Vallinus, *op. cit.*, p. 59.

Vallin spiega che essa non è un fuoco corporeo, ma un fuoco incorporeo ; un fuoco pieno di vita e di luce :

> *Per reducem ignem, animam seu humanam mentem [Bœthius] significat : non ignem elementarem sed intellectualem, plenum vitæ ac luminis. Deus enim fons et origo animæ est, cuius ante descensum et post ascensum locus est, ipse ὑπερουράνιος*[57].

IL CORPO, ZAVORRA DELL'ANIMA, E LA LEGITTIMITÀ DEL GODIMENTO DEI PIACERI

Con l'Umanesimo e il Rinascimento l'epicureismo e lo stoicismo hanno goduto di una rinnovata fortuna. La riscoperta del *De rerum natura* fatta da Poggio Bracciolini (1417) e la traduzione del decimo libro delle *Vitæ* di Diogene Lærzio realizzata da Ambrogio Traversari (1424-1433) hanno contribuito a far conoscere l'epicureismo secondo l'autentico insegnamento di Epicuro e di Lucrezio. L'epicureismo si era liberato dalla pesante condanna inflittagli dai padri della chiesa, così come lo stoicismo si era emancipato da come era stato considerato nel Medioevo : non più soltanto una collezione di precetti etici e politici, vicini al cristianesimo, bensì un intero sistema filosofico, completo di logica, fisica, etica e metafisica. E se le due edizioni dell'*Opera omnia* di Seneca pubblicate da Erasmo (1515, 1529) hanno aperto la strada al neostoicismo di Lipsius[58], gli effetti di questa rinnovata fortuna dell'epicureismo e dello stoicismo sono percepibili anche nei *Commentaria* di Murmellius, nel *Commentarius* di Bernærts, nelle *Notæ* di Sitzmann e nelle *Notæ* di Vallin. L'epicureismo e lo stoicismo umanistico-rinascimentali insinuano in questi commenti la rivendicazione dei diritti della corporeità contro il neoplatonismo, increspandone e agitandone la placida superficie, che i rispettivi autori sono attenti a non turbare con dottrine neoplatoniche contrarie all'ortodossia cristiana.

---

57 R. Vallinus, *op. cit.*, p. 64.

58 *Cf.* J. Kraye, « The revival of Hellenistic philosophies », in *The Cambridge Companion to Renaissance Philosophy*, éd. J. Hankins, Cambridge, 2007, p. 97-112 ; J. Papy, « Erasmus's and Lipsius's Editions of Seneca : A 'Complementary' Project ? », *Erasmus of Rotterdam Society Yearbook*, XXII (2002), p. 10-36.

Trattandosi di opere destinate ad adolescenti, infatti, Murmellius, Bernærts, Sitzmann e Vallin avvertono come particolarmente urgente prendere una posizione di fronte alle pretese della corporeità. Bernærts le giudica parzialmente accettabili, mentre gli altri tre commentatori le respingono del tutto, in una contrapposizione tra neoplatonismo, epicureismo e stoicismo dagli esiti alterni. Dalla contrapposizione tra epicureismo e neoplatonismo i diritti della corporeità escono pesantemente sconfitti. Dalla contrapposizione tra neostoicismo e neoplatonismo, invece, essi ne vengono fuori riuscendo almeno a negoziare una sconfitta onorevole, grazie anche al fatto che Murmellius e Bernærts chiedono aiuto allo stoicismo. Non a caso, tutti e due i commentatori citano massicciamente Seneca, per quanto ciascuno lo faccia con accenti filosofici diversi.

Vicino al Circolo dei Pii Albertisti di Colonia, Murmellius intende proporre un programma educativo rivolto alla diffusione di una morale universale che da una parte è rivelata dalle sacre scritture e spiegata dai padri della chiesa, dall'altra è racchiusa nei testi di Omero, Platone, Cicerone, Virgilio e di numerosissimi altri autori greci e latini, antichi e moderni ; una morale di derivazione stoica, ma che non disdegna di appropriarsi di massime ciniche e perfino epicuree[59]. Ne risulta una morale severa, che identifica la virtù con il sommo bene e il sommo bene con Dio, così da comportare il totale rifiuto dei beni esterni e il completo controllo delle passioni da parte della ragione. Murmellius fonda metafisicamente tale morale sulla dottrina della partecipazione. Quanto più l'anima è virtuosa, tanto più partecipa del bene ; quanto più l'anima è buona, tanto più partecipa di Dio[60]. E poiché in questa partecipazione consiste l'unione dell'anima con Dio, concepita quale godimento di Dio, Murmellius non può che rifiutare l'identificazione epicurea del sommo bene con il piacere corporeo o intellettuale[61]. Alla sua critica non sfugge nessuna delle molteplici forme nelle quali l'epicureismo era stato accolto dagli umanisti italiani : dall'epicureismo aristotelizzante di Filippo Beroaldo, all'epicureismo concordistico di

59 *Cf.* L. Nauta, « A Humanist Reading of Bœthius's *Consolatio Philosophiæ*. The *Commentary* by Murmellius and Agricola (1514) », in *Between Demonstration and Imagination. Essays presented to John D. North*, éd. L. Nauta, A. J. Vanderjagt, Leiden–Boston–Köln, 1999, p. 313-338.

60 *Cf.* J. Murmellius, *op. cit.*, p. 271, 279-280.

61 *Cf.* J. Murmellius, *op. cit.*, p. 167.

Francesco Filelfo; dall'epicureismo platonizzante di Agostino Dati, a quello naturalistico di Valla[62].

Conoscendo la *Vita Epicuri* di Diogene Lærzio, Murmellius non ignora la differenza tra la posizione di Epicuro e quella di Aristippo[63]. Ma se egli non cede neanche ai piaceri dello spirito – che sono soltanto l'ombra del vero bene[64] – Bernærts si appella ad una forma più moderata di stoicismo. Si tratta del neostoicismo di Lipsius, il quale aveva saputo rendere effettivamente praticabile per i cristiani lo stoicismo greco-romano, recuperando l'immortalità dell'anima, la libertà dell'uomo, la superiorità della provvidenza sul fato e il valore positivo dei beni esterni[65]. Appoggiandovisi, Bernærts sostiene una moderata rivendicazione dei

62 P. Beroaldus, *De felicitate opusculum*, Bononiæ, 1499, f° C iiiiv° : « *Homo neque solum corpus est; neque anima solum : sed ex anima simul & corpore compactus est : proinde summum bonum hominis : quo fit beatus : ex bonis utrisque conflatur : Qui uirtutem summum bonorum esse dixerunt in hoc lapsi sunt : quod animum solum tuentes corpus omiserunt : Qui uoluptate corporis felicitatem metiuntur animum incultum ac ueluti pedisequum reliquerunt : Qui uero ex animi & corporis ac fortunæ bonis felicitatem constituerunt : hii ueritatem ipsam propius inspexerunt* » ; F. Philelphus, *Ad viros papienses oratio*, in *id.*, *Orationes*, Venetiis, 1491 f° LXIr° : « *Permulti sunt qui uoluptatem uitio dent : hi nomen magis nescio quo pacto quam rem ipsam fallaciter expendentes. Sed uoluptatem quam ipse honestiore uerbo si quem forte uoluptatis nomen offendat : iucunditatem nomine quippe quæ & mentem & sensum iuuet : quanti fieri conueniat : perspicue docet christiana etiam ueritas. Quod enim præmium nobis aliquid est futurum uigiliarum laborumque nostrorum : quos plurimos & maximos ad sinceritatem fidei & dies obimus & noctes : quam perenne quoddam & infinitum gaudium : quo in uidenda coramque contemplanda ineffabili dei essentia & animo & corpore quam iucundissime perfruemur ? Nam si quis eiusmodi uoluptatem statuat : quam Sardanapalus* [...] *hi non multum differat a pecude. Sed nos eam uoluptatem ponimuso : qua bene institutus animus & in hac uita fruitur & in illa perfruitur* » ; A. Dathus, *De voluptate*; in *id.*, *Opera nouissime recognita, omnibusque mendis expurgata*, Venetiis, 1516, f° 213v° : « *Sed idem ipsum omnibus magnis Philosophis usu uenisse compertum est : christianorum autem imprimis Philosophis : quibus solis sinceræ ac dilucidæ ueritatis proposita cognitio est. Siquidem omnium quos ad rerum contemplationem altior rapit cogitatio fertur inenarrabile gaudium esse : atque incredibilis uoluptas & quasi libamentum quodpiam diuinæ suauitatis. Huiusmodi igitur & maxima est & honestas uoluptas* » ; L. Valla, *De vero falsoque bono*, éd. M. Panizza Lorch, Bari, 1970, p. 112-113 ; E. Garin, *L'Umanesimo italiano*, Roma–Bari, 1994, (edizione originale Geneve, 1947), p. 58-66 ; *id.*, *La cultura filosofica del Rinascimento italiano*, Firenze, 1961, p. 72-92.

63 *Cf.* J. Murmellius, *op. cit.*, p. 201.

64 Murmellius non rinuncia ad esprimere questa posizione con alcuni versi moraleggianti di sua produzione. *Cf.* J. Murmellius, *op. cit.*, p. 105-106, 199.

65 *Cf.* J. Langrée, *Juste Lipse et la restauration du stoïcisme, Paris*, 1994, p. 51-52, 58-63, 73-76 ; *ead.*, « L'âme et la vertu », in *Iustus Lipsius Europæ lumen et columen*. Proceedings of the International Colloquium Leuven 17-19 September 1997, éd. G. Tournoy, J. De Landtsheer, J. Papy, Louvain, 1999, p. 90-106 ; *ead.*, « Juste Lipse : destins et Providence » ; « La vertu stoïcienne de constance » in *Le stoïcisme au XVIe et au XVIIe siècle*, sous la direction de P.-F. Moreau, Paris, 1999, p. 77-93, 94-116.

diritti della corporeità. Egli lo fa mentre descrive l'ascesa dell'anima che si unisce a Dio, sotto la spinta della ragione naturale. Quest'ultima impone all'anima di conoscere le leggi della natura, per derivarne alcuni fondamentali precetti morali : che tutto ciò che è nato morirà, che i beni esterni sono caduchi e che il saggio deve essere capace di resistere agli attacchi della fortuna avversa. Ed è proprio dalla conoscenza delle leggi della natura che Bernærts træ la giustificazione di un moderato godimento dei beni esterni, siano essi i piaceri del corpo, le ricchezze, la nobiltà, le gioie della famiglia oppure la gloria[66], sulla scorta del principio « *exiguum natura desiderat*[67] ». Per lui, la fermezza del saggio non vacilla se costui lascia che i beni esterni seguano la virtù come se ne fossero un ornamento e se egli li adopera come se fosse disposto a perderli in qualunque momento.

Pur essendo moderata, tuttavia, questa forma di godimento dei beni esterni risulta inconciliabile con il dualismo corpo/anima e con la necessità che, per innalzarsi fino a Dio, l'anima si liberi completamente della zavorra del corpo. Ecco perché, perseguendo la semplicità come riscatto dell'anima dal corpo, Sitzmann e Vallin criticano Bernærts e gli rimproverano che quanto c'è di naturale nell'uomo va vinto e non assecondato. Entrambi sostengono che il *Deum sequi* pitagorico non è assolutamente riducibile al *naturam sequi* degli stoici :

> *Socrates et Stoici virtutem ex Natura dicebant esse, quæ prorsus abhorreret a vitiis : quorum in sententiam toto animo abit beatus Augustinus libro II* De civitate Dei *capitulo 17, ita loquendo : « vitium contra naturam est, ut non possit, nisi nocere naturæ ». Vide ibidem Ludovicum Vivem. Multa etiam in eandem sententiam sunt apud divum Chrysostomum, ex quo hæc mutuatus est disertissimus Vives*[68] ;

> *at Stoici, post eiuratam veteris Academiæ rectam de Deo et religione opinionem, « divinam » legem obscure verbo « naturalem » vocarunt ; quemadmodum scripsisse Zenonem notat Cicero libro I* De natura deorum, *hinc « naturam sequi », non « Deum » dixerunt ; « Dei nomine,* τὸν Θεὸν εἰς φύσιν *in naturam commutato », inquit Clemens Alexandrinus* Stromatorum *libro II*[69] ;

tanto più che gli stoici identificavano la natura con il fato e con Dio, così da cadere in un panteismo altrettanto eterodosso della

66 *Cf.* J. Bernartius, *op. cit.*, p. 282, 285-286, 299-300, 303, 307.
67 *Cf.* J. Bernartius, *op. cit.*, p. 283.
68 T. Sitzmannus, *op. cit.*, p. 243.
69 R. Vallinus, *op. cit.*, p. 34.

deificazione-assimilazione rifiutata da Bœzio prima di loro. Per evitare questo pericolo, Bernærts accetta l'identità « *Deus sive natura* » ma non l'identità inversa « *natura sive Deus*[70] ». Con il che, egli mantiene la superiorità di Dio sulla natura. Analogamente, viene da lui mantenuta la superiorità di Dio sul fato, affermando con Seneca che se il fato è un nesso necessario di cause, di queste cause Dio è la prima. All'anima non resta che risalire l'ordine delle cause una causa dopo l'altra, dall'ultima alla prima, fino ad arrivare a concludere che Dio esiste, secondo le prime due vie della dimostrazione dell'esistenza di Dio, teorizzate da Tommaso d'Aquino[71].

Per Bernærts, su questa terra l'unione dell'anima con Dio avviene sul piano dall'aristotelismo tommasiano. Di neoplatonico, nell'ascesa dell'anima a Dio da lui descritta rimane più che altro l'identificazione di Dio con il bene per essenza, insieme alla certezza che l'anima da Dio è discesa e che a Dio essa deve ritornare. Bernærts accoglie solo schematicamente la struttura neoplatonica della *Consolatio*, costituita dall'*adunare/explicare*; un'opzione che contribuisce a spiegare come mai egli sia l'unico dei quattro commentatori a chiedersi se – nello scacciare le Muse della Poesia dalla cella di Bœzio[72] – Filosofia sia davvero cœrente con se stessa, dal momento che ella non solo istruisce Bœzio con le prose, ma lo delizia anche con i metri[73]. La risposta di Bernærts è che la pœsia deve dissodare il terreno dell'anima affinché possa esservi seminata la virtù[74]. E da quest'ulteriore, concessione ai piaceri del corpo, egli deduce un personale

70 *Cf.* J. Bernartius, *op. cit.*, p. 248.

71 *Cf.* J. Bernartius, *op. cit.*, p. 323-324.

72 A.M.S. Bœthius, *Philosophiæ consolatio*, *op. cit.*, p. 2 : « *Quis, inquit, has scenicas meretriculas ad hunc ægrum permisit accedere, quæ dolores eius non modo nullis remediis fouerent, uerum dulcibus insuper alerent uenenis ? Hæ sunt enim quæ infructuosis affectuum spinis uberum fructibus rationis segetem necant hominumque mentes assuefaciunt morbo, non liberant* » ; G. N. Drake, « The Muses in the *Consolation*. The Late Medieval Mythographic Tradition », in *New Directions in Bœthian Studies*, éd. N. H. Kaylor, P. E. Phillips, Kalamazoo MI, 2007, p. 169-219 ; L. Alfonsi, « Studi Bœziani. Muse pœtiche e muse filosofiche », *Ævum*, XXV (1951), p. 223-227.

73 J. Bernartius, *op. cit.*, p. 178 : « *Nunc dulci Musarum chely me oblecto, nunc in altum rapior Sapientiæ igneis quadrigis* » ; *op. cit.*, p. 192 : « *Quid ergo sibi vult noster Bœtius ? Ipsi fidem fecerint nitidi hi libelli ; in queis, quacumque ponis vestigium, non solum in sententia pones quæ informet, sed in flore qui delectet. Usum itaque non taxat, sed abusum* ».

74 J. Bernartius, *op. cit.*, p. 196 : « *"licet virtutem dare non possunt [liberales artes], animum tamen ad accipiendam virtutem præparant" : ac quasi vomere ingenii solum idoneum efficiunt, "cui divina semina committantur"* ».

giudizio sull'annosa disputa fra pœsia e filosofia[75]. La sua moderata posizione si distingue da quelle più rigide di Murmellius, Sitzmann e Vallin, per i quali pœsia e filosofia hanno due finalità contrapposte : la prima mira a suscitare le stesse passioni che la seconda ha il compito di sottomettere alla ragione. Sitzmann ripete l'invettiva di Paolino da Nola contro i pœti e gli scrittori pagani, accusandoli di nascondere la verità[76]. Murmellius si riveste dell'autorità morale di Catone il Censore e di Girolamo, che definiscono i pœti vagabondi e la pœsia cibo dei demoni[77]. Raccogliendo le istanze moralizzatrici di Wimpfeling, egli arriva a censurare addirittura il noto precetto dell'*Ars pœtica* di Orazio « *miscere utile dulci*[78] », mentre Vallin si appropria direttamente di quel passo della *Respublica*, dove Platone scaccia i pœti dallo stato ideale :

> *Neque alia de causa pœsim e sua civitate pellit ibidem Plato, ait enim « si autem voluptuosam Musam in canticis et carminibus acceptaveris, voluptas in civitate ac dolor, legis et eius, quod semper optimum visum est, rationis videlicet loco, dominabuntur*[79] ».

Certo, né Murmellius, né Sitzmann, né Vallin ignorano che, dopo aver cacciato le Muse della pœsia, Filosofia dichiara che anch'ella ha le proprie Muse. Ma essi interpretano quest'affermazione nel senso che

---

75 *Cf.* L. Panizza, « Italian Humanists and Bœthius : was Philosophy for or against Pœtry ? », in *New Perspectives in Renaissance thought*, éd. J. Henry, S. Hutton, London, 1990, p. 48-67 ; B. Vickers, « Rhetoric and pœtics », in *The Cambridge History of Renaissance Philosophy*, éd. C. B. Schmitt, Q. Skinner, E. Kessler, J. Kraye, Cambridge, 1988, p. 715-745.

76 T. Sitzmannus, *op. cit.*, p. 137 : « *HÆ SUNT ENIM QUÆ INFRUCTUOSIS*] *Pontius Paulinus* Ad Ausonium, *de pœtis aliisque ethnicorum scriptoribus : "Qui corda falsis atque vanis imbuunt / tantumque linguas instruunt, / nihil adferentes, ut salutem conferant, / quod veritatem detegat. / Quid enim tenere vel bonum aut verum queant, / qui non tenent summum caput, / veri bonique fomitem et fontem Deum ? / Quem nemo nisi in Christo videt"* ».

77 J. Murmellius, *op. cit.*, p. 13 : « *De huiusmodi pœtica dixit Cato in* Carmine de moribus *: pœticæ artis honos non erat, si quis in ea re studebat aut sese ad conuiuia applicabat, grassator vocabatur. Et diuus Hieronymus De filio prodico* Ad Damasum *scribens : "Dæmonum, inquit, cibus est carmina pœtarum, secularis sapientia, rhetoricorum pompa verborum"* ».

78 Citando una lettera indirizzata da Giovanni Battista Mantovano a Giovanni Francesco Pico della Mirandola, Murmellius omette la massima oraziana « *miscere utile dulci* » (*Ars pœtica*, 343). Egli salta la coppia piacere-divertire per arrivare direttamente alla coppia sapienza-insegnare, espressa sinteticamente dal verso altrettanto oraziano « *rem tibi Socraticæ poterunt ostendere chartæ* » (*Ars pœtica*, 310). Il suo intervento di censura risulta evidente se si confronta l'*excerptum* da lui riportato con la lettera originale del Mantovano. *Cf.* J. Murmellius, *op. cit.*, p. 13-14 ; J. F. Picus Mirandulæ, *Epistolarum libri quattuor*, in *id.*, *Opera omnia*, Torino, 1972, vol. I, t. 2, p. 1359-1360.

79 R. Vallinus, *op. cit.*, p. 11.

esiste una particolare specie di pœsia, la pœsia scientifico-didascalica, la cui precipua funzione è quella di lodare Dio e di stimolare la virtù. A questa determinata specie di pœsia – e soltanto ad essa – spettano gli attributi di grave (*gravis*), vera (*vera*), casta (*casta*) e santa (*sancta*). Di contro, alle altre specie di pœsia, tanto Murmellius, quanto Sitzmann e Vallin negano qualunque dignità letteraria, proprio a causa della capacità che queste altre specie di pœsia hanno di procurare una qualche forma di piacere sensibile. Coltivarle in vista dei piaceri del corpo, infatti, comporterebbe che l'anima si lasci trascinare in basso dal peso della corporeità ; che essa si lasci ottenebrare dalle nebbie delle passioni, le quali costituiscono un insuperabile ostacolo all'innalzamento dell'anima a Dio e all'unione con lui : prima in questa vita, poi nell'altra.

Margherita BELLI
Università degli Studi di Cassino
e del Lazio Meridionale

FIG. 1 – *Bœzio consolato da Filosofia*. Frontespizio dell'edizione Vallin della *Consolatio*, pubblicata a Leiden nel 1656 dalla stamperia Hackiana (Biblioteca del Monumento Nazionale di Montecassino, 58 B 13). Avec l'aimable autorisation de la Biblioteca del Monumento Nazionale di Montecassino.

POPULARISING THE CLASSICS

The Soul and its Ascent in Pierre Charron's *De la Sagesse, Trois Livres* (1601-1607)

Il faut ouyr, considerer et faire compte des anciens, non s'y captiver qu'avec la raison : et quand on les voudroit suivre, comment fera on ? Ils ne sont pas d'accord. Aristote qui a voulu sembler le plus habile, et a entreprins de faire le procez à tous ses devanciers, a dit de plus lourdes absurditez que tous, et n'est point d'accord avec soy-mesme, et ne sçait quelquefois où il en est, tesmoin les matieres de l'ame humaine, de l'eternité du monde, de la generation des vents, et des eaux etc.[1]

Thus Pierre Charron (1541-1603) criticised Aristotle's treatise on the Soul, *De Anima*. Discussing Charron's *De la Sagesse* Paul F. Grendler asserted some decades ago that the author may be "one of the keys to our understanding of how the Renaissance gave way to the seventeenth century".[2] Even though such an evaluation depends on what one makes of the work as a whole, it serves as an indication of the diversity and richness of the material in the *Sagesse* and the philosophical and theological questions it raises. The work constitutes an attempt towards constructing a compendium of received knowledge in the form of a guide for attaining human wisdom. As such and as it was composed in the vernacular, the text made accessible difficult moral and philosophical notions for a wider audience, in some cases from texts which had not been translated before.[3] The work was also designed to be read

1 Pierre Charron, *De la Sagesse, Trois Livres*, Paris, David Douceur, 1607, henceforth referred to as *Sagesse*; preface to the second edition, p. 20. This is the third edition after the first in 1601 and the revised in 1604. This edition included the censored and modified parts of the 1601 edition of Bordeaux as an appendix. As this edition set the trend for the editions published between 1607 and 1635, it had a wider circulation, and was consequently chosen as the most representative.

2 Paul F. Grendler, 'The Enigma of Wisdom in Charron', *Romance Notes*, 4 (1962), p. 50.

3 Aristotle's *De Anima* had not been translated into French throughout the sixteenth century; see F. E. Cranz (ed.), *A Bibliography of Aristotle editions, 1501-1601*; second edition with addenda and revisions by C. B. Schmitt, Baden–Baden, Verlag Valentin Kœrner, 1984. See also A. Pettegree, M. Walsby and A. Wilkinson (eds.), *FB: French Vernacular*

and utilised as a manual on wisdom and as a process of contemplation and training in self-discipline. In this respect, it can be seen as a form of popularised educational means. Through this process, similar to a spiritual exercise, the soul of the reader could attain wisdom and ascend towards its creator. Yet as we shall see, in choosing to follow classical sources for this purpose, Charron left his case unreconciled with the more theologically accepted manner in which one could attain knowledge and connect to his Creator.

Charron was a French theologian, preacher and trained lawyer. He authored a number of texts, mainly in the form of Catholic apologetics; yet his name would not necessarily have survived, had it not been for the *Sagesse*. The popularity the work enjoyed in the seventeenth century is evidenced by its numerous editions: research points to thirty-nine from 1601 to 1672, despite–or perhaps irrespectably of–the fact that it was placed on the Index of Prohibited Books in 1605.[4] In different comprehensive catalogues, we counted no less than thirteen editions appeared between 1618 and 1634,[5] alongside five editions of the abridged version of the text, the *Petit Traicté de la Sagesse*.[6] Another nine English translations of the original work, furthermore, can be identified to have appeared by the end of the seventeenth century.[7]

Studies on Charron have been coloured to a great extent by the theologian's association with Michel de Montaigne (1533-1592), the nature of which still remains unclear: throughout the centuries critics have variously argued that Charron was Montaigne's disciple; others have described him as his plagiariser or "herbier", or Montaigne's synthesiser.[8]

Books: Books Published in the French Language before 1601, Leiden–Boston, Brill, 2007; *FB 1740-1808* and the data available to the 'Universal Short Title Catalogue Project', are now widely accessible on www.ustc.ac.uk. Commentaries on the work, moreover, were usually in Latin; see Charles H. Lohr, 'Renaissance Latin Aristotle Commentaries' *Studies in the Renaissance*, 21 (1974), p. 228-289.

4 *Index des Livres Interdits*, ed. J. M. Bujanda, avec l'assistance de M. Richter, vol. XI: *Index Librorum Prohibitorum 1600-1966*, Sherbrooke–Montréal–Geneva, Centre d'Études de la Renaissance, Université de Sherbrooke, Médiaspaul, Droz, 2002, p. 214.

5 Information from the BnF catalogue and Copac (merged online catalogues of major University, Specialist, and National Libraries in the UK and Ireland; http://copac.ac.uk/).

6 *Traicté de la Sagesse, plus Quelques Discours Chrétiens qui on eté trouvé après son deceds*, Paris, Jacques Villery, 1625.

7 Information from the English Short Title Catalogue (http://estc.bl.uk/) and Copac.

8 The characterisation 'Montaigne's herbier' implies that Charron collected and dried Montaigne's 'herbs' (thoughts) and represented them. The idea that Charron was closely

Conversely, some scholars have described him as a precursor to Hobbes, an advocator of an autonomous ethic,[9] while the *Sagesse* has been labelled "breviary" of the *libertins.*[10] Contemporaries also compared his writings to those of (the ubiquitous) Machiavelli's; thus the Papal nuncio Innocenzo Del Bufalo in 1604 proclaimed that:

> *Every day some scandalous book comes out off the press, among them a recent one, similar to the impious doctrine of Machiavelli, entitled* Wisdom, *and composed by a theologal and canto of the Cathedral of Condom, who had no sooner finished this foul work filled with heresies when he suddenly died.*[11]

In the 1620's, twenty years after its publication, the *Sagesse* was also part of a greater debate between Jesuits and their adversaries, as a text promoting atheism. Contemporary scholarship disputes whether Charron subscribed to stoic currents of thought, or a sceptic/Pyrrhonian approach, whether he can be described as a fideist, an Augustinian, an atheist, or even, finally, whether he is worth considering at all.[12] This ambivalence in interpretation can partly be accounted for by the

---

following Montaigne either as a disciple or a plagiariser has a long history: it seems that it has originated in Charles Sorel's *La bibliothèque Françoise de M. C. Sorel ou le Choix et l'Examen des Livres François qui Traitent de l'Éloquence de la Philosophie, de la Dévotion, et de la Conduite des Mœurs*, Paris, Compagnie des libraires du Palais, 1664. For the persistence of the view, see C. A. Sainte-Beuve, *Causeries du Lundi*, vol. IV, Paris, Garnier Frères, 1852-1862; A. Delboulle, 'Charron Plagiaire de Montaigne', *Revue d'Histoire Littéraire de France*, 7 (1900), p. 284-296. Peter Miller characterises Charron as the synthesiser of Montaigne in his *Peiresc's Europe: Learning and Virtue in the Seventeenth-Century*, New Haven–London, Yale UP, 2000, p. 33. Michel Adam suggests that Charron "organised, classified, and divided Montaigne's thought" in his *Études sur Pierre Charron*, Talence, Presses universitaires de Bordeaux, 1991, p. 16.

9 Paul F. Grendler, 'Pierre Charron: Precursor to Hobbes', *Review of Politics*, 25 (1963), p. 212-224; Maryanne C. Horrowitz, 'Natural Law as the Foundation for an Autonomous Ethics: Pierre Charron's *De la Sagesse*', *Studies in the Renaissance*, 21 (1974), p. 204-227.

10 See Richard H. Popkin, *History of Scepticism. From Erasmus to Spinoza*, Berkeley–Los Angeles, CA–London, University of California Press, 1979, chap. 3 and 5; Jean-Baptiste Sabrié, *De l'Humanisme au Rationalisme. Pierre Charron (1541-1603): L'Homme, l'Œuvre, l'Influence*, Paris, Alcon, 1913, chap. XVI and XVII; Christian Belin, *L'Œuvre de Pierre Charron 1541-1603. Littérature et Théologie de Montaigne à Port-Royal*, Paris, H. Champion, 1995, chap. 8.

11 Del Bufalo to Aldobrandini, 10 Feb. 1604, cited in Alfred Soman, 'Pierre Charron: A Revaluation', *Bibliothèque d'Humanisme et Renaissance*, XXXII (1970), p. 71. Jean Dagens refuted Charron's 'Machiavellianism' in 'Le Machiavélisme de Pierre Charron', *Studies Aangeboden aan Gerard Brom*, Utrecht–Nijmegen, Dekker en Van de Vegt, 1952, p. 56-64.

12 Soman, 'Revaluation', p. 57.

richness of the *Sagesse*'s material and partly by amendments imposed upon the work, both of which allow for divergent readings depending on emphasis.[13] This richness of the text, together with the fact that Charron freely incorporated material by other authors also accounts for a further alternative interpretation, as that of a commonplace work, based on a more or less clear overarching plan, yet comprising of less thought-out individual parts.[14]

Given Charron's popularity and the contrasting interpretations of his work, his assessment of Aristotle's *De Anima* and his use of inherited tradition on the same subject, his text presents an interesting case in the context of a study of the ascent of the soul in the sixteenth and seventeenth centuries. As we shall see, Charron's understanding of the soul and its identification with the mind lies at the heart of Charron's quest for *sagesse*. Three issues are worth pointing out in this respect. *First*, a consideration of the text raises the issue of the elevation of the soul as a result of the process of reading and understanding the work. This is implied in the text through Charron's decided exhortation to contemplation and self-knowledge as the 'ladder' to the knowledge of the divine nature and revelation, which follows from the soul's original resemblance to the Creator. *Second*, an analysis of the *Sagesse* points to the author's extensive direct and indirect use of classical sources on the subject of the soul. Charron's understanding and rendering of the matter to an audience not always aware of the intellectual implications of these writings is at once particularly noteworthy, but also deeply problematic. In the *Sagesse* Charron created a rich and composite text which attracted a wider readership. His almost sweeping appropriation of material, however, presents difficulties with regards to the quality and clarity of argumentation in the text: thus in many cases the author sketchily lists different theories and philosophical traditions, without going into depth, and without indicating conclusively the one he endorses. This aspect is

13 Belin, *L'Œuvre de Pierre Charron*, p. 208-210.

14 Basic commonplace-books would be divided into sections under heads listing the main virtues and vices, and their manifestations. More advanced commonplace-books might have ambitious programmes for covering all knowledge, or they might be specialist repertories of excerpts relevant to specific disciplines. See Ann Moss, *Printed Commonplace-Books and the Structuring of Renaissance Thought*, Oxford, Clarendon Press, 1996 and more recently Ann M. Blair, *Too Much to Know. Managing Scholarly Information before the Modern Age*, New Haven–London, Yale University Press, 2010.

also directly related to the *third* point of interest, which is the manner in which the work was received during its initial publication, as different classical sources were presented on an equal basis as the Christian ones and the manner of its composition encouraged divergent interpretations. In this context, and in order to obtain royal privilege for its publication the author undertook a number of revisions. A significant amount of these revisions are to be found in the two chapters which consider the soul and introduce the issue of grace, adding even more complexity to an already ambiguous work. A number of these points will be addressed in what follows. A few words, first, however, on Pierre Charron and the historical circumstances within which he composed his work.

CHARRON'S LIFE

Information relating to the author himself is unfortunately scarce; it is mainly based on two pieces of evidence: a set of forty-seven letters sent by Charron to his friend and later editor Gabriel la Rochemaillet in the time-span of fourteen years (1589-1603), and an *Éloge* written by La Rochemaillet and printed together with the *Sagesse* from 1607 onwards.[15] From the little that we know, Charron was born in Paris in 1541 to a family of booksellers.[16] He was trained in law, while he later turned to theology, and gained a reputation as a preacher. Two factors seem to have had the biggest impact on his life. First, the experience of the religious conflict of the second half of the sixteenth century, the horror of which was eloquently expressed in descriptions of the strife in the *Sagesse*:

> *Or il n'y a mal plus miserable, ny plus honteux : c'est une mer de malheurs. Et un sage a tres-bien dit, que ce n'est pas proprement guerre, mais maladie de l'estat, maladie chaude, & frenaisie. Certes qui en est l'autheur, doit estre effacé du nombre des homes,*

15 Lucien Auvray, 'Lettres de Pierre Charron à Gabriel Michel de la Rochemaillet', in *Revue d'Histoire Littéraire de la France*, I (1894), p. 308-329 and *Sagesse*, [sig. ē i-iiii, ī i-iii; preface ē iii, ō iiii].

16 Philippe Renouard, *Répertoire des Imprimeurs Parisiens*, ed. Jeanne Veyrin-Forrer and Brigitte Moreau, Paris, M. J. Minard, Lettres Modernes, 1965, p. 75-76.

> *& chassé des bornes de la nature humaine.* [...] *C'est une confusion horrible, metu ac necessitate huc illuc mutantur. Somme ce n'est que misere.*[17]

During the conflicts, he was twice imprisoned: first in the 1560's by Protestant forces, and two decades later (late 1580's) by Catholic royalists. The first came while he was in Montpellier acting as *théologal* and canon, when he was taken prisoner by Huguenot forces during their control of Montpellier (1567). The second took place when Charron was in Angers, and where amidst the tension and unrest after the assassination of the Duke of Guise by Henri III (1589), he seems to have joined the League. As a result, when the Royalists gained control of the town Charron was once more placed under arrest and was forbidden to preach.[18] His distress is evident in his letters.[19]

It is perhaps in the light of this effect that we should understand Charron's attempts to join a monastic order, as a retreat from wars and public affliction, which did not, however, have much success.[20] The impact of these events can perhaps be gauged in Charron's naturalistic and relativist approach to religion as expressed in the *Sagesse*.

It is during the period between these two arrests that the critics place the other event of great impact in his life, his acquaintance with Michel de Montaigne. Between 1571 and 1576 Charron was in the area of Bordeaux, where Montaigne was elected Mayor (1581). Due to his duties as an *écolâtre* there, Charron would have frequent contact with the civil authorities, although the extent of the relationship between the two men remains unclear.[21] Scholarly interpretations regarding the

17 *Sagesse*, Book III, 4, p. 564-565.

18 "*J'ai été inhibité de prescher et mis à arrest par la ville* [...] *j'ai permission maintenant de prescher et fus restitué hier en la chaire, jour de l'Ascencion, mais l'arrest dure encore*". Letter from Angers, 12 May 1589; Auvray, 'Lettres', p. 315-316.

19 Letter from Angers, 1 July 1589; Auvray, 'Lettres', p. 316.

20 Charron tried to join a Carthusian monastery in 1588 and a Celestine one later. See letters I-VIII (Feb.-July 1589); Auvray, 'Lettres', p. 314-316.

21 La Rochemaillet says that there was "une affection reciproque" between the two men and that with his will Montaigne entitled Charron to use his coat of arms; *Eloge* in *Sagesse* (sig. e-iii). As a token of this relationship, the essayist apparently gave Charron a copy of Bernardino Ochino's *Catechismo*, Basle, s.n., 1561, a heretical work. The book dœs indeed survive (BnF, D2-5240): it bears the inscription "Montaigne", and "Charron ex dono dicti domini de Montaigne in suo castello, 2 Julij, Anno 1586". As further proof of a close relationship between the two men, scholars also take the information that in his will, Charron left some money to Montaigne's sister and made her husband, Thibaud de

extent of this link are directly associated with analyses of the similarities between the *Sagesse* and the *Essais*, and range accordingly.[22]

Amidst other travels and ecclesiastical responsibilities, Charron seems to have undertaken the composition of the *Sagesse* while in Cahors;[23] the work was finished by mid-1599 or 1600, and published in 1601 after Charron had obtained royal privileges for the printing.[24] During this time Charron also worked on a smaller tract, the *Petit Traicté de la Sagesse*, a summary of the larger text which acted as a defence towards criticisms raised against the *Sagesse.* The *Petit Traicté* appeared posthumously together with the *Discours Crestiens*, a collection of some of his sermons (1604). Charron spent the last years of his life writing and preparing a second revised edition of the *Sagesse*, which he clearly considered as his most important work, in order to obtain approbation from the Sorbonne.[25] The text, Charron thought, had been 'wrongly perceived'. While in Paris supervising the second edition, however, he died suddenly, leaving La Rochemaillet to complete the revisions. *De la Sagesse* finally came out in 1604 'corrigé et augmenté'–but was still placed on the Index of Prohibited Books the year after.

Camain, his universal heir and executor of his estate. Yet there is not a single reference to Montaigne in Charron's letters, or any reference to Charron by Montaigne.

22 Thus, J. D. Charron stresses that they were close friends but also that they both had the same material available; he even tentatively suggests that Montaigne's scepticism may have derived from his discussions with Charron: *The 'Wisdom' of Pierre Charron. An original and orthodox code of morality*, Chapel Hill, The University of North Carolina Press, [1961], p. 120-121. Soman argues for no connection between the two besides the possible meeting testified by the existence of *Cathechismo.* Popkin, who argues that Charron was the intellectual heir to Montaigne, suggests a close friendship between the two (see *History of Scepticism*, p. 42-64, esp. p. 56-57). Renée Kogel, *Pierre Charron*, Geneva, Droz, 1972, p. 33-42, suggests that Charron read the *Essais* and she explains Charron's borrowings by stressing the similar sentiments between the two before concluding that Charron was his own man when he wrote the *Sagesse.*

23 *Cf.* for example letters from Cahors, 8 March 1597, and 4 June 1598, in Auvray, 'Lettres', p. 318-319.

24 Letters XXVII (6 May 1600) and XXIX (12 November 1600), in Auvray, 'Lettres', p. 321-322.

25 *Cf.* Letter from Condom, 10 June 1602 and letters XXXVII, XLI, XLII, XLIV and XLVI, in Auvray, 'Lettres', p. 322-328.

SAGESSE HUMAINE, RECEPTION AND CONTROVERSY

Charron's *Sagesse* is a moral and philosophical work, concentrating on the question of the search for human wisdom. Divided into three books, it purposely leads the reader through various stages to acquire the *sagesse humaine.*[26] The first book is an examination of human nature: starting with the Socratic dictum *nosce te ipsum* (know thyself), Book I works as a preparatory stage with the aim of purging man of any predispositions in order to be able to accept the teachings of wisdom. Obtaining true wisdom would also elevate man above human and temporal opinions and passions and make him resemble more his creator, since the sparks of Divine wisdom are instilled in man from the moment of creation.[27] The second book deals with the heart of the subject-matter, the foundations and the principal rules of wisdom, the primary of which, according to Charron, is true and essential honesty and probity (*probité et preud'hommie*). The second book culminates with 'the fruit and crown' of wisdom, the (Stoic) skill to maintain oneself in true tranquillity of mind. Book III differs from the previous two in organisation and style. It is a guide on how to lead a wise and moral life according to the dictates of the four cardinal virtues (prudence, justice, fortitude, and temperance) in the guise of the classical and medieval tradition, and with the aim to combat human passions.

The work was among a number of texts which were targeted during the ideological debate between *dévots* (primarily Jesuits) and *libertins* in the third decade of the seventeenth century. The attraction of the *libertine Tétrade* to Charron's work is best attested by the involvement of Gabriel Naudé (1600-1653) and Pierre Gassendi (1592-1655) in the survival of a

26 The theme of the *Sagesse* contrasts or complements Charron's earlier work entitled *Les Trois Véritez, contre les athées, idolâtres, juifs, mahumétans, hérétiques et schismatiques*, Bordeaux, S. Millanges, 1593, where he deals with Divine Wisdom. For an assessment of this relationship, and the currents of thought behind it, see W. J. Bouwsma, 'The Two faces of Humanism. Stoicism and Augustinianism in Renaissance Thought', in *id.*, *A Usable Past: Essays in European Cultural History*, Berkeley, University of California Press, 1990, p. 19-73 (esp. p. 58).

27 Book I, preface; Book I, 2, p. 35: "*l'ame est comme un petit Dieu*"; "*L'esprit la treshaute & tresheroique partie, parcelle, scintille, image & defluxion de la divinité est en l'homme*".

small number of Charron's letters to his friend and editor La Rochemaillet. These were copied by Naudé for Nicolas Peiresc (1580-1637) in 1628, on request by Gassendi who had expressed admiration for Charron's work.[28] Whether because of this endorsement, or whether because of intellectual affinity, the *Sagesse* was included in the Jesuit *père* François Garasse's attack on deists, atheists, libertine spirits and so on that first came out in 1623.[29] A number of polemicists rallied either for or against Garasse's writings. Among these were François Ogier (?1597-1667), the philosopher and theologian Marin Mersenne (1588-1648), Jean Silhon (?1596-1667), and the later Jansenist Jean du Vergier de Hauranne, more widely known as Abbé of Saint-Cyran (1581-1643). Evidently the controversy did not concentrate solely on Charron, but he served as an instance on a number of topics, including (religious) relativism, pragmatism and naturalism, which critics thought were prominent in his work and which made it attractive to *libertins*.[30] Additionally, though not taking issue with discussions on the ascent of the soul as such, they touched upon Charron's claims regarding the immortality of the soul. Their exchanges on these issues have some bearing in the understanding of man's relationship with the divine and the role of grace, and they relate both to the specific issue of the soul's relationship with its Creator as well as its ability to achieve wisdom and perfection.

A consideration of some of these points is revealing of perceptions of Charron's work, the manner in which he presented the issue of soul and

---

28 *Cf.* Auvray, 'Lettres', p. 308-309. In a letter to Henri du Faur de Pibrac, Gassendi thanked him for sending a copy of Charron's *Discours chrestiens* but explained that the *Sagesse* pleased him more: "*Tu fais bien de me recommender d'emmener Charron dans ma solitude. Quel juge plus sûr ? Surtout si on lui donne pour compagnons ceux dont il a lui-même fait son profit : Montaigne, Lipse, Sénèque, Plutarque, Cicéron*"; quoted in Miller, *Peiresc's Europe*, p. 220, n. 88. For the *libertins* see the classic René Pintard, *Le libertinage érudit dans la première moitié du* XVII*e* *siècle*, Geneva–Paris, Slatkine, 1983.

29 François Garasse, *Doctrine curieuse des beaux esprits de ce temps ou prétendus tels contenant plusieurs maximes pernicieuseus à l'Estat, à la religion, & aux bonnes mœurs*, Paris, S. Chappelet, 1623. In a different work, *Les recherches des recherches et autres œuvres de M.e Pasquier pour la défense de nos roys, contre les outrages, calomnies et autres impertinences dudit auteur*, Paris, S. Chappelet, 1622, Garasse formulated a definition of the term *libertin* that permitted him to regroup all of his enemies under a common and practical denomination: "*par le mot de libertin je n'entens ny un Huguenot, ny un Athée, ny un Catholique, ny un Hérétique, ny un Politique, mais un certain composé de toutes ces qualités : le fons est catholique, relevé par après de couleurs bizzares et changeantes à proportion des humeurs, des discours, des compagnies, des sujects qui se présentent*"; cited by Belin, *L'Œuvre de Pierre Charron*, p. 241.

30 *Cf.* Pintard, *op. cit.*

the implications this has for other matters. Garasse was the first to open the debate raising a number of objections to the *Sagesse* in his *Doctrine Curieuse* (1623). Concerned that the readers would take Charron's work for a spiritual book Garasse attacked his style and rhetoric claiming that the manner in which the work was written effectively deprived the reader from a clear answer on major theological issues.[31] The Jesuit also attacked Charron's division of people in levels according to their intellectual capacity thus equating uninformed Christians with Turks, "heretics" and "idolaters" and elevating above others the "free spirits" who did not comply with human conventions.[32] Responding to Garasse with his *Iugement et Censure du Livre de la Doctrine Curieuse de François Garasse* (1623) François Ogier also discussed Charron's lack of intention to explain principal doctrines; in contrast to Garasse, however, Ogier viewed this approach as confirmation that he was not raising any challenges to these.[33] This explanation did not satisfy the critics of Charron though; thus in another intervention in the evolving debate, Marin Mersenne in his *L'Impiété des Deistes* (1624) pointed again to the ambiguity of the work, which made it difficult to classify.[34] He took issue with it, raising questions as to how the (less insightful) readers would be able to distinguish the right statements and opinions from the wrong ones. The Jesuit also pointed out that this ambiguity with regards to religion in particular made the work inherently attractive to the libertins, as it was full of maxims and thus open to interpretation.[35] In this respect Mersenne condemned Charron's Pyrrhonist approach, because he was convinced that this mode of thought damaged the foundations of religion.[36]

Charron's ambiguity for his critics was inextricably related to the issue of structure and style, as these were neither convincing and authoritative nor did they provide clear answers on doctrinal matters for the reader. Concerns about the structure of the work were also raised by Garasse in

31 Garasse, *Doctrine curieuse* I, 4, p. 27, and VIII, 10, p. 1015.

32 Garasse, *Doctrine curieuse*, I, 4, p. 27-29.

33 François Ogier, *Iugement et Censure du Livre de la Doctrine Curieuse de François Garasse*, Paris, 1623, chap. XI-XII, esp. p. 170-172.

34 Marin Mersenne, *L'Impiété des Deistes, et des plus subtils libertins decouverte et refutée par raisons de théologie et de philosophie*, Paris, P. Bilaine, 1624, p. 184.

35 Mersenne, *Impiété*, p. 184-185 and p. 190.

36 Mersenne, *Impiété*, p. 190-191.

a later text, the *Apologie pour son livre contre les athéistes et libertins* (1624). Unlike Mersenne, however, he regarded the ambiguity originating from the structure as unintentional.[37] On a different level, Jean Silhon, in his *Les Deux Vérites* (1626) raised more specific criticisms on the issue of the soul condemning Charron's statement that the immortality of the soul could not be proved.[38] Charron's discussion of the soul and the text's ambiguity towards the question of immortality was also censured by Mersenne. As the latter perceptively argued, the belief in the soul's mortality led man to conduct a licentious life on earth, without any concern for the after-life.[39]

Thus discussions about Charron's work shortly after its publication revolved around the main questions of relativism in the text, the structure of his work and his ambiguity, as well as more specifically regarding the issue of the soul and the implications that this had for temporal life. Given the centrality of the subject of the soul in these, a consideration of the matter is in order. This will raise the question of the soul's ability to achieve wisdom and perfection by ascending towards God and will contrast with the revised version of the text, which called for the mediation of grace.

THE SOUL IN THE *SAGESSE*

Charron's discussion on this crucial issue is divided in three parts, concentrated in the first two books of the *Sagesse* (Book I, 3 and I, 7; and Book II, 2). The first two chapters include a general discussion of the matter, whereas the third deals with the 'liberty of spirit in judgement and will' in connection with which Charron touches upon the soul. From the very beginning, the issue of the soul is connected with the

37 François Garasse, *Apologie du P. François Garassus, pour son livre contre les athéistes et libertins de nostre siècle, et response aux censures et calomnies de l'autheur anonyme*, Paris, S. Chappelet, 1624, p. 277; cited in Belin, *L'Œuvre de Pierre Charron*, p. 260, n. 2.

38 Jean de Silhon, *Les Deux véritez de Silhon : l'une de Dieu et de sa providence, l'autre de l'immortalité de l'âme*, Paris, L. Sonnius, 1626, p. 254.

39 Marin Mersenne, *La Vérité des sciences contre les sceptiques ou pyrrhoniens* (Paris, 1625), cited in Sabrié, *De l'Humanisme au Rationalisme*, p. 404.

issue of knowledge. Charron argues that through knowledge of himself man can reach sooner and better the knowledge of God; becoming truly wise cannot originate from anywhere else but within ourselves.[40] As his critics repeatedly pointed out, Charron's particular analysis of the soul is by and large contradictory. In terms of physiology, he initially distinguishes between the two main parts of man: body and soul (Book I, 2). In contrast to the 'beastiality' of the body, the soul is 'is a little god' (*un petit Dieu*).[41] In turn, the soul is divided into two very different parts, the high, pure, intellectual, and divine, in which the beast has no part; and the base, sensitive, and brutish, which has body and matter. Instead of maintaining the dual body-soul division, within a few lines Charron contradicts himself and identifies three main parts in man, adding the mind (*esprit*) as a third, following a different interpretation of Aristotle, perhaps through Averrœs.[42] Even if not settled, this is important, as throughout the text Charron frequently uses mind and soul interchangeably in discussions attributing to them similar traits and qualities. Out of the three this time Charron elevates the mind, which he defines as "la treshaute et tresheroique partie, parcelle, scintille, image & defluxion de la divinité", strongly echoing Stoic doctrines of the natural world and man's place within it.[43] The soul is located in the middle, in-between the mind and the flesh in the zone where tumults and tempests appear. The soul had also been described in this manner as 'medium' or 'middle term' between mind and body by Piccolomini.[44] This gives the soul its sensitive trait, as it is continually solicited by the two extremes.

Charron devotes a long chapter to the discussion of the soul 'in general' (Book I, 7), while he also examines the faculties of the soul in a fusion of Aristotelian and Stoic approaches, dividing them into the vegetative, sensitive, imaginative, memorative, appetitive, and intellective (Book I, 7-8). He locates the seat of the reasonable soul in the intellective

40 *Sagesse*, I, Préface, p. 21.

41 *Sagesse*, I, 2, p. 35.

42 Emily Michæl, 'Renaissance Theories of the Soul', in John P. Wright and Paul Potter (eds.), *Psyche and Soma. Physicians and Metaphysicians on the Mind-Body Problem from Antiquity to the Enlightenment*, Oxford, Clarendon Press, 2000, p. 149.

43 *Sagesse*, I, 2, p. 35. *Cf.* Heinrich Von Staden, 'Hellenistic Theories of Body and Soul', in Wright and Potter, *Psyche and Soma*, p. 102.

44 Michæl, 'Renaissance Theories of the Soul', p. 169.

faculty (*l'esprit humain*), and describes its activity as the knowledge and understanding of all things. Apart from the obvious classical sources, Charron's account of the physiology of the body in these chapters, as well as the more general observations on race and the influence of the climate are drawing from the sixth Book of Jean Bodin's *Republic.*[45] The discussion also contains many resonances of contemporary theorists who followed the steps of Galen on the issue of humours and temperaments, such as Juan Huarte de San Juan's *Examen de Ingenios.* Following these examples, Charron associates the three abilities of the intellective faculty, understanding, memory and imagination to dry, moist and hot humours respectively.[46] This compilation of material from a number of sources makes for a vague and sketchy analysis, even ambiguous in many places, which ultimately leaves the definitive location of the soul, its attributes and functions to the understanding of the individual reader.

COMPILING THE SOURCES: ESSENCE OF THE SOUL, ATTRIBUTES, LOCATION, AND SEPARATION FROM THE BODY

This ambiguity is especially evident in the second part of the treatment of the issue, the chapter devoted exclusively to the treatment of the soul (Book I, 7), despite its echœs of Aristotle and Thomas Aquinas.[47] The chapter opens with a declaration that the issue is 'most difficult', and that it has been the topic of discussion by all nations and in a variety of manners and opinions. The author admits that to define the soul is a difficult task, asserting that it is easier to indicate "what it is not" (*c'est que ce n'est pas*):

45 Jean Bodin, *Les six livres de la République*, Paris, Jacques Du Puys, 1576.

46 Claudius Galenus, *De naturalibus facultatibus libri tres, primus de Facultatum naturalium substantia, secundus, Quod animi mores corporis temperaturam sequuntur, tertius de Propriorum animi cujusque affectuum agnitione et remedio*, Paris, S. de Colines, 1528; Juan Huarte de San Juan, *Examen de ingenios para las sciencias*, Bæza, J. B. de Montoya, 1575, translated into French by Gabriel Chappuis, *Anacrise ou parfait jugement et examen des esprits propres et naiz aux sciences*, Lyon, F. Didier, 1580.

47 *Cf.* Thomas Aquinas, *Summa Theologica*, Prima Pars, p. 75-79.

> *Voicy une matiere difficile sur toutes, traitté & agitée par les plus sçavans & sages de toutes Nations, specialement Ægyptiens, Grecs, Arabes, & Latins, par ces derniers plus maigrement, comme toute la philosophie, mais avec grande diversité d'opinions, selon les diverses Nations Religions, professions, sans accord ny resolution certaine.* [...] *Il est premierement tres-difficile de definir & bien dire au vray que c'est que l'Ame*[.] *Il est bien aisé à dire ce que ce n'est pas : Que ce n'est pas Feu, Air, Eau : ny le temperament des 4. Elemens ou qualitez, ou humeurs*[.] *Ny sang[, n]y principe ou cause de mouvement*[.] *Ny l'acte ou vie ou energie ou perfection (car ce mot d'Entelechie est diversement tourné & interpreté) du corps vivant : Car tout cela est l'effect & l'action de l'ame et non l'ame, comme le vivre, le voir, l'entendre & l'action de l'ame*[.][48]

Importantly for his less discerning audience, Charron explains that not even the Christian authors are in agreement with one another on the issue, pointing out that Tertullian, Origen and St Augustine do not always follow the one and the same opinion in their works.[49]

Closely following the structure of Bodin's *Theatrum Naturæ*, Charron divides the consideration of the soul in a number of important aspects: he discusses its definition; the essence or nature of the soul; its faculties and actions; the unity or plurality of souls; where it derives from; its entrance, residence and seat in the body.[50] He addresses the issue of its sufficiency to exercise its functions, and he concludes with the end and its separation from the body. In a third attempt at definition, the author describes the soul in Aristotelian terms as

> *une forme essentielle vivifiante, qui donne à la plante vie vegetative, à la beste vie sensitive* [...] *à l'homme vie intellective*[.] *I'ay dit l'intellective plus tost que la raisonnable, qui est comprinse en l'intellective, comme le moindre au plus grand*[.] *L'ame donc est non le principe,* [...] *mais cause interne de vie, mouvement, sentiment, entendement*[.][51]

He follows the definition with the crucial question of the nature and essence, namely whether the soul is corporeal or incorporeal.[52] The

48 *Sagesse*, I, 7, p. 49-51.

49 *Sagesse*, I, 7, p. 50-51.

50 *Cf.* Book IV of Jean Bodin, *Universæ naturæ Theatrum*, Lyon, J. Roussin, 1596, translated into French by M. François de Fougerolles, *Le théâtre de la nature universelle*, Lyon, J. Pillehotte, 1597. Charron follows the sections closely, but he has reordered them: see section I (on definitions and faculties of the soul), and X-XV (on Greek, Egyptian, and Arab discussions on the nature of the soul; on the three kinds of souls; on ecstasy; on corporality of the soul; on angels and demons; on Pythagoras, peregrination of souls and reincarnation).

51 *Sagesse*, I, 7, p. 51.

52 *Sagesse*, I, 7, p. 52-53.

author presents arguments for both standpoints, in his characteristic lack of commitment to either. He first presents the case that spirits and demons, good or evil, although "wholly separated from all matter" are corporeal. This is substantiated by the opinion of philosophers and "greatest Divines", and Charron names Tertullian, Origen, Basilius, Gregory of Nazianzen, St Augustine and John of Damascus. He explains that their position is based on the postulation that everything existing in this (finite) world is finite; therefore, as only God is infinite and incorporeal, it follows that all creation is corporeal and material. As he gœs on to clarify, however, "it is generally assumed that spirits are not corporeal" for the reason that many "simple" men under the term "corporeal" imagine a substance which is visible and palpable.[53] Charron leans more towards the view that the soul is *not* corporeal in the *traditional sense*: he explains that the soul is "of an invisible substance", listing a number of possible options for its consistency. It is either "airy, as the greatest part of Philosophers and Divines affirm", or even celestial as some "Hebrews and Arabs" teach. As a third alternative Charron proposes the soul to be "of a substance more subtle and delicate".[54] In all three cases the author insists and concludes with the Stoic (and unorthodox) version that the soul is corporeal, since it is "limited by place, moveable, and subject to motion and to time".[55]

On the question on the unity of the soul, and whether one or more souls exist in every man, Charron indicates once more the diversity of opinions between Greek, Arab and Hebrew sources. He underlines that the issue of unity or disunity of the soul has significant bearings on the question of its mortality or immortality. Thus, he explains, the supposition of the unity of the soul would be contradicting its immortality:

> *car comment une mesme indivisible pourra elle estre en partie mortelle & en partie immortelle ?* [...] *Certes il semble par necessité qu'elle soit ou du tout mortelle ou du tout immortelle, qui sont deux tres-lourdes absurdités : la premiere abolit toute religion & saine philosophie, la seconde fait aussi les bestes immortelles.*[56]

53 *Sagesse*, I, 7, p. 53: "*Mais pource que plusieurs simples soubs ce mot de corporel, imaginent visible, palpable* [...]".

54 *Sagesse*, I, 7, p. 53.

55 Von Staden, 'Hellenistic Theories of Body and Soul', p. 96-98. See also Michæl, 'Renaissance Theories of the Soul', p. 154-155.

56 *Sagesse*, I, 7, p. 55.

Charron concludes on this issue with the suggestion that accepting the 'essential unity of the soul' dœs not hinder the immortality of the human soul in its essence. In his understanding of the matter, the vegetative and sensitive faculties of the soul ultimately die, "that is to say, cannot be exercised without the body". The intellectual soul, however, is always well, because there is no need of the body for its functions.[57] This extract also makes plain the link between interpretations of the physiology of the soul and moral considerations, as Charron concludes this section referring to the serious moral implications of the issue. He is thus equally eager to dismiss both the mortality and the immortality of it: belief in the former leads to an immoral existence, and shakes the foundations of religion and philosophy. Belief in the immortality, on the other hand, equates animals to humans.

Charron invokes, too, a variety of sources on the issue of the origins of the soul and how it enters the body, many of which are not compatible with the Christian doctrine on the subject. He divides the opinions of his sources into four groups; according to the first one, which is the Stoic one and is held by Philo Judeaus, and the Manichees among others, the soul "is transformed and brought forth as part or parcel of the substance of God".[58] The second group of authors, among which Tertullian, Apollinaris, and other Christians, maintains that the soul "proceeds [the body] and is derived from the souls of our parents".[59] The third opinion he ascribes to the Pythagoreans, Platonists, a number of Jewish thinkers, and Origen. Charron explains to his audience that according to this view "the souls of men have been from the beginning all created of God, made of nothing".[60] The fourth opinion is the Christian one, namely that all souls are "created by God and infused into bodies prepared, in such manner that the creation and infusion is done at one and the same instant".[61] He also refers to a fifth one in passing, and one that St Augustine would subscribe to, which simply holds that the origin of the soul is a secret

57 *Sagesse*, I, 7, p. 56.

58 *Sagesse*, I, 7, p. 56: "*Elle est extraite et produite comme parcelle de la substance de Dieu, qui l'inspire au corps, prenans à leur advantage les paroles de Moyse, Inspiravit in faciem eius spiraculum vitæ.*"

59 *Sagesse*, I, 7, p. 57: "[...] *elle vient & derive des ames des parens avec la semence, à la façon des ames brutales*".

60 *Sagesse*, I, 7, p. 57: "[...] *elles ont esté du commencement toutes creées de Dieu, faittes de rien, et resevées au ciel, pour puis estre envoyées ici bas*".

61 *Sagesse*, I, 7, p. 57: "*elles sont toutes recreées de Dieu, et infuses aux coprs preparés, tellement que sa creation et infusion se face en mesme instant.*"

unknown to man. This analysis on the origins of the soul is an example of the type of writing which his critics found objectionable, as on such a crucial matter Charron presented the reader with a strong sense of relativism and inconclusiveness: the official Catholic doctrine is referred to as one of five, all of which are considered on equal grounds. The orthodox view is only marginally raised above the others with the statement that it is "the one received and held throughout Christendom", leaving the reader to draw his own conclusions about the differences between these views and the prominence of the, dominant, Christian one. Charron's reluctance to prioritise the Christian view or fully admit the implications of juxtaposing the two is further accentuated by his frequent–but not always acknowledged as–Stoic references to the soul as a "little God", adding a further element of complexity regarding a clear definition and interpretation of the soul.

The crucial issue of the separation of the soul from the body and the manner in which this takes place comes as the last and a little less than comprehensive point in the chapter. Charron writes that the natural separation occurs with death, though this is not the same in animals and men. According to the author the soul in animals dies with their death; the animal soul is annihilated, in accordance with the principle that "by the corruption of the subject the form perishes". By contrast, with the death of man the soul is separated from the body "but is not lost; it remains, inasmuch as it is, immortal".[62]

Even though it had been dealt with earlier, the discussion on the immortality of the soul thus resumes here. Charron claims that the concept of its immortality "is a thing universally, religiously (for it is the principal foundation of all religion) and peaceably received and concluded upon throughout the world". As if there is need to rationalise this fundamental Christian doctrine he persists in his line of reasoning, asserting that the belief in the immortality of the soul is "beneficial" as "in some sort" it is "proved by many natural and human reasons". It is however "properly and better established by the authority of religion than any other way".[63] As if still not sufficient, the theological explanation is augmented with human and natural viewpoints. He emphasises that there is a kind of inclination and natural disposition in man to believe in the immortality of the soul,

62 *Sagesse*, I, 7, p. 61.
63 *Sagesse*, I, 7, p. 61.

for "man desires naturally to continue and perpetuate his being".[64] In support of this view he cites man's love of posterity and succession, man's hope of glory and reputation, and the desire of the immortality of one's name. As his critics noted, Charron's arguments drawn from the temporal world gives the discourse a distinct naturalistic tone. Even though he uses this reasoning as a means to substantiate the religious argument for the immortality of the soul, it fundamentally undermines the religious position, as it renders theology and doctrine insufficient.

Having talked about the natural separation of body and soul, the author turns to the "unnatural" separation as conclusion to the chapter. He treats the "at times very perplexed and difficult to understand" matter of ecstasy, demonism and possession "by strange impulsions".[65] Charron divides the unnatural manner of separation of body and soul into three types: the divine, the demonical, and the human. The first is the one discussed in the Scripture in the cases of Daniel, Zachary, Esdras, Ezechiel, and St Paul. The second according to Charron is caused by "devils and good spirits", as with the case of Duns Scotus who according to the tradition died as a result of falling into ecstasy. In this category of separation between body and soul the author also includes the possession of "weak men of the vulgar sort and women". The human separation, lastly, can be accounted for by two factors. It is either due to a malady, what Hippocrates calls "sacred" malady (or for Charron's contemporaries *morbus comitialis*). The other separation of body and soul which he associates with devils can arise from the "force of the imagination" and it is caused by too deep a preoccupation with one specific thing (obsession). Charron gives tentatively the possibility of medical reasons for this disorder which "carries away the whole strength and power of the soul" but he ultimately lays emphasis on the spiritual explanation.[66]

Charron also considers the question as to whether the soul truly exits the body during these three kinds of unnatural separation or whether it remains in the body but with suspended functions; in his words whether there "follows a kind of intermission and vacation of the actions and

64 *Sagesse*, I, 7, p. 61: "*Il semble bien y avoir une inclination & disposition de nature à la croire, car l'homme desire naturellement allonger et perpetuer son estre, d'où vient aussi ce grand et furieux soin et amour de nostre posterité et succession*".

65 *Sagesse*, I, 7, p. 62-63.

66 *Sagesse*, I, 7, p. 63.

the exercise of its functions". The reader is tactfully referred to St Paul on this issue, who did not dare define his experience: "Si in corpore vel extra corpus nescio, Deus scit. An instruction that may serve for all others, and for other separations of less quality".[67] Charron maintains that the soul departs from the body in the case of the demonical ecstasy. In the case of the human ecstasy, finally, Charron pronounces that the soul is not separated from the body, but there is (only) a suspension of its "patent and outward actions".

From what we have seen so far therefore, the first two parts of the discussion on the soul seem to be for the most part descriptive, setting the scene for what is about to follow, that is the key to the achievement of knowledge. In the chapters I, 3 and I, 7 Charron discusses the soul in a manner similar to a commonplace book or a handbook, listing as many views as he can.[68] In this manner he discusses both heavily contested issues, such as the immortality of the soul and its departure from the body, as well as less theologically charged ones, such as the seat and functions of the soul. Particularly pertinent to our discussion are two things: the emphasis which he places on nature; and the fact that his style equates classic and other sources with the Christian interpretation. Both these elements were among the main issues that his critics called attention to in the debate during the 1620s.

These were also elements, however, upon which Jeanin, the president of the *conseil privé*, had requested changes in order for the *Sagesse* to be approved for publication. Thus in an attempt to render the work less controversial and ambiguous, the chapter on the soul 'in general' has been expanded and reordered, while also omitting questionable references. Whereas the 1601 edition started with intensely debated issues, Charron's second organisation of the topics starts and concludes with issues that are less controversial.[69] Throughout the revised chapter Charron (or La Rochemaillet) modified sections that made the Christian

67 *Sagesse*, I, 7, p. 64.

68 *Cf.* Moss, *Commonplace Books*, and Blair, *Too much to know*, chap. 4.

69 The chapter in the first edition starts off with a discussion on the origin of the soul and concludes with the question of its immortality. In the second edition discussion of the origin is moved to fifth position and consideration of the question of immortality is dealt with under the broader topic of the essence or nature of the soul (par. 3) and its unity (par. 4), and then again under the subheading of separation of soul and body (par. 10), before a short conclusion on its state after death.

doctrine seem uncertain, while also giving a much more assertive and Christian tone, inserting clarifications and references to Scripture. One such example is the section where he debated the origin of the soul, reference to difference of opinion between theologians and philosophers that appear in the first edition expunged the second.[70] Modifications are also apparent in points where the text indicated a preference to classical authors rather than Christian. Whereas on the issue of the seat of the soul the first edition followed explicitly the teachings of Plato and Hippocrates, references to them have been removed from the edition of 1604 and the argument follows traditional Christian teachings.[71] The tension between pagan or classical teachings and Christian doctrines on the issue of the soul resurfaces frequently throughout the whole text and there is a clear attempt at moderating it and defending it with the second edition.

MIND AND SOUL AND THE ASCENT TOWARDS KNOWLEDGE

This is apparent in the other most modified chapter of the second edition of the work and one that touches upon the link between the soul and wisdom. The chapter in question is in the second book of the *Sagesse* and is concerned with dispositions to wisdom (Book II, 2). The second disposition to wisdom according to the author is the 'universal and plain liberty of mind (*esprit*), both in judgement and in will'.[72] As mentioned, the second book deals with the foundations of wisdom, the primary of which for Charron is true and essential honesty and probity (*probité et preud'hommie*). The book is the shortest of all three and represents the very heart of the author's argument. It is in this book

70 The first edition's phrase "*De l'origine des ames humaines, il y a de tout temps eu tres-grande dispute & diversité d'opinions entre les Philosophes & les Theologiens*" is rendered "*L'origine des Ames n'est pas tenuë pareille de tous*": *Sagesse*, 'De l'ame humaine en general, Chap. XV, De la 1. Edition de Bourdeaux. pag. 114', p. 756 and *Sagesse* I.7, p. 56-57.

71 *Sagesse*, 'De l'ame humaine en general, Chap. XV, De la 1. Edition de Bourdeaux. pag. 114', p. 757.

72 *Sagesse*, II, 2, p. 322-324.

that the link between the soul and attainment of wisdom through its ascension and connection with God and Divine wisdom is made more explicit. This connection is facilitated by the manner in which Charron sees a fundamental interchangeability between the soul and the mind.

The elevation of the soul and the pull towards the divine had been established in the first book by association with the contemplation of things "high, celestial and divine" which make it strive for the connection with God.[73] The same imagery of the ascent as access to divinity had also been implied when Charron characterised the knowledge of oneself as a 'ladder' to the knowledge of divine nature and exhorted the reader that in order to "have access to that Divinity, and entrance into that Temple, must first know himself" as he "could not otherwise be admitted".[74] In this process Book II asserts that wisdom comes from solitary life. The achievement of wisdom is hindered by the troubles and 'attacks' of everyday that is, married and domestic life, among other things. Yet Charron maintains in a Stoic tenor that the soul can overcome these and can be set free by moderating the passions. Linking the passions with ignorance the author advises his reader to preserve his self from "illiterate, ill-composed people and their opinions"; this imposed distance will enable the reader to "remain in the world, without being in the world".[75] This will also liberate the soul from all vices and popular opinions, and will free it from "confusion and captivity" and set it at liberty.

In the course of this discussion the chapter breaches the critical issue as to whether man is able to attain the truth and achieve wisdom on his own accord. In the context of this consideration the author suggests in the revised edition that Divine grace may be the key to this question, though the structure of the chapter and the line of reasoning make for a less than convincing case. According to the *Sagesse*, mysticism teaches that God has created man to know the truth, but he cannot know it all neither by himself nor by any human means: truth can only be revealed to him by God. Even Aristotle confesses to the weakness of man to attain the truth, despite his "dogmatism" and indeterminate views, as he is "at no agreement with himself". Thus Charron says of the philosopher:

73 *Sagesse*, I, 46, p. 249: "*Et c'est pource que le marriage empesche et destourne les belles et grandes elevations d'ame, la contemplation des choses hautes, celestes, et divines*".

74 *Sagesse*, I, Préface, p. 9.

75 *Sagesse*, II, 1, p. 314-315; II, 2, p. 324-328.

> *Et Aristote le plus resolu de tous, le Prince des dogmatistes et affirmatifs, le Dieu des pedans, combine de fois se trouve il empesché, et ne sçait à quoy se resoudre au fait de l'ame, il est presque tousjours dissemblable à soy, et tant d'autres choses plus basses qu'il n'a sçeu trouver ni entendre, confessant quelque fois ingenuëment la grande foiblesse humaine à trouver et cognoistre la verité.*[76]

In order to prepare himself for this revelation, man must first renounce and chase away all (false) opinions and beliefs, and present his spirit naked to receive it:

> *La Theologie, mesmes la mystique, nous enseigne que pour bien preparer nostre ame à Dieu, et à l'impression du S. Esprit, il la faut vuider, nettoyer, despoüiller, et metre à nud de toute opinion, creance, affection ; la rendre comme une carte blanche, morte à soy et au monde, pour y lesser vivre et agir Dieu, chasser le viel possesseur pour y establir le nouveau*[.][77]

In this extract truth and knowledge originate by God who in the process of this revelation will become the "new master", removing any preconceptions. In this respect, the soul in the *Sagesse* is doubly elevated: first, elevated and purified from opinions and false beliefs, in order to remain uncorrupted, innocent and wise. Second, it is elevated in the greatest possible sense, stripped naked and raised to meet its Creator and witness revelation. In this manner, the soul can then fulfil its likeness and connection by serving its Creator. This elevation and subsequent commitment is expected from the "high and perfect" primarily internal, spiritual and contemplative men and souls. For lesser and imperfect souls, on the contrary, service to God takes the form of "outward and vulgar deformities":

> [...] *comme il y a diversité et des degrés d'ames, de suffisance et capacité, de grace divine, aussi y a il de manieres de servir Dieu. Les plus relevés et parfaits tirent plus à la premiere maniere plus spirituelle et contemplative, et moins externe, les moindres et imparfaits, quasi sub pedagogo, demeurent en l'autre de laict externe et populaire.*[78]

From a purely physiological and descriptive approach at the beginning of the work then, Charron returns to the issue from a moral perspective associating the elevation of the soul with wisdom and revelation. The

76 *Sagesse*, II, 2, p. 331.
77 *Sagesse*, II, 2, p. 335-336.
78 *Sagesse*, II, 5, p. 392.

centrality of this ascent in his understanding of achieving wisdom is underlined by the structure of the whole work, where Book I is situated as a prelude to Book II and functions as the cleansing and preparatory stage for this process. It is further indicated by the positioning of this specific chapter at the centre of the middle Book; thus by placing this ascension at the very heart of the *Sagesse* Charron emphasises the ascent as the key to wisdom. The ascent also provides the link between human and divine wisdom, thus suggesting that this achievement and elevation also signifies a return to God.

A prerequisite for this argument is Charron's understanding of wisdom in a purely Stoic context throughout the text. Thus the case for the soul's likeness (or *homoiosis*) to God is facilitated by the Stoic concept of seminal Reason, seeds of which are inherently contained within human reason. The author describes the soul in Book II, chapter 3 therefore as

> *un esclat et rayon de la divinité, une defluxion et dépendance de la loy Eternelle, qui est Dieu mesmes, et sa volonté : quid natura nisi Deus, et diuina ratio toti mundo, et partibus eius inserta ? Il agit selon soy, car il agit selon le timon et ressort animé qu'il a dedans soy, le mouvant et agitant.*[79]

Similar references to the Stoic understanding of reason are made throughout the *Sagesse* with regard to man's mind as well as God's (or nature's) fundamental laws. Associating the mind and the soul by using the same vocabulary, Charron says of the former:

> [*J*]*e consens que l'on l'appelle image de Dieu vive, un degoust de l'immortelle substance, une fluxion de la divinité, un esclair celeste, auquel Dieu a donné la raison comme un timon animé pour le mouvoir avec regle et mesure, et que ce soit un instrument d'une complette harmonie : que par luy y a parentage entre Dieu et l'homme, et que pour le luy ramentevoir, il luy a tourney les raciness vers le ciel, afin qu'il eust toujours sa veuë vers le lieu de sa naissance*[.][80]

Thus Charron keeps returning to the Stoic concept of the soul/mind as an image of God, a stream of divinity, a ray, reason, which has been implanted in us from the very beginning.[81] This emphasis on Stoic

79 *Sagesse*, II, 3, p. 355; *cf.* Seneca, *De Beneficiis*, IV, 4.7.
80 *Sagesse*, I, 14, p. 92.
81 See also Sagesse, II, 5, p. 399: "[...] *la Religion qui s'acquiert et s'apprend de dehors* [...] *engendre la preud'hommie, laquelle nous avons montré devoir ressortir de nature, Loy et lumiere*

tradition and the prominence of nature did not necessarily conform to the orthodox theological views and is similar to the problematical chapter on the soul 'in general', which he had to rewrite in favour of a more Christian interpretation over the Stoic version. Even if one surmises that nature and God were equated in the author's understanding, the problem of imbalance between references to nature and God is still left unresolved, something that did not seem to escape his readers, either (even if it escaped Charron until the publication of the work).[82]

Charron responded to these criticisms of his apparent preference of nature over grace in two ways: part of his response appears in his *Traicté de la Sagesse*, where he declares: "they have been offended by the fact that I recommended following nature and placed so much emphasis on the law of nature as if I was saying that this was sufficient and that I exclude grace". He responded, however, by indicating that were he to discuss grace and the theological virtues at length he would be departing from his subject which was the human wisdom and not the divine.[83] This repeats some of the claims he made in his second preface. In the same preface, in an attempt to explain the difference between nature and grace, Charron indicated that "la nature est l'ainée de la grace, et le naturel du surnaturel", though later reactions against his work would indicate that this left the readers with the impression of nature's pre-eminence over grace rather than clarifying Charron's position.[84] His response to criticisms also involved substantial changes in the chapter on "the universal liberty of mind" trying to refine the balance and render the book less controversial. An important example of the change of tone is obvious in the following extract on the critical aspect of attainment of knowledge. After the long discourse which posed serious challenges to man's ability to attain knowledge through the elevation of the soul, the answers through a Stoic approach, the reader reaches an altogether different passage. Rather unexpectedly, he is confronted with a section where the author pleads for God's grace in his search for wisdom:

---

que Dieu a mis au dedans de nous dès nostre origine".

82 His reaction is obvious in his letters: *"Je sais que ce livre est diversement pris. Il y a des choses un peu hardiment dites ; c'est pourquoy je l'ay reveu et corrigé, et en plusieurs lieux je l'ay adoucy"* (Letter of 10 June 1602). *Cf.* also the letter of 12 January 1603; Auvray, 'Lettres', p. 327-329.

83 *Sagesse*, IV, 6.

84 *Sagesse*, Préface, p. 6.

O Dieu, daignés par vostre immense bonté me regarder de l'œil de vostre clemence, accepter et aggréer mon desir, mon essay, mon petit œuvre, qui originellement vient de vous, par l'obligation et instruction que m'en avés donné en la Loy de Nature, qu'avés planté en moy affin qu'il retourne à vous, et qu'acheviés ce qu'avés commencé, affin que soyez mon α & ω : Arrosés moy de vostre grace, tenés et censés moy vostre, &c.[85]

Adopting an Augustinian voice, therefore, Charron here renders the process of achieving wisdom into a much more passive process, and begs for the grace of the Creator. In this case the approach is radically different; instead of the soul being elevated, it passively receives the grace of God, which is "sprinkled" onto it. The distinction between actively reaching to God/wisdom and dutifully receiving God/wisdom ultimately raises the question as to the degree of the soul's autonomy; that is, whether the soul can reach the Creator or whether it should wait to be 'graced' by the Creator. And although the earlier part of the chapter in accordance with earlier parts of the *Sagesse* convey the impression of the former, the extract suggests the latter. This ambiguity and such ostensibly contrasting views on the issue of the ascent of the soul are a direct result of Charron's modifications alongside his method of incorporating diverse material into his text.

CLASSICAL SOURCES, CHRISTIAN FRAMEWORK

We have seen, therefore, two different interpretations–both by the same author–of the issue of the soul and the manner in which wisdom can be achieved, and whether this is even achievable. Part of the divergence can be accounted for by the editorial demands of self-censorship and modification as a response to reactions to the first version of the work. Yet it is also clear, that the problem of interpretation is directly linked to the issue of sources and the manner in which Charron succeeds (or fails) to reconcile the Stoic and pagan sources to the Christian ones, causing a range of reactions to his work. The problem is also intimately connected to the style of the author, described by some scholars as "a systematic arrangement of opinions, phrases, sometimes

85 *Sagesse*, II, 3, p. 368.

whole paragraphs of other works".[86] Charron's analysis of the matter of the soul with references to various authorities and traditions–whether Stoic, Augustinian, Pyrrhonian and so on–and in a way inviting the reader to draw his own conclusions, is thus symptomatic of the style and composition of the whole work, which in many ways resembles a commonplace book.

Charron himself pointed to this possibility in his preface to the first edition, indicating that he made use of material from other authors who had treated the subject of morality (and politics). He also acknowledged that he had collected the material for his work during his studies from 'modern' as well as from classical sources, but that the order and the form were his.[87] He explained that in the *Sagesse* he treated his topic

> *non pedantesquement selon les regles ordinaries de l'eschole, ny avec estenduë de discours, et appareil d'eloquence ou aucun artifice. La Sagesse, quæ si oculis ipsis cerneretur mirabiles excitaret amores sui, n'a que faide toutes ces façons, pour la recommandation, elle est trop noble et glorieuse : les veritez et propositions y sont espesses ; mais souvent toutes seches et cruës, comme aphorismes, ouvertures et semences de discours. I'y ay parsemé des sentences Latines, mais courtes, fortes, et poëtiques, tirées de tres-bonne part, et qui interrompent ny ne troublent le fil du texte François.*[88]

Charron specifically identified Seneca and Plutarch as his sources. He also made reference to Pythagoras, Plato and Aristotle, Aristippus, Zenon, Antisthenes, Cato, and Scipio, among others, as a way of introducing his *Catalogus Auctorum*.[89] In this interesting fusion of different works and influences, and with Charron's specific aim to popularise all these sources for a wider audience, the whole leaves various issues unresolved. Thus though the intention was to examine human wisdom on the bases of classical material, the Christian conceptual framework posed problems in the interpretation, as the author inverted the hierarchy of traditions and subverted theology at the expense of philosophy. As a

86 Anthony Levi, *French Moralists. The Theory of the Passions 1585 to 1649*, Oxford, Clarendon Press, 1964, p. 100.

87 *Sagesse*, preface to the first edition, as reproduced in the 1607 edition, p. 748-749.

88 *Sagesse*, preface to the first edition, p. 749.

89 *Sagesse*, preface to the second edition, p. 7. Sabrié discusses his sources in detail, *De l'Humanisme au Rationalisme*, p. 255-284; see also Kogel, *Pierre Charron*, p. 31-45; Floyd Gray, 'Reflexions on Charron's Debt to Montaigne', *French Review* 35 (1962), p. 377-382; Alan Boase, *The Fortunes of Montaigne. A History of the Essays in France, 1580-1669*, London, Methuen & Co., 1935, p. 77-103, and Popkin, *History of Scepticism*, p. 55-65.

way of explanation and pre-empting criticism, the author pronounced in the preface his intention to favour and follow the advice and sayings of "philosophers" over the positions of the "theologians". "For although the two concur in substance", Charron conceded, his aim was to compose a book with instructions on civil life, for men of the world:

> *Pour ces raisons ie suy et employe en mon livre plus volontiers, et ordinairement les advis et dires des Philosophes, sans toutefois obmettre ou reietter ceux des Theologiens : Car aussy en substance sont ils tous d'accord*[.] *Si i'eusse enterprins d'instruire pour le cloistre, et la vie consiliaire, c'est à dire professions des conseils Evangeliques, il m'eust faillu suyvre, ad amussim, les advis des Theologiens ; mais nostre livre instruit à la vie civile, et forme un home pour le monde, c'est à dire à la sagesse humaine et non divine.*[90]

Thus by choosing to discuss human wisdom and its acquisition via the elevation of the soul, he also chose to found his analysis on classical sources. The issue of sources therefore reflects upon the greater issue of the source of wisdom, as it is linked to the question as to whether man (and the soul) is able to do this without the assistance of God, relying instead solely on received human wisdom as preserved in the various forms of classical sources. But even if Charron explicitly chose not to discuss Divine Wisdom, he could not escape the fact that the connection between the two kinds of wisdom was at the heart of the argument and that by explaining human wisdom he was forced to choose one tradition over the other. Thus, throughout the text the treatment of the soul and its ascent towards God and wisdom is at the crux of the tension between traditions. Its treatment, in turn, was intrinsic to Charron's sources and approach. In aspiring to interpret classical texts and authorities to a wider non-confessional audience–and perhaps due to his personal experience of the wars of religion–he produced a complex text, the inconsistencies of which were apparent to his more sensitive readers and are discussed ever since its publication.

Natasha CONSTANTINIDOU
University of Cyprus

90 *Sagesse*, Préface, p. 7-8.

EN MONTANT L'ÉCHELLE DES PHILOSOPHES

Marsile Ficin et la vision des Idées

Dès la première page de sa *Théologie platonicienne*, le traité sur l'immortalité de l'âme qu'il publie en 1482, Marsile Ficin annonce l'ambition de son projet[1]. L'homme, à ses yeux, serait le plus malheureux animal de la création s'il n'avait la perspective de dépasser sa condition terrestre éphémère pour rejoindre sa vraie patrie céleste sous la conduite de Dieu son créateur. Ficin en déduit que la félicité n'est accessible qu'à l'homme qui, conscient de son immortalité, se retourne vers le divin. Pour faire voir par quel moyen les intelligences humaines peuvent y parvenir, Ficin se propose de montrer qu'il existe plusieurs degrés de la réalité, du plus matériel et périssable, en bas, au plus immatériel et éternel, en haut. Il distingue ainsi cinq strates successives qu'il définit sommairement : 1) les corps physiques ; 2) la « qualité » ; 3) l'âme raisonnable ; 4) l'ange ; 5) Dieu. À chacun de ces niveaux, il associe les philosophes ou écoles philosophiques qui, selon lui, en avaient fait leur plus haut objet de spéculation. Ainsi, il affirme que les démocritéens, cyrénaïques et épicuriens n'avaient pas considéré de réalité au-delà de « la masse paresseuse des corps ». Les stoïciens et les cyniques se seraient hissés à peine plus haut en poussant leurs investigations jusqu'à « une certaine qualité efficace[2] ». Héraclite, Marcus Varron et Marcus Manilius auraient atteint le niveau médian, siège de l'âme raisonnable. Anaxagore

1 Marsile Ficin, *Théologie platonicienne de l'immortalité des âmes* [désormais *Tp*], I, 1 (éd. et trad. Raymond Marcel, Paris, Les Belles Lettres, 1964-1970, I, p. 38-39).

2 Sur le concept de « qualité » chez Ficin, voir Paul Oskar Kristeller, *Il pensiero filosofico di Marsilio Ficino*, Florence, Sansoni, 1953, p. 33-36. À cette « qualité », Ficin associe probablement le *logos* des stoïciens et la vertu des cyniques. *Cf.* Émile de Strycker, *Précis d'histoire de la philosophie ancienne*, Louvain, Peeters, 1978, p. 165 ; Isabelle Gugliermina, *Diogène Laërce et le Cynisme*, Villeneuve d'Ascq, Presses Universitaires du Septentrion, 2006, p. 43-50.

et Hermotime, quant à eux, se seraient arrêtés au quatrième, correspondant à l'intelligence angélique. Au stade suprême, Ficin ne cite plus que Platon, qui « nous ordonne, nous enseigne et nous presse de tourner la pointe purifiée de notre intellect vers le Soleil divin ». Avec lui, au plus haut de la hiérarchie ficinienne des philosophes, la philosophie rejoint ainsi la théologie. C'est en suivant ce guide sans égal que Ficin entend emmener son lecteur jusqu'au sommet tout au long des dix-huit livres de la *Théologie platonicienne*.

Plus bas dans l'échelle, Ficin classe donc les cyniques parmi ceux qui n'ont pas su s'élever au-delà du deuxième échelon de la réalité, et sont donc restés incapables de percevoir des formes au-delà des corps vivants. Pour eux par conséquent des objets immatériels comme les Idées ne sauraient avoir de réalité. Ficin affirme cette opinion dans un passage de son commentaire sur le *Philèbe* de Platon, en l'illustrant d'une anecdote antique : « À Diogène le Cynique qui se refusait à voir les Idées de Platon, ce dernier répondit qu'il lui manquait sans doute l'intelligence grâce à laquelle les Idées sont discernées[3]. » Il s'agit là d'une paraphrase du doxographe Laërce, qui avait rapporté l'échange dans ses *Vies*[4]. Cet épisode doit être interprété dans le contexte du débat philosophique qui avait fait rage à Athènes entre les héritiers de Socrate. Car, dans le même temps que Platon mettait en scène dans ses dialogues son maître Socrate discourant sur les Idées, les cyniques, tout en se réclamant eux aussi de Socrate, se moquaient de Platon et de ses fumeuses Idées, que personne n'arrivait à voir, et à l'existence desquelles il semblait par conséquent difficile de croire[5]. Pour Ficin, donc, les cyniques sont le type même des philosophes aveugles aux Idées, incapables pour cette raison d'élever leur âme vers les réalités divines.

3 M. Ficin, *Commentaria in Philebum platonis de summo bono*, XVII (éd. M. J. B. Allen, Tempe, Arizona Center for Medieval and Renaissance Studies, p. 177) : « *Huiusque ideas videre se negavit Diogenes Cynicus, cui respondit Plato, carere eum videlicet mente qua ideæ cernuntur.* » La même anecdote est rapportée dans sa *Vie de Platon*. *Cf. idem*, *Opera omnia* [désormais *Opera*], Bâle, Henricpetri, 1576 (réimpression Paris, Phénix, 2000, p. 768) : « *Diogeni Cynico dicenti, quod humana quidem ista videret, ideas vero nequaquam. Quid mirum, inquit, oculos enim quibus ista videntur habes, et uteris, mente vero non uteris, qua sola illa cernuntur.* »

4 Diogène Laërce, *Vies et doctrines des philosophes illustres*, VI, 53 (éd. et trad. Marie-Odile Goulet-Cazé, Paris, Le Livre de Poche, 1999, p. 727).

5 Voir R. Bracht Branham, *Defacing the Currency : Diogenes' Rethoric and the* Invention *of Cynicism*, dans *idem* et M.-O. Goulet-Cazé (édit.), *The Cynics. The Cynic Movement in Antiquity and Its Legacy*, Berkeley, University of California Press, 1996, p. 81-104, ici 88-89.

Dans le présent article nous examinerons de quelle manière Ficin compose, à partir d'un large éventail de sources antiques, sa propre mise en scène du thème de la vision des Idées, en nous focalisant sur le rôle particulier qu'il attribue dans ce schéma à Diogène de Sinope. De là nous montrerons que si le Florentin semble concentrer sa critique sur le cynique par excellence, c'est en fait, à travers ce personnage emblématique, un courant de pensée bien plus influent en son temps qu'il stigmatise.

TROIS YEUX

Le passage du commentaire sur le *Philèbe* dans lequel Ficin rapporte l'altercation entre Diogène et Platon est justement consacré aux Idées. Ficin argumente d'abord à l'appui de leur réalité. Elles sont pour lui les règles selon lesquelles sont discernées la vérité et la fausseté des objets sensibles. Elles sont donc plus vraies et existent davantage que ces derniers. Ficin illustre ces considérations par une image : « Parmi les plus avisés des grecs est né le proverbe selon lequel Platon aurait eu trois yeux. Avec l'un il contemplait les choses humaines ; avec l'autre les choses naturelles ; avec le troisième, les choses divines ; ce dernier était dans le front alors que les autres étaient au-dessous du front[6]. » Dans une étude de 1982, Michæl J. B. Allen a identifié deux sources antiques susceptibles d'avoir inspiré cet étrange motif[7]. La première, un passage du *Contre Celse* d'Origène, était certainement connue de Ficin. L'image y est évoquée en une courte phrase : « Encore un trait de ce merveilleux, ce troisième œil que Platon se flattait de posséder[8]. » Le second texte est une œuvre anonyme, les *Prolégomènes à la philosophie de Platon*, un recueil de notes de cours alexandrin du VIe siècle. Ici encore la mention du troisième œil est lapidaire :

6 M. Ficin, *Commentaria in Philebum*, *op. cit.*, XVII (Allen, p. 177) : « *Inter prudentissimos Græcorum natum est proverbium Platonem habuisse tres oculos : unum quo humana, alium quo naturalia, alium quo divina suspiceret qui in fronte esset cum alii sub fronte.* »

7 Michæl J. B. Allen, « Marsilio Ficino on Plato's Pythagorean Eye », *Modern Language Notes*, 97 (1982), p. 171-182, ici 171-172, repris dans *Plato's Third Eye : Studies in Marsilio Ficino's Metaphysics and its Sources*, Aldershot, Variorum, 1995.

8 Origène, *Contre Celse*, VI, 8, (édit. et trad. Marcel Borret, Paris, Éditions du Cerf, 1969, III, p. 197).

« On raconte que Platon, après avoir découvert les Idées, s'est vu lui-même pourvu d'un troisième œil[9]. » Il est intéressant de souligner ici la relation que la phrase établit entre la découverte des Idées et l'apparition du troisième œil. Néanmoins, il apparaît que c'est uniquement sous la plume de Ficin que l'image prend la forme d'un proverbe emblématique. S'il reste possible que l'archétype ait échappé aux investigations, il est plus vraisemblable que, selon une pratique dont il est coutumier, le Florentin a composé son récit en agrégeant des éléments provenant de sources diverses. Ainsi, nous retrouvons la proposition selon laquelle un organe supérieur de la contemplation est placé au-dessus des yeux chez Apulée, Alcinoos et Philon d'Alexandrie[10]. La correspondance des trois yeux avec les trois mondes, physique, humain et divin, figure chez les théologiens chrétiens du Moyen Âge Hugues de Saint-Victor et Jean Gerson[11]. Quant au thème principal de l'anecdote, l'« œil de l'âme », il apparaît au septième livre de la *République*, où Platon décrit cet instrument de la connaissance véritable, par lequel se voient non les corps physiques, mais les Idées[12]. Repris par les commentateurs platoniciens et par les Pères de l'Église grecs, pour, ensuite, nourrir un large courant de la pensée chrétienne, ce motif était, au temps de Ficin, devenu un lieu commun. Cet œil qu'il redécouvre en traduisant Platon, Ficin reconnaît en lui le modèle et l'origine de toute une tradition du platonisme chrétien. De fait il l'aura sans doute identifié chez Origène et le pseudo-Denys l'Aréopagite[13]. Mais c'est ici principalement

---

9 Anonyme, *Prolégomènes à la philosophie de Platon*, 5.51-5.52 (éd. Leendert Gerrit Westerink, trad. Jean Trouillard, avec la collaboration d'Alain-Philippe Segonds, Paris, Les Belles Lettres, 1990/2003, p. 9 et n. 70 p. 55-56).

10 *Cf.* Apulée, *Platon et sa doctrine*, I, XIII, 207-209 (édit. et trad. Jean Beaujeu, *Opuscules philosophiques et fragments*, Paris, Les Belles Lettres, 1973, p. 73) ; Alcinoos, *Enseignement des doctrines des Platon*, XVII (édit. John Whittaker, trad. Pierre Louis, Paris, Les Belles Lettres, 1990/2002, p. 39) ; *Ibid.*, XXIII, p. 45 ; Philon d'Alexandrie, *De Somniis*, I, 31-32 (trad. Pierre Savinel, Paris, Éditions du Cerf, 1962, p. 37).

11 Hugues de Saint-Victor, *Commentariorum in hierarchiam cœlestem*, dans *Patrologia Latina*, CLXXV, Paris, Migne, 1854, 976A ; *idem*, *De sacramentis christianæ fidei*, dans *Patrologia Latina*, CLXXVI, *op. cit.*, 329C-D ; Jean Gerson, *Sur la théologie mystique*, V, 26 (édit. et trad. Marc Vial, Paris, Vrin, 2008, p. 138-140) ; *idem*, *Tractatus de oculo* (édit. Polémon Glorieux, *Œuvres Complètes*, Paris, Desclée, 1960-1973, VIII, p. 149-154).

12 *République* VII, 527C-D et 533C-D. Avant Platon, Empédocle avait déjà opposé le regard de l'intellect à l'éblouissement des yeux, fr. BXVII, 20-21 (édit. Jean Bollack, *Empédocle II*, Paris, Gallimard, 1992, p. 19).

13 Origène, *Contre Celse*, *op. cit.*, VII, 44, (M. Borret, IV, p. 119) ; pseudo-Denys, *La hiérarchie céleste*, 121A-B (édit. Gunther Heil, trad. Maurice de Gandillac, Paris, Éditions du Cerf, 1970, p. 71).

sur l'autorité de saint Augustin qu'il appuie son argumentation. Il cite ainsi, dans son commentaire au *Philèbe*, un écrit du docteur de l'Église, dans lequel l'existence des Idées est affirmée avec force[14]. Elles y sont vues comme les raisons de chaque chose créée ou à créer, contenues dans l'intelligence divine, éternelles, permanentes et immuables. L'âme raisonnable, du moment qu'elle est pure, et illuminée par la lumière intelligible venue de Dieu, a la capacité de voir ces Idées, non par les yeux du corps, mais par son intelligence, qui est comme sa face et son œil intérieur et intelligible. Et Ficin de conclure : « C'est pourquoi, Augustin est, parmi les chrétiens, un témoin des plus dignes de foi[15]. »

TROIS LUMIÈRES

Cet œil de l'âme, Platon affirme que chaque homme en a été doté à l'origine. Comment se fait-il donc que certains ont su s'en servir, alors que d'autres, comme les cyniques, n'en ont pas trouvé l'usage ? C'est que cet organe ne se suffit pas à lui-même. Il faut qu'il soit disposé à recevoir la lumière susceptible de l'éclairer. Platon explique que, faute d'avoir été purifié, l'œil de l'âme, « enfoui dans je ne sais quel barbare bourbier », restait aveugle[16]. Quelle est au juste la nature de ce « barbare bourbier » dont l'œil doit s'extraire ? Ficin livre son interprétation dans la *Théologie platonicienne* : l'intelligence humaine peut occasionnellement saisir la lumière de Dieu déterminée dans les Idées des choses créées, si elle se trouve, comme les Idées elles-mêmes, affranchie de l'influence du corps, c'est-à-dire en quelque sorte suffisamment incorporelle pour accéder à ces incorporels. Si en revanche cette intelligence est attachée à un corps physique, le passage de la lumière est arrêté par une sorte de « cataracte » qui l'empêche de voir les Idées[17]. L'opacité du corps physique obscurcit donc l'œil de l'âme, comme la cataracte voile les yeux du corps. Tant qu'il restera embourbé, l'œil ne sera d'aucune utilité

14 Augustin, *Quatre-vingt-trois questions*, XLVI (édit. Gustave Bardy, *Œuvres de saint Augustin*, Paris, Desclée de Brouwer, 1952, X, p. 122).

15 Ficin, *Commentaria in Philebum*, *op. cit.*, XVII (Allen, p. 183).

16 *République* VII, 533D et 527C-D.

17 *Tp*, XVIII, 8, 1 (Marcel, III, p. 202-203).

pour accéder à la connaissance des réalités supérieures. Mais le délivrer du bourbier corporel est un processus exigeant.

Dans son commentaire au septième livre de la *République*, Ficin explique comment la philosophie permet à l'intelligence humaine de se hausser par étapes successives jusqu'au Bien divin :

> [...] pour ce qui est de l'intelligence, la philosophie procure deux choses seulement, à savoir en la purifiant des passions comme des fausses opinions et en la convertissant, par des raisonnements et exhortations, depuis les formes physiques vers les formes intellectuelles qui se trouvent en nous ; et par l'intermédiaire de celles-ci, vers les formes intelligibles, c'est-à-dire les Idées ; de nouveau par les Idées vers l'Intelligence divine, en laquelle sont contenues les Idées ; et finalement par celle-ci vers le Bien divin, principe et lumière des Idées[18].

Nous reconnaissons là sans peine les cinq échelons de l'échelle des réalités de Ficin. C'est la pratique des disciplines philosophiques qui permet le franchissement de ces paliers successifs : la morale d'abord, puis la physique, les mathématiques, et enfin la métaphysique[19]. Mais ce n'est pas, comme nous pourrions le croire, par l'accumulation de savoirs que ces sciences élèvent. Ficin compare en effet l'œil de l'âme à l'œil corporel, « qui n'a besoin de rien d'autre pour remplir sa fonction que d'être nettoyé et dirigé[20] ». La philosophie joue selon lui le même rôle pour l'intelligence. Sa vocation essentielle n'est pas d'engranger des connaissances, mais de purifier l'intelligence avant de la tourner vers son seul objectif, Dieu. Le processus vise à libérer progressivement l'âme des croyances, illusions et craintes qui empêchent la lumière divine de l'éclairer, d'une part, et, d'autre part, à la diriger convenablement vers le Bien suprême.

Nous pouvons à présent comprendre pour quelle raison les cyniques ne parviennent pas jusqu'au troisième niveau de l'échelle des réalités.

---

18 M. Ficin, *Divus Plato*, Venise, Bernardino de Cori et Simone da Lovere, 1491, f. 220*v* = *Opera*, p. 1411 : « [...] *circa intellectum duo duntaxat præstat philosophia, purgando scilicet ipsum, tum a perturbationibus tum a falsis opinionibus atque convertendo per rationes exhortationesque a sensibilibus formis ad intellectuales nobis insitas formas : perque has ad formas intelligibiles id est ideas. Rursus per ideas ad divinam mentem, qua comprehenduntur ideæ : ab hac denique ad divinum bonum, idearum principium atque lumen.* »

19 Voir aussi *Tp*, XIV, 10 (Marcel, II, p. 285).

20 M. Ficin, *Divus Plato*, *op. cit.*, f. 220*v* = *Opera*, p. 1411 : « *Nihil opus est ab arte fieri, nisi purgare ipsum, atque convertere.* »

Leur enseignement moral, qui prône le mépris des plaisirs physiques et des richesses terrestres, les qualifie sans doute pour passer du premier au deuxième barreau, en s'affranchissant des liens du corps[21]. Mais un point essentiel de leur doctrine les empêche de monter plus haut. Pour les cyniques, en effet, le seul bien de l'homme est la vertu[22]. Elle tient lieu de connaissance ultime et se passe de toute science[23]. En négligeant la pratique des disciplines scientifiques, les cyniques renoncent de fait à purifier leur œil de l'âme, et restent aveugles à la seule lumière susceptible d'éclairer les Idées. Le commentaire de Ficin au septième livre de la *République* se poursuit par une remarque qui semble être une allusion subtile à cette infirmité. Nous y trouvons en effet cette étrange remarque : « Donc, quand [Platon] dit que l'âme monte de la lanterne à la lune, [puis] de la lune au soleil, il veut dire que celle-ci s'élève des formes naturelles vers les [formes] mathématiques, et de celles-ci enfin vers les [formes] divines [...][24]. » Quelle est la raison d'être de cette lanterne dans le commentaire au livre VII de la *République* ? En réalité, Platon n'évoque pas un tel objet dans ce dialogue. Il y est bien question d'un feu dans la caverne, mais le substantif grec utilisé, *πῦρ*, désigne en général une flamme vive, pas une lanterne. D'ailleurs, Ficin, dans sa propre traduction du livre VII de la *République*, emploie à bon escient le terme latin *ignis*, signifiant feu[25]. Pour quelle raison remplace-t-il donc ce mot par *lucerna* (la lanterne) dans son commentaire à ce même dialogue ? Il se trouve que ce dernier terme est celui qu'avait choisi le Florentin

---

21 Plusieurs écrits de Ficin témoignent de ce qu'il connaissait l'ascèse morale des cyniques : *Tp*, XIII, 1 (Marcel, II, p. 200) ; *Opera*, p. 655 et 793 ; *Epistolarum Familiarum*, I, 101 (édit. Sebastiano Gentile, Florence, Olschki, 1990, p. 178).

22 Voir É. de Strycker, *Précis d'histoire de la philosophie ancienne*, *op. cit.*, p. 77-78. Voir aussi l'introduction de M.-O. Goulet-Cazé au livre VI de Diogène Laërce, *Vies et doctrines*, *op. cit.* (Goulet-Cazé, p. 671-674).

23 Voir par exemple, chez Diogène Laërce, à propos d'Antisthène, *ibidem*, VI, 10-11, p. 688-690 ; de Diogène de Sinope, *ibid.*, VI, 73, p. 140 ; des cyniques en général, *ibid.*, VI, 103-104, p. 766-767. Lire aussi à ce sujet R. Bracht Branham et M.-O. Goulet-Cazé (édit.), *The Cynics*, *op. cit.*, p. 23 et Isabelle Gugliermina, *Diogène Laërce et le Cynisme*, *op. cit.*, p. 44-45.

24 M. Ficin, *Divus Plato*, *op. cit.*, f. 220*v* = *Opera*, p. 1411 : « *Cum ergo dicit animam, a lucerna ad lunam, a luna ad solem attolli significat a formis naturalibus ad mathematicas, ab his ad divinas denique elevari* [...]. » Ficin semble jouer avec le feu dans la caverne, un feu qu'il voit tantôt comme une lanterne (*lucerna*), tantôt comme une torche (*lampas*). *Cf.* C. Poncet, « Un diavolo nella caverna di Platone », *Bruniana & Campanelliana*, 16 (2010/1), p. 89-106.

25 *Cf.* M. Ficin, *Divus Plato*, *op. cit.*, f. 221*r* : « *Post tergum autem supernæ ac procul ignis lumen suspensum sit.* »

Ambrogio Traversari, premier traducteur, en 1433, des *Vies* de Laërce, pour rendre le mot grec *λύχνος* (lequel signifie bien lanterne) dans la fameuse anecdote de Diogène cherchant un homme : « Allumant une lanterne en plein jour, il disait : “Je cherche un Homme”[26] ».

Les savants ont avancé deux types d'interprétations à cette courte phrase. Selon la plus courante, Diogène veut montrer qu'il ne voit pas, dans la cité, d'hommes qui méritent le nom d'hommes : il s'agirait pour lui de dénoncer la faiblesse morale de ses concitoyens. L'autre lecture s'inscrit dans le contexte de la controverse entre cyniques et platoniciens sur les Idées : ce ne serait pas un homme que cherche Diogène à la lueur de sa lanterne, mais l'Idée d'Homme[27]. Cette seconde hypothèse aurait le mérite de fournir une explication au fait que Diogène cherche son homme en plein jour et à la lueur d'une lanterne. En effet, depuis l'Antiquité, il a été remarqué que la doctrine platonicienne sur l'intelligible (et par conséquent les Idées) avait été influencée non seulement par la pensée de Socrate mais aussi par celle de Pythagore[28]. Or parmi les sentences symboliques attribuées à Pythagore, l'une des plus fameuses évoque irrésistiblement l'anecdote de Diogène : « Ne te regarde pas à côté d'une lanterne (*λύχνος*)[29]. » Le platonicien du troisième siècle Jamblique, qui rapporte ce « symbole », nous en propose une interprétation :

> « Ne te regarde pas à côté d'une lanterne » est ce conseil bien pythagoricien : pour philosopher, ne cours pas après les imaginations sensibles, qui font aux concepts une certaine lumière, celle d'une lanterne, en vérité ni naturelle ni réelle ; va plutôt aux représentations scientifiques de l'intellect, qui communiquent à l'œil de l'âme une clarté éclatante et infaillible[30].

Ce sont donc trois lumières qui sont distinguées ici. Car la lumière de la lanterne n'est ni naturelle comme celle du soleil, ni réelle comme celle de l'intellect. Elle symbolise la lumière humaine de l'imagination,

---

26 Laërce, *Vies et doctrines*, *op. cit.*, VI, 41 (Goulet-Cazé, p. 718) = trad. Ambrogio Traversari, Bâle, Curio, 1522, p. 195 : « *Lucernam interdiu accendens, hominem aiebat quæro.* »

27 En ce sens, J.-P. Dumont, « Des paradoxes à la philodoxie », *L'Âne*, 37 (1989), p. 44-45. Voir aussi la note de M.-O. Goulet-Cazé à Laërce, *Vies et doctrines*, *op. cit.*, VI, 41 (Goulet-Cazé, p. 718, note 8).

28 *Cf.* Aristote, *Métaphysique*, I, VI, 987A-B ; Laërce, *Vies et doctrines*, *op. cit.*, III, 8 (édit. M.-O. Goulet-Cazé, trad. Luc Brisson, p. 398).

29 *Cf.* Jamblique, *Protreptique*, 21 (édit. et trad. Édouard des Places, Paris, Les Belles Lettres, 1989/2003, p. 134).

30 *Ibid.*, p. 146. La traduction est celle d'Édouard des Places, légèrement modifiée.

qui ne projette que des simulacres. En utilisant en plein jour une lanterne pour rechercher l'Homme, le Diogène de l'anecdote aura probablement voulu montrer que l'Idée d'Homme proposée par Platon ne pouvait se voir comme un objet physique, à la lumière naturelle, mais uniquement à la lueur de la lanterne de l'imagination, telle une élucubration de Platon. Diogène exprime ainsi par son comportement même son refus de la réalité de cette Idée[31]. Qu'il fasse en cela référence à un symbole de Pythagore peut s'expliquer par une volonté de sa part de mettre en évidence l'influence pythagoricienne reçue par Platon, en laquelle un cynique ne peut voir qu'un abâtardissement de l'enseignement de Socrate. Ficin connaissait les symboles de Pythagore puisqu'il avait traduit la liste qu'en avait dressée Jamblique[32]. Dans sa traduction, la lanterne pythagoricienne, *λύχνος*, est traduite par le mot *lucerna*. Bien mieux, il nous a livré dans une de ses lettres une explication du symbole qui concorde avec celle de Jamblique et introduit en outre la comparaison de la lumière de la lanterne avec celle du soleil :

> Pythagore a recommandé à ses disciples de ne pas se regarder dans un miroir à la lumière d'une lanterne, mais à celle du soleil. Or qu'est-ce que la flamme de la lanterne, sinon l'âme encore peu instruite ? Qu'est-ce que la lumière du soleil, sinon toute intelligence très instruite ? Donc, quand quelqu'un désire regarder la figure de son âme, il ne se compare pas avec des ignorants, mais avec des très savants, car ainsi il discernera plus clairement ce qui a été gagné et ce qui reste [à acquérir][33].

Ainsi, Ficin compare les deux lumières à deux états de l'âme. La lumière du soleil correspond à l'âme élevée au degré de l'intelligence par son instruction, et qui a par conséquent la capacité de se comparer elle-même aux modèles idéaux. La flamme de la lanterne figure l'âme restée au stade inférieur, laquelle, faute d'accéder à la vision de ces exemples, doit se contenter d'une opinion sur elle-même. Le thème de la vision des Idées rejoint ici la fameuse injonction delphique « Connais-toi

31 Dans le même sens, voir aussi Laërce, *Vies et doctrines*, *op. cit.*, VI, 40 (Goulet-Cazé,.p. 718).

32 M. Ficin, *Symbola Pythagoræ philosophi*, Venise, Alde, 1497, sig. xiiii*v* ; réimpression Enghien-les-Bains, Miraval, 2006.

33 M. Ficin, *Epistolarum*, *op. cit.*, I, 21 (Gentile, p. 47) : « *Mandavit discipulis suis Pythagoras ut se in speculo non ad lucerne sed ad solis lumen specularentur. Quid est autem scintilla lucerne nisi parum adhuc eruditus animus ? Quid solis lumen ? nisi mens quæque eruditissima ? Cum ergo quis animi sui figuram appetit speculari non cum indoctis se ipsum, immo cum doctissimis conferat : sic enim clarius discernet quantum lucratus fuerit quantumve supersit.* »

toi-même », comprise comme une exhortation à se conformer à l'Idée d'Homme.

Le motif de la lanterne est encore utilisé par Ficin dans une courte fable qu'il utilise pour illustrer, dans un passage de la *Théologie platonicienne*, le mécanisme selon lequel la contemplation des intelligibles peut produire des effets dans le monde sensible[34]. Il met en scène le philosophe Euclide faisant de nuit le chemin de Mégare à Athènes pour rejoindre son maître Socrate, en s'éclairant d'une lanterne. Le parallélisme avec l'anecdote de Diogène cherchant un homme est presque parfait. Dans les deux cas c'est l'histoire 1) d'un philosophe ; 2) porteur d'une lanterne ; 3) qui va à la rencontre d'un homme. Les différences elles-mêmes, par leur opposition, semblent se répondre : Diogène cherche sous le soleil, Euclide, c'est de nuit ; le premier est cynique, l'autre mégarique, c'est-à-dire tous les deux disciples de Socrate, mais de tendances divergentes. Ficin a très probablement composé cette histoire par assemblage de deux anecdotes antiques portant l'une et l'autre sur des personnages associés tant à la cité de Mégare qu'à la doctrine des mégariques. La première, rapportée par Aulu-Gelle, raconte qu'Euclide faisait à pied et nuitamment le chemin de Mégare à Athènes pour écouter Socrate[35]. La seconde est tirée de Laërce, qui dans ses *Vies*, cite ce propos du stoïcien Chrysippe : « Si quelqu'un est à Mégare, il n'est pas à Athènes ; or il y a un homme à Mégare ; donc il n'y a pas un homme à Athènes[36]. » Cette seconde anecdote doit être comprise comme une critique de la théorie platonicienne des Idées. En montrant la diversité des situations et caractéristiques humaines elle vise à faire voir l'impossibilité de relier la multiplicité des hommes à une même Idée d'homme. Il s'agit là d'un trait caractéristique de la doctrine des mégariques : pour eux les réalités supérieures immatérielles et éternelles sont sans commune mesure avec le monde sensible[37]. La fable de Ficin, en reformulant la proposition de Chrysippe, a pour but de mettre en évidence qu'au contraire le simple fait d'aller de Mégare à Athènes implique de traduire l'objectif « idéal » visé en une succession d'actes concrets dans le monde, et que ces actes

34 *Tp*, IV, 2 (Marcel, I, p. 169-170).

35 Aulu-Gelle, *Les Nuits attiques*, VII, 10 (édit. et trad. René Marache, Paris, les Belles Lettres, 2002, II, p. 96-97).

36 Laërce, *Vies et doctrines*, VII, 186, *op. cit.* (Goulet-Cazé, p. 905).

37 Robert Muller, *Introduction à la pensée des mégariques*, Paris, Vrin, 1988, p. 100-110.

doivent être pensés en fonction du but poursuivi. Accessoire important de l'exemple de Ficin, la lanterne que tient Euclide pour s'éclairer en chemin n'apparaît ni dans le récit de Laërce sur Euclide, ni dans l'anecdote de Chrysippe citée par Aulu-Gelle. C'est donc Ficin qui la glisse lui-même dans la main du mégarique, probablement dans le but d'accentuer sa ressemblance avec le Diogène chercheur d'homme. Le contraste jour-nuit entre les deux histoires doit sans doute être interprété comme une allusion aux raisons opposées pour lesquelles cyniques et mégariques entendent réfuter l'idéalisme platonicien. Pour les premiers, c'est parce que les Idées de Platon ne sont pas suffisamment matérielles, et ne peuvent donc être vues à la lumière du soleil. Les seconds quant à eux n'ont pas besoin de lumière visible pour les distinguer, puisque pour eux le seul réel, sans corrélation avec le sensible, échappe à toute observation physique. Quant à la lumière de la lanterne, Ficin nous nous livre ici à nouveau très clairement la signification qu'il lui confère : elle est la lumière de la partie inférieure de l'âme qui, en montrant une semence particulière, c'est-à-dire un acte en puissance parmi tous les possibles, permet à l'imagination de se le représenter, de le désirer, avant éventuellement de le former puis de l'engendrer dans le monde. Ainsi l'Euclide de Ficin, ayant conçu le projet d'aller de Mégare à Athènes, utilise-t-il la lanterne pour voir chacun des pas qu'il devra effectuer avant d'atteindre son objectif[38]. La lumière de la lanterne, ici à nouveau, ne fait voir ni les choses naturelles, ni les choses intellectuelles, mais les représentations de l'imagination humaine. Cette dernière apparaît ainsi comme un instrument clef en vue d'établir les liens entre les intelligibles et le monde sensible.

Reprenons à présent le commentaire de Ficin au livre VII de la *République*. L'emploi par Ficin du terme « lanterne » pour désigner le feu dans la caverne, constitue probablement une allusion discrète au thème de la vision des Idées. Nous savons que pour Ficin, comme pour Platon, la caverne est l'image du monde dans lequel nous vivons, qui n'est lui-même qu'une image déformée du monde supérieur des intelligibles. Le feu intérieur, simulacre du soleil supérieur, ne projette dans la caverne que l'ombre illusoire de ces réalités que sont les Idées. De même, la lanterne est incapable, sous l'astre du jour, d'éclairer cet Homme idéal que feint

38 *Tp*, IV, 2 (Marcel, I, p. 170).

de chercher Diogène. Pour voir cette Idée immatérielle, il faudrait une autre lumière que celle du soleil physique : celle, immatérielle également, du soleil de l'intellect. Ficin évoque cette source lumineuse dans son commentaire, immédiatement après la phrase dans laquelle il fait référence à la lanterne : « Comme le soleil, qui est la lumière du visible, montre à l'œil les choses visibles, de même, le Bien-en-soi, qui est la lumière de l'intelligible, dévoile à l'intellect les choses à comprendre[39]. » Diogène, faute d'avoir entretenu l'œil de l'intelligence, ne pouvait pas percevoir cette lumière. Dans l'esprit de Ficin, il en allait de même pour les prisonniers de la caverne.

TROIS PERSPECTIVES

En fait le défaut d'entretien de l'œil de l'âme n'est pas la seule raison de l'aveuglement des cyniques. Car si la pureté de cet organe est indispensable à la bonne réception de la lumière de l'intellect, il faut aussi qu'il soit orienté dans sa direction. Ainsi, dans le livre quinze de la *Théologie Platonicienne*, Ficin interpelle le philosophe : « De grâce, philosophe, lève les yeux vers le ciel. Tu cherches sur la terre ou sur la mer une âme céleste ! Regarde la lumière du soleil[40]. » Cette exhortation semble répondre à Diogène recherchant l'Homme à la lueur de sa pauvre lanterne. Elle s'adresse, en même temps qu'à lui, à tous les philosophes restés bloqués au deuxième barreau de l'échelle des réalités. Car la lumière divine, qui seule permet de contempler les Idées, est une grâce divine. Mais si elle s'offre à chacun, il est toutefois indispensable, pour en bénéficier, de l'accueillir, et pour cela de s'orienter dans sa direction. Voir les Idées suppose donc : 1) d'avoir l'œil de l'âme purifié pour que sa transparence laisse passer la lumière de l'intellect ; 2) de se tourner vers la source de cette lumière, Dieu. Or, depuis Diogène, les cyniques estiment que les choses divines ne sont pas accessibles à l'homme et

39 Ficin, *Divus Plato*, *op. cit.*, f. 220*v* = *Opera*, p. 1411 : « *Sicut sol qui est visibilium lumen, monstrat oculo visibilia, ita ipsum bonum quod intelligibilium lumen est intelligenda intellectui patefacit.* »

40 *Tp*, XV, 5 (Marcel, III, p. 34) : « *Tolle, quæso, oculos in cælum, philosophe. Cælestem quæris animam in terram vel mari. Suspice solis lumen.* »

qu'il est vain de chercher à les contempler[41]. Il est donc certain que, pour cette raison également, ils ne pouvaient se hisser, selon Ficin, au-delà du deuxième degré de l'échelle des réalités. Pour les stoïciens, perchés eux aussi sur le deuxième échelon de l'échelle ficinienne, dieu est un principe éternel et immanent, et se confond avec l'univers[42]. Les stoïciens n'ont par conséquent, eux non plus, aucune raison particulière de se tourner vers le ciel, et ne risquent pas d'y voir les Idées.

Mais pourquoi Ficin parle-t-il ici de la terre et de la mer ? Une autre anecdote antique fameuse nous indique la voie vers la solution de cette énigme. Elle concerne le philosophe, astronome et mathématicien Thalès. Laërce la rapporte en ces termes : « On dit que conduit hors de la maison par une vieille femme pour observer les astres, il tomba dans un trou et que la vieille lui dit, en l'entendant se lamenter : "Eh bien, Thalès, tu n'es pas capable de voir où tu mets les pieds et tu prétends connaître les choses du ciel !"[43] » Laërce nous apprend par ailleurs que Diogène le Cynique lui-même avait fait allusion à cette histoire : « Et il s'étonnait aussi de voir [...] les mathématiciens fixer leurs regards sur le soleil et la lune, mais ne pas remarquer ce qui se passe à leurs pieds[44]. » Ainsi le Cynique semble considérer qu'il aurait mieux valu pour l'astronome qu'il s'intéresse aux choses terrestres plutôt que de se perdre dans l'observation d'objets célestes inaccessibles. Platon s'était, lui aussi, amusé de la mésaventure de Thalès, dans son dialogue sur la science, le *Théétète*. La vieille femme est remplacée par une jolie servante thrace, et le trou par un puits, mais l'histoire est la même[45]. Pourtant Platon poursuit en offrant de l'anecdote une toute autre interprétation que Diogène : il compare l'astronome au philosophe qui néglige ses proches pour mieux se consacrer à la recherche de ce qu'est la nature de l'Homme en soi, et de ce par quoi il se distingue d'autres créatures. Platon vise donc par là l'Idée d'Homme, et c'est partout, aussi bien sur

41 M.-O. Goulet-Cazé, *Religion and the early Cynics*, dans R. Bracht Branham et M.-O. Goulet-Cazé (édit.), *The Cynics*, *op. cit.*, p. 47-80, ici 79-80.

42 *Cf.* É. de Strycker, *Précis d'histoire de la philosophie ancienne*, *op. cit.*, p. 166.

43 Laërce, *Vies et doctrines*, *op. cit.*, I, 34 (édit. M.-O. Goulet-Cazé, trad. Richard Goulet, p. 88).

44 *Ibidem*, VI, 27-28 (Goulet-Cazé, p. 709).

45 *Théétète*, 174A. Les avatars de l'anecdote ont été étudiés par Hans Blumenberg, *Das Lachen der Thrakerin. Eine Urgeschichte der Theorie*, Francfort, Suhrkamp, 1987 (trad. L. Cassagnau, *Le rire de la servante Thrace*, Paris, L'Arche, 2000).

la terre qu'au-dessus de la voûte des cieux, que le philosophe la cherche par la pensée[46]. À partir de la même anecdote, Diogène et Platon tirent donc des conclusions opposées : le premier exhorte le philosophe à regarder les choses plus terre-à-terre ; le second l'enjoint à contempler les choses non dans leur matérialité tangible, mais en tant qu'Idées, au-delà du monde sensible.

La chute de Thalès retentit d'un écho supplémentaire dans le septième livre de la *République* de Platon. Socrate et Glaucon se sont attelés ensemble à la tâche de classer par ordre d'importance les objets d'étude utiles aux philosophes. Pour la quatrième place, Socrate propose l'astronomie. Glaucon l'approuve gauchement en faisant valoir que la contemplation des astres permettrait d'inférer la connaissance des réalités divines, car, dit-il, « l'astronomie oblige, en vérité, notre âme à regarder vers le haut et [...] la mène des choses d'ici à celles de là-bas[47] ». Socrate se moque de cette réponse. Car Glaucon confond selon lui le sens concret et le sens métaphorique du couple haut/bas. Pour Platon, ce n'est pas physiquement qu'il faut entendre les choses d'en haut et celles d'en bas. Le fait de lever les yeux vers le ciel, si c'est pour y observer des corps physiques comme les planètes, revient à les abaisser vers des choses matérielles. Inversement, pour contempler les choses immatérielles, il vaut mieux faire appel à l'intelligence que s'imaginer s'en rapprocher en grimpant les observer depuis le toit. Et il conclut par une saillie d'une ironie parfaitement socratique :

> Quant à moi, [...] je suis incapable d'admettre qu'il y ait d'autre étude faisant regarder l'âme en haut, sinon celle qui se rapporte au réel qu'est l'invisible ; et, si quelqu'un entreprend de s'instruire de quelque objet parmi les choses sensibles, que ce soit en haut et qu'il ait la bouche grande ouverte, que ce soit en bas et qu'il la tienne bien fermée, je me refuse, et à dire qu'il se soit instruit de la sorte, car d'aucune des choses de ce genre il n'existe de science, et à dire que c'est en haut, non pas plutôt en bas, que regarde son âme, sans qu'il importe de savoir s'il s'instruit sur terre ou bien si c'est sur mer en faisant la planche[48] !

46 *Théétète*, 173B-176A.

47 *La République* VII, 528e-529a.

48 *Ibid.*, 529B-C. Il faut noter ici que la mention du regard levé vers le haut la bouche ouverte est peut-être un subtil renvoi de Platon à *Phédon*, 109C-E, où les humains désireux de s'élever vers les réalités supérieures sont comparés à des poissons cherchant à voir au-delà de la surface de l'eau.

Nous comprenons à présent d'où provient, dans l'apostrophe de Ficin au philosophe, la mention de « sur la terre ou sur la mer ». Il s'agit en effet vraisemblablement d'une allusion à la raillerie que Platon lance ici à Glaucon. Au-delà du trait d'humour, en effet, Ficin attribue à ces trois perspectives que sont le ciel, la terre et la mer une signification bien définie. Une indication nous en est fournie par un passage de son épitomé du *Théétète*. Dans ce texte, après avoir rapporté l'opinion de Protagoras selon laquelle la connaissance est la sensation, Ficin ajoute que le sophiste entend par là que toute chose est à chacun telle qu'elle lui apparaît. Il en est ainsi aussi bien de celles qui existent, c'est-à-dire physiquement visibles, que de celles qui n'existent pas, c'est-à-dire les produits de l'imagination. Car toutes apparaissent à ceux qui les considèrent telles que la vision intérieure de leur imagination les leur présente. Ficin donne ensuite une liste de philosophes qui s'accordent également sur ce point. Thalès y figure à la première place, et Ficin ajoute que « quand Thalès dit que l'eau est principe de toute chose, et Homère qu'Océan est le père de toute chose [...], ils montrent que toutes les choses se trouvent prises dans un flux[49] ». De là nous pouvons inférer la signification des trois perspectives. La perspective terrestre vise l'aspect matériel des choses, visibles par les yeux du corps ; la perspective aquatique considère leur caractère fluctuant, visible par l'œil de l'imagination seulement ; la perspective céleste s'attache à leurs principes, les Idées, que seul l'œil de l'âme peut contempler. Nous trouvons la confirmation que telle était bien l'interprétation de Ficin dans son commentaire au septième livre de la *République*. Il se fait l'écho de la critique de Platon qui avait visé Thalès et d'autres philosophes pour leur conception purement naturaliste de la connaissance : « Puis donc que [Platon] critiquait Thalès, Démocrite et Anaxagore pour avoir été aussi négligents des choses divines qu'avisés des choses de la nature [...] il a conclu que l'étude minutieuse des choses naturelles détournait le plus souvent l'âme des choses divines[50]. » Ces choses divines sont les Idées.

---

49 M. Ficin, *Divus Plato*, *op. cit.*, f. 46*r* = *Opera*, p. 1274 : « *Nam cum inquit Thales aquam omnium esse principium et Homerus patrem omnium Oceanum,* [...] *omnia ostendunt in fluxu versari.* » Sur la doctrine de Thalès, *cf.* Laërce, *Vies et doctrines*, *op. cit.*, I, 27 (Goulet-Cazé, p. 83) ; Aristote, *Métaphysique*, I, III, 983B.

50 M. Ficin, *Divus Plato*, *op. cit.*, f. 220*rv* = *Opera*, p. 1411 : « *Cum ergo animadverteret Thaletem, Democritum, Anaxagoram tam negligentes in rebus divinis fuisse quam diligentes in naturalibus,* [...] *merito partim ratione, partim experientia conclusit curiosum naturalium studium animam sæpissime a divinis avertere.* »

Selon Ficin, Thalès ne pouvait pas plus les voir que Diogène. Mais pour le cynique c'était faute d'avoir purifié son intelligence par la pratique des sciences. Pour Thalès la raison est inverse : il se consacre aux sciences, mais selon une perspective naturelle qui ne lui permet pas d'accéder aux réalités divines[51]. Son examen vétilleux de la nature physique le détourne de la considération des plus hauts objets de la connaissance : les Idées.

CONCLUSION

Ce n'est pas des cyniques qu'étaient venues, peu après la mort de Platon, les plus virulentes critiques contre sa théorie des Idées, mais d'Aristote[52]. Les objections du Stagirite allaient donner naissance à une ligne de fracture déterminante dans l'histoire de la pensée : d'un côté les Idées au sens de Platon, de l'autre les catégories aristotéliciennes[53]. Sous le nom d'« universaux », les objets de la dispute deviennent dès le début de l'ère chrétienne et pour de nombreux siècles un enjeu majeur des débats théologiques au sein de l'Église. La fameuse « querelle » qui en résulte oppose, sous diverses formes et modalités, deux conceptions inconciliables : selon les « réalistes », les universaux ont une réalité distincte des objets singuliers qui en participent ; selon les « nominalistes », ils se déduisent des singuliers et n'ont aucune réalité hors d'eux[54]. Pour simplifier à l'extrême, le problème revient à savoir par quel moyen et jusqu'à quel point l'homme peut accéder à la connaissance de la réalité. Aux XIVe et XVe siècles, sous l'influence des commentateurs d'Aristote Alexandre d'Aphrodise et Averroès, le nominalisme dérive inexorablement vers une position doctrinale selon laquelle il n'y a d'accès à la vérité qu'à travers les enseignements de la foi, et non par la raison humaine[55]. Au milieu

51 *Cf.* É. de Strycker, *Précis d'histoire de la philosophie ancienne*, *op. cit.*, p. 16.

52 Sur ce point, Léon Robin, *La théorie platonicienne des Idées et des nombres d'après Aristote*, Paris, Alcan, 1908 (réimpression Hildesheim, Olms, 1998).

53 *Cf.* Alain de Libera, *La querelle des universaux de Platon à la fin du Moyen Âge*, Paris, Seuil, 1996, p. 67-78 et *passim*.

54 *Ibid.*, p. 428-434.

55 Voir les trois études récemment rééditées de Konstanty Michalski, *La lutte autour de l'âme au XIVe et au XVe siècle* (1928) ; *L'influence d'Averroès et d'Alexandre d'Aphrodisias dans*

du quinzième siècle, en Italie comme dans tout le reste de l'Europe, les nominalistes, dits « modernes », semblent avoir pris le dessus sur les réalistes, qualifiés d'« anciens[56] ». Pour ce qui est des Idées, les nominalistes tendent naturellement à leur dénier toute réalité, tandis que les réalistes, qui s'appuient sur une tradition ininterrompue du christianisme, initiée dès Origène et Saint Augustin, considèrent qu'elles sont des réalités indépendantes des objets sensibles produits d'après elles, et qu'elles sont contenues dans l'intellect divin. Mais alors que les nominalistes continuaient d'invoquer l'autorité d'Aristote à travers ses commentateurs successifs, les réalistes pour leur part ne se réclamaient plus de Platon et rejetaient au contraire sa théorie des Idées[57]. La principale critique qu'ils lui adressent est qu'elle postulerait, selon eux, une existence des Idées distincte de l'intelligence divine, ce qu'ils jugent incompatible avec l'unité de Dieu[58]. Pourtant, avant la traduction par Marsile Ficin des œuvres de Platon en latin, la pensée du philosophe d'Athènes n'est connue qu'indirectement et très partiellement. Cela n'empêche pas l'Église de prendre très au sérieux l'erreur « platonicienne ». En 1416, en plein concile de Constance, pour avoir professé un réalisme extrême entaché de platonisme, le théologien Jérôme de Prague est jugé comme hérétique et conduit au bûcher[59].

---

la psychologie du XIVe *siècle* (1929) ; *La lutte pour l'âme à Oxford et à Paris au* XIVe *siècle et sa répercussion à l'époque de la Renaissance* (1931), dans Olaf Pluta (édit.), *Die Philosophie im 14. und 15. Jahrhundert. In memoriam Konstanty Michalski (1879-1947)*, Amsterdam, Grüner, 1988, p. XLIX-LX.

56 Cesare Vasoli, *La tradizione scolastica e le novità filosofiche umanistiche del tardo Trecento e del Quattrocento*, dans *idem* (édit.), *Le filosofie del Rinascimento*, Milano, Mondadori, 2002, p. 113-132, ici 121-122.

57 *Cf.* James Hankins, *Plato in the Italian Renaissance*, Leyde, Brill, 1990/1994, p. 6 et 12-13.

58 Sur la genèse et le développement de la critique antiplatonicienne, Alfonso Maierù, *Universaux et Trinité du* XIIe *au* XIVe *siècle*, dans Jean-Luc Solère et Zénon Kaluza (édit.), *La servante et la consolatrice. La philosophie dans ses rapports avec la théologie au Moyen Âge*, Paris, Vrin, 2002, p. 154-161. Au temps de Marsile Ficin, cette opinion, empruntée à Vincent de Beauvais, est revendiquée par le théologien florentin Antonin Pierozzi dans son *Historiarum*, p. I, t. IIII, c. 1, § 26 (Lyon, Iohannes Clein, 1517, f. XXXVIII*v*) : « *Erravit Plato in his, quia dicebat ideas esse in mente divina eorum que fiunt exemplar eternum. Quod verum est. Sed ipsas ideas putavit aliud esse quam mentem divinam : et hoc est falsum : cum idem realiter sunt.* »

59 *Cf.* Z. Kaluza, *La question de Jérôme de Prague disputée à Heidelberg*, dans A. de Libera, A. Elamrani-Jamal, A. Galonnier (édit.), *Langages et philosophie. Hommage à Jean Jolivet*, Paris, Vrin, 1997, p. 123-152 ; *Idem*, « Le chancelier Gerson et Jérôme de Prague », *Archives d'histoire doctrinale et littéraire du Moyen Âge*, LI (1985), p. 81-115 ; A. de Libera, *La querelle des universaux*, *op. cit.*, p. 440-442.

Dans son interprétation de Platon, et tout particulièrement de la théorie des Idées, Ficin prend pour sa part grand soin d'accorder sa philosophie avec la théologie chrétienne[60]. Les Idées pour lui constituent une voie d'accès privilégiée à la connaissance de Dieu[61]. Un passage de son traité sur la religion chrétienne, publié en 1474, donne la mesure de l'importance qu'il accorde à cette médiation. Intitulé « Christ est Idée et exemple des vertus », ce texte présente le cercle vertueux initié par le Christ en tant qu'Idée des vertus, qui incite les hommes à la contemplation des Idées :

> Que fut le Christ, sinon un livre moral, ou plutôt un livre vivant de philosophie divine, envoyé par le ciel et Idée divine même des vertus manifestée aux yeux humains. Ici donc, tous, ici, dis-je, infléchissons les yeux et l'intelligence. Celui-ci nous montrera la vraie sagesse, lui qui rendit subitement savants des petits hommes auparavant incultes. Et il donne à Dieu et aux hommes [...] la droite justice et ce qui revient à chacun : à Dieu en vérité la vénération paternelle et au-delà de paternelle ; aux hommes la bienveillance et la sollicitude fraternelles. Celui-ci [donne] la magnanimité et la force la plus puissante, [...] la tempérance singulière, [...] la clémence incroyable, [...] l'amour le plus ardent envers tous les hommes [...]. Celui-ci [donne] la règle la plus parfaite de la contemplation et de l'action, lui qui s'est souvent attaché à porter remède aux erreurs et maladies humaines, et encore plus souvent à contempler les choses divines[62].

60 Il réfute ainsi résolument la critique chrétienne traditionnelle de la théorie platonicienne des Idées dans une lettre intitulée « *Idee secundum Platonem in divina mente sunt* ». *Cf.* M. Ficin, *Lettere* I. *Epistolarium Familiarum liber* I (éd. S. Gentile, Florence, Olschki, 1990, p. 82-85). Voir aussi J. Hankins, *Plato in the Italian Renaissance*, *op. cit.*, p. 347-359.

61 Sur la conception ficinienne des Idées en tant que voie d'accès au divin, voir Paul Oskar Kristeller, *Il pensiero filosofico di Marsilio Ficino*, *op. cit.*, p. 254-259.

62 M. Ficin, *De religione christiana*, XXIII, (Strasbourg, Iohannes Kloblouch, 1507, f. fr-*v* = *Opera*, p. 25-26) : « *Christus est idea et exemplar virtutum. Quid aliud Christus fuit, nisi liber quidam moralis : immo divine philosophie vivens : de celo missus et divina ipsa idea virtutum humanis oculis manifesta. Huc igitur omnes, huc, inquam, flectamus oculos atque mentem. Hic veram sapientiam nos docebit, qui rudes olim homunculos subito reddidit sapientes. Hic rectam iusticiam* [...] *atque quod suum est Deo et hominibus tribuit, Deo quidem paternam et plusquam paternam venerationem, hominibus vero fraternam benivolentiam atque curam. Hic magnanimitatem, fortitudinemque præstantissimam,* [...] *temperantiam singularem,* [...] *mansuetudinem incredibilem,* [...] *ardentissimam in omnes homines caritatem* [...]. *Hic et contemplandi et agendi regulam perfectissimam, qui sæpe curandis hominum erroribus atque morbis, sæpissime rebus divinis contemplandis incubuit.* » Le thème du Christ en tant qu'Idée a peut-être été inspiré à Ficin par Jean Gerson. Voir le sermon *In cœna Domini* dans Jean Gerson, *Œuvres complètes*, 208 (édit. Polémon Glorieux, Paris, Desclée, 1963, V, p. 13) : « *Sed sileamus interim de secretis his cœlestibus et perscrutatiorem investigationem hujus divini exitus et regressus ad intra, nos vel ad scholam vel ad celebritatem beatissimæ Trinitatis remittamus. Illic magis dicere est quomodo Filius egreditur a Patre ut imago pulcherrima a pulcherrimo, ut Verbum sententiosissimum, ut ars omnium fœcundissima, ut exemplar distinctissimum, ut idea et forma quædam omnium capacissima et actualissima et potentissima. Sic igitur exivit Christus a Deo æternaliter productive et ad Deum vadit spirativa dilectione.* »

On touche ici du doigt à quel point la vision des Idées constitue un élément crucial dans la pensée de Marsile Ficin. Car ce Christ conçu en tant qu'Idée, à qui sera-t-il donné de le contempler sinon aux hommes capables de voir les Idées ? Or, comme nous l'avons vu, une telle aptitude s'acquiert selon un processus ascensionnel qui suppose la pratique des disciplines philosophiques.

Sur ce dernier point, Ficin était nécessairement en opposition avec les théologiens « modernes », pour lesquels la raison ne pouvait pas conduire à la contemplation des réalités divines. C'est probablement là que l'échelle des philosophes trouve sa raison d'être. Par cette hiérarchie, Ficin montre que toutes les philosophies ne visent pas le même niveau d'ascension. Il fait ainsi valoir de façon spectaculaire la prééminence de Platon sur tous les philosophes de l'Antiquité[63]. Mais le plus frappant quant à cette échelle, c'est que ni Aristote, ni aucun péripatéticien, n'ait été jugé digne d'y occuper la moindre place. Ficin de donne pas d'explication sur ce point. Il laisse néanmoins transparaître la raison cachée de cette absence dans un passage de la *Théologie platonicienne*, dans lequel il s'attache à montrer l'erreur des thèses averroïstes sur l'unicité de l'intelligence. Il entend faire voir que si l'intelligence était vraiment unique, deux individus ne sauraient professer des jugements ou même éprouver des désirs contradictoires. Pour illustrer cette proposition, il oppose de manière quelque peu anachronique Platon et Aristote dans la querelle des universaux, le premier dans le rôle de défenseur de la position réaliste, le second la refusant :

> De même que nous discutons des affirmations contradictoires, de même nous pouvons aussi discuter des désirs contradictoires, comme lorsque cette intelligence veut bien quelque objet universel chez Platon et, dans le même temps, ne le veut pas chez Aristote[64].

L'allusion au désaccord entre Platon et Aristote sur les Idées est ici sans ambiguïté. Par ailleurs, dans son commentaire au *Philèbe*, Ficin prend naturellement parti pour le premier, en proclamant sa conformité à la doctrine chrétienne, tout en rejetant abruptement les critiques des péripatéticiens :

63 Dans une lettre d'introduction à sa *Vie de Platon*, Ficin affirme que Platon fait voir l'Idée même de la philosophie. *Cf. Opera*, p. 763.

64 *Tp*, XV, 19 (Marcel, III, p. 103) : « *Quemadmodum de contradictoriis assertionibus disputavimus, ita de contradictoriis affectibus licet disserere, ut ecce quando mens illa apud Platonem obiectum aliquod universale vult quidem atque eodem tempore apud Aristotelem non vult.* »

> Mais que les Idées doivent être réellement comprises ainsi, et qu'elles ont été comprises ainsi par Platon, les théologiens chrétiens Denys l'Aréopagite et Aurélien Augustin aussi le rapportent ; et les raisons tirées des livres de Platon, que j'ajouterai ensuite, le démontreront. C'est pourquoi les péripatéticiens aboient en vain contre la grandeur de Platon[65].

Le choix du verbe « aboyer » pour qualifier la parole des péripatéticiens n'est pas innocent. Depuis Antisthène et Diogène, les philosophes cyniques étaient appelés les chiens, et cet animal leur était couramment associé. À nouveau ici Ficin révèle le fond de sa pensée : les péripatéticiens qui critiquent la théorie platonicienne des Idées aboient comme des chiens parce qu'ils parlent sur ce sujet comme les cyniques[66]. Sur le deuxième barreau de son échelle des philosophes, Ficin voyait sans doute, dans l'ombre des stoïciens et des cyniques, l'intouchable figure du Stagirite. Compte tenu des objections opposées par Aristote à la théorie platonicienne des Idées, il ne pouvait le faire figurer au niveau supérieur de son échelle. Mais son esprit de concorde le retenait sans doute de heurter de front les péripatéticiens modernistes de son temps en reléguant le maître du Lycée à un étage inférieur[67]. Quoi qu'il en soit, d'autres philosophes, mieux inspirés, poursuivront leur ascension. Ficin l'affirme vers la fin du dernier livre de sa *Théologie platonicienne* : « En Dieu, chacun est satisfait. Là-haut, chacun obtient tout ce qu'il désire. Les philosophes vraiment passionnés pour la vérité voient là-haut, dans la Vérité première, procréatrice des vérités, tout ce qui est vrai[68]. »

Christophe PONCET
Villa Stendhal, Paris

---

65 Ficin, *Commentaria in Philebum*, *op. cit.*, XVII (Allen, p. 181) : « *Ideas autem ita revera accipi debere, et ita a Platone acceptas fuisse, theologi quoque christiani Dionysius Areopagita, et Aurelius Augustinus perhibent ; atque rationes ex Platonis libris excerptæ, quas adducam postea, demonstrabunt. Itaque frustra contra Platonis maiestatem peripatetici latrant.* »

66 Sur la critique par Ficin des aristotéliciens de son temps, voir J. Hankins, *Plato in the Italian Renaissance*, *op. cit.*, p. 274-276.

67 Voir sur ce point John Monfasani, *Marsilio Ficino and the Plato-Aristotle controversy*, dans M. J. B. Allen et Valery Rees avec Martin Davies (édit.), *Marsilio Ficino : his Theology, his Philosophy, his Legacy*, Leyde, Brill, 2002, p. 179-202, ici 190-196.

68 *Tp*, XVIII, 8, 1 (Marcel, III, p. 219).

UNE ASCENSION SANS ÉLÉVATION

La distinction symbolique entre l'œil gauche et l'œil droit dans le portrait de la Renaissance

Le croyant de la Renaissance ne peut se satisfaire de la contemplation du monde sensible. Sa foi le conduit à diriger son regard au-delà des choses temporelles, dans la contemplation des vérités éternelles. Cette aspiration de l'âme vers le divin est illustrée dans l'exégèse biblique par de nombreuses métaphores s'appuyant sur la sémantique de l'œil et de la vision. Celle-ci prend le plus souvent la forme d'un symbolisme de la verticalité, suivant l'association classique entre des catégories spatiales (le haut, le bas) et des catégories métaphysiques (le céleste, le terrestre) : les yeux du croyant se lèvent dans un mouvement ascensionnel vers les sphères divines. L'image du regard tourné vers le ciel, récurrente dans les textes théologiques, est largement thématisée dans l'iconographie médiévale et renaissante.

Cette mise en forme de la relation de l'homme au divin n'est cependant pas exclusive : au symbolisme du regard vertical s'ajoute un symbolisme très présent dans le cosmos culturel de la Renaissance, et pourtant partiellement négligé par la suite : celui de la distinction latérale entre les deux yeux, l'œil droit tourné vers le monde céleste, l'œil gauche vers le monde terrestre. À l'appui de quelques exemples datés du milieu du XVe siècle au début du XVIe siècle, nous tenterons ici de démontrer à quel point ce symbolisme a pu, à l'instar de la thématique du regard ascensionnel, dépasser la simple métaphore textuelle pour devenir signe pictural du mouvement de l'âme humaine vers Dieu. La distinction entre l'œil droit et l'œil gauche, si elle est avant tout à comprendre comme image rhétorique, pourrait ainsi servir de clé interprétative pour un certain nombre de représentations du regard à la Renaissance.

LA STRUCTURE DU CORPS HUMAIN, SIGNE DE LA VERTICALITÉ DU RAPPORT AU DIVIN

La verticalité de la relation de l'homme au divin a, dans le monde chrétien comme dans de nombreuses cultures, ce caractère d'évidence qui certainement a contribué à l'effacement relatif d'autres mises en forme symboliques de ce rapport.

Cette distinction entre le bas, associé au terrestre, et le haut, vers lequel doit se porter le regard vers le divin, trouve sa justification dans la perception même du corps humain, par la verticalité de sa structure, et ce depuis l'Antiquité. L'un des textes fondateurs de cette partition verticale des fonctions corporelles est très certainement le *Timée* de Platon qui, à travers la doctrine des trois âmes, forge l'image d'une anthropogénie comme répétition en miniature de l'ordre cosmique[1] : prenant modèle sur l'organisation de l'univers, les dieux façonnèrent non seulement un corps mortel pour héberger l'âme immortelle, mais également un deuxième type d'âme, l'âme mortelle, qu'ils placèrent également dans le corps. Mais,

> comme ils craignaient de souiller le principe divin, sauf le cas d'une nécessité absolue, ils logèrent le principe mortel, à l'écart du divin, dans une autre chambre du corps. Ils bâtirent, à cet effet, un isthme et une limite entre la tête et la poitrine, et mirent entre eux le cou, afin de les maintenir séparés [...]. Et, parce qu'une partie de l'âme est naturellement meilleure et l'autre pire, ils firent deux logements dans la cavité du thorax, en le divisant [...]. La partie de l'âme qui participe du courage et de la colère, qui désire la victoire, fut logée par eux plus près de la tête, entre le diaphragme et le cou [...][2].

Le corps humain se structure ainsi naturellement de manière verticale, afin d'épargner la tête, contenant du principe divin, de la souillure

1 Sur ce point, je remercie Albrecht Koschorke pour ses indications, et renvoie le lecteur à son article à paraître « Physiognomik und Drei-Seelen-Lehre », in E. Agazzi, M. Beller, éd., *Evidenze e ambiguità della fisionomia umana. Studi sul XVIII e XIX secolo. Convegno « La Ricerca del Carattere nella Fisionomia : Ipotesi scientifiche tra illuminismo e romanticismo », Bergamo, 20-23 novembre 1996*, Viareggio, Baroni, 1998, p. 139-148. Voir aussi ma thèse de doctorat, *Les deux côtés du visage. Dissymétrie et construction du portrait à la Renaissance*, soutenue à L'Université Paris-Sorbonne, en 2014.

2 Platon, *Timée*, 69a et suivants, traduction É. Chambry, Paris, Flammarion, 1969.

du monde terrestre. Cette partition verticale est confirmée par Aristote, dans les *Parties des Animaux* :

> Tel est le genre humain. Seul parmi les êtres que nous connaissons, ou du moins plus que tous ces êtres, il a une part du divin. [L'homme] est le seul être chez qui les parties naturelles sont disposées dans l'ordre naturel : le haut de l'homme est dirigé vers le haut de l'univers. Seul en effet, de tous les animaux, l'homme se tient droit[3].
>
> Le haut, en effet, est ce en vue de quoi le reste existe, c'est le meilleur, tandis que le bas existe en vue du haut [...][4].

Cette perception du corps passera à la postérité, notamment par l'entremise de Galien. Dans la biologie antique comme dans celle de la Renaissance, l'agencement vertical des parties du corps humain est pour ainsi dire la preuve *physique* de l'aspiration de l'homme vers le divin, comme le constate le médecin Jean Fernel (1497-1558) :

> Afin d'accomplir le projet de l'esprit divin, [l'homme] possède trois choses que la nature a refusées au reste des êtres vivants. La première est la posture levée et droite qui, en se dressant vers le ciel et vers son Créateur, atteste des étincelles célestes et de leur origine divine[5].

La tête, partie la plus proche du ciel, siège de l'âme immortelle, est par conséquent la plus divine des parties du corps, c'est par elle que l'homme, seul animal qui se tient droit, peut s'élever à des vérités supérieures.

Or le visage est lui-même la reproduction en miniature de cette organisation verticale du corps, tout comme le corps était la reproduction de l'ordre cosmique : la bouche, ouverture inférieure, relie la tête aux parties viles (l'estomac). Le nez la relie à la partie intermédiaire (le thorax). Enfin, les yeux, organes supérieurs de la partie la plus élevée du corps, sont par voie de conséquence les portes de l'âme immortelle, son

---

3 Aristote, *Les Parties des Animaux*, 656 a, traduction P. Louis, Paris, Les Belles Lettres, 1956.

4 *Ibid.*, 672b.

5 Jean Fernel, *Medicina*, Paris, Wechel, 1554, p. 2 : « [...] *quod vt diuinæ mentis munere fungeretur, tria obtinuit quæ cæteris animantibus negauit rerum natura. Primum quidem figuram celsam et rectam, quæ in cœlum suúmque conditorem se attolens* [*sic*], *cœlestes igniculos et semina diuinitatis suę testatur.* » Sur l'usage symbolique de la structure rectiligne du corps voir Ohly, éd., *Das St. Trudperter Hohelied*, Francfort-sur-le-Main, Deutscher Klassiker Verlag, 1998, p. 448-449.

lien le plus direct avec les sphères célestes[6]. Le regard, *fenêtre* de l'âme, constitue ainsi *naturellement*, le principal vecteur de l'élévation spirituelle.

Touchant au thème du regard ascensionnel, tradition platonicienne et tradition chrétienne se rejoignent et se complètent : comme le note Bernhard Schweitzer, le thème du visage se levant vers le ciel en quête des vérités supérieures se développe en Grèce précisément vers le Ve siècle av. J.-C[7]. Il apparaît fréquemment dans les textes de Platon[8]. L'image est reprise par les Pères de l'Église, qui conjuguent cette influence de la pensée grecque au thème du Royaume céleste de l'Évangile. Ainsi Saint Cyprien :

> Dieu vous a donné un corps droit : tandis que les autres animaux marchent courbés vers la terre, vous portez la tête haute ; votre œil s'élève vers le ciel et vers Dieu. C'est là que vous devez fixer vos regards ; c'est dans ces régions sublimes que vous devez chercher le Créateur[9].

La synthèse entre le thème platonicien de l'ascension par le regard et son pendant d'inspiration évangélique traverse tout le Moyen Âge, comme en témoigne la prière qui clôt le *De contemplando Deo* de Guillaume de Saint-Thierry (v. 1085-1148) :

> Vers Toi seul je dois lever les yeux, Fontaine de vie, pour dans Ta seule lumière voir la lumière. Vers Toi donc, Seigneur, vers Toi s'élèvent mes yeux ; qu'ils soient levés vers Toi, en Toi, afin qu'à partir de Toi progressent tous les progrès de mon âme[10].

Le lexique choisi par Guillaume de Saint-Thierry est particulièrement éclairant pour notre sujet : le thème du regard qui se lève se combine de manière explicite avec le motif de l'ascension « par progrès » de l'âme vers le divin – en des termes qui étonnent d'ailleurs par leur proximité avec les textes néoplatoniciens du Quattrocento italien.

6 Voir G. Schleusener-Eichholz, *Das Auge im Mittelalter*, I, Munich, Fink, 1985, p. 30 et suivantes. Il est intéressant de constater que cette partition verticale du visage se propagera jusqu'au XVIIIe siècle et même au-delà, par exemple chez Jean Gaspard Lavater : voir *Essai sur la physiognomie, destinée à faire connoître l'homme & à la faire aimer*, 1781-1803, La Haye, s.n., I, p. 19 et suivantes.

7 B. Schweitzer, *Platon und die bildende Kunst der Griechen*, Tübingen, M. Niemeyer, 1953, p. 31 et suivantes.

8 Voir en particulier *Phèdre*, 249 c.

9 Saint Cyprien, *Ad Demetrianum*, XVI, traduction par l'abbé Thibaut, Tours, 1869.

10 G. de Saint-Thierry, *De contemplando Deo*, éd. J. Hourlier, *Sources chrétiennes*, 61, Paris, Éditions du Cerf, 1959, 12, p. 116.

Le regard levé vers le ciel apparait ainsi comme le signe le plus manifeste du désir d'élévation de l'âme du croyant. On ne s'étonnera donc pas de l'importance accordée à la vision, au regard tourné vers le ciel, non seulement dans les textes religieux, mais aussi dans les représentations du visage : le regard de Luther dans la gravure de 1521 d'Hans Baldung Grien en constitue le paradigme même : ses yeux s'élèvent vers les sphères supérieures, signe de l'illumination divine, de la Révélation.

UNE DIVISION HORIZONTALE : L'ŒIL DROIT ET L'ŒIL GAUCHE

À cette dynamique ascensionnelle du rapport au divin et à cette partition verticale du corps et du visage s'oppose une dichotomie horizontale, dont l'origine remonte aux Écritures[11], et qui trouvera un terreau particulièrement fertile au Moyen Âge dans la distinction entre la gauche, le côté « senestre », et la droite, le côté « destre ». En effet, le symbolisme médiéval accorde une extrême importance à la disposition spatiale des éléments signifiants : le sens diffère selon que tel élément est placé au-dessus, en-dessous, à la droite ou à la gauche de tel autre[12]. La distinction de la gauche et de la droite est l'un des grands axes symboliques de l'art et de la littérature du Moyen Âge, comme l'ont bien montré, dans deux articles très éclairants, Pierre-Michel Bertrand et Ursula Deitmaring[13].

Or ce symbolisme de la gauche et de la droite peut se mêler, dans la tradition théologique médiévale, à la thématique centrale du regard et de la vision déjà évoqués précédemment. Celle-ci s'exprime par la distinction entre l'œil droit, tourné vers Dieu, et l'œil gauche, tourné vers la terre. Cette partition symbolique du regard est pour la première fois clairement énoncée par Saint Augustin, dans son exégèse du Sermon sur

11 En particulier *Proverbes* 3 : 16, *Zacharie*, 11 : 17, *Mt.* 18 : 9 ; voir l'analyse de J. Hall, *The Sinister Side*, Oxford, Oxford University Press, 2008, p. 94-95 et 142-143.

12 F. Garnier, *Le langage de l'image au moyen âge. Signification et symbolique*, Paris, Le Léopard d'Or, 1982, p. 82 et suivantes.

13 P.-M. Bertrand, « La Fortune mi-partie : un exemple de la symbolique de la droite et de la gauche au moyen âge », *Cahiers de civilisation médiévale*, 40, 1997, p. 373-379 ; U. Deitmaring, « Die Bedeutung von rechts und links in theologischen und literarischen Texten bis um 1200 », *Zeitschrift für deutsches Altertum und deutsche Literatur*, 98, 1969, p. 265-292.

la Montagne. Dans son commentaire, Augustin donne par la métaphore une description binaire du rapport de l'homme au monde et à Dieu :

> [L'œil] nous indique le chemin dans les choses divines ; il s'agit de l'œil droit, parce que l'œil gauche symboliserait un conseiller pour les choses de la terre, qui ont rapport au corps[14].

Il est significatif que Saint Augustin insiste ici non seulement sur la distinction entre la gauche et la droite, mais aussi sur le « chemin », c'est-à-dire une voie, une progression vers les objets divins, autrement dit une « ascension », mais une ascension à lire à l'horizontale, pourrait-on dire, en frisant l'oxymore...

Cette distinction augustinienne entre l'œil gauche et l'œil droit constitue un véritable leitmotiv de la littérature religieuse médiévale[15]. Ursula Deitmaring remarque à ce sujet que le sens attribué à chacun des deux yeux connaît de multiples variations. Plus qu'une métaphore figée, il semblerait que l'image des deux yeux constitue un topos modelable, en fonction des textes et des auteurs. Malgré la variété de ses usages, Deitmaring constate que lorsqu'elle est appliquée à l'homme, l'image constitue généralement l'expression d'une dualité de ses aspirations, l'image de la scission du croyant entre sa vie terrestre et son désir d'élévation spirituelle. Elle exprime ainsi la tension centrale de la théologie médiévale entre *vita contemplativa* et *vita activa*, tension rendue de manière exemplaire par la sentence de Grégoire le Grand :

> *Duæ quippe vitæ, activa videlicet et contemplativa, cum conservantur in mente, quasi duo oculi habentur in facie. Dexter namque oculus vita contemplativa est, sinister activa*[16].

La référence au symbolisme des deux yeux ne faiblit pas à l'aube la Renaissance. A titre d'exemple, la distinction augustinienne est reprise au XVe siècle par Thomas a Kempis dans sa célèbre *Imitation de Jésus-Christ*, manuel de dévotion privée considéré comme le premier « best-seller » de l'ère de l'imprimerie[17]. L'ouvrage de Kempis, largement inspirée des

14 Saint Augustin, *Explication du Sermon sur la Montagne*, I, 14, 38, traduction dirigée par A. G. Hamman, Paris, Desclée de Brouwer, 1978, p. 52.

15 Pour un aperçu des principales sources, voir l'index de G. Schleusener-Eichholz, *op. cit.*, II, p. 1189.

16 Gregorius Magnus, in *Patrologia Latina* 75, éd. J. P. Migne, Paris, 1849, p. 761 et suivantes.

17 Voir S. H. Steinberg, *Five Hundred Years of Printing*, nouvelle édition révisée par J. Trevitt, Londres, British Library, Oak Knoll, 1996, p. 63 et 201-202.

idées de la *Devotio Moderna*, connait une large diffusion dès le XVe siècle et compte parmi les livres les plus lus dans le monde chrétien jusqu'au XIXe siècle[18]. Dans son troisième livre, Kempis associe explicitement l'œil droit avec la perception des choses célestes, l'œil gauche avec la perception des choses transitoires :

> *Fili, ad istud diligenter tendere debes, ut in omni loco, actione seu occupatione externa sis intus liber, et tui ipsius potens, et sint omnia sub te, et tu non sub eis, ut sis dominus actionum tuarum, et rector, non servus, nec emptitius, sed magis exemtus verusque Hebræus, in fortem ac libertatem transiens filiorum Dei ; qui stant supra præsentia et speculantur æterna ; qui transitoria intuentur sinistro oculo, et dextro cælestia, quos temporalia non trahunt ad inhærendum, sed trahunt ipsi ea magis ad bene serviendum* [...][19].

L'histoire de ce passage est particulièrement intéressante et mériterait à elle seule une étude diachronique en profondeur, car elle montre bien comment cette distinction entre l'œil droit et l'œil gauche, très présente à la Renaissance, a été occultée par la suite. La phrase de Kempis ne saurait pourtant être plus claire, et la partition explicite du regard est conservée dans la première traduction de l'*Imitation* en français :

> [...] et advisent les choses transitoires de l'œil senestre et les celestieles de l'œil destre[20].

Pourtant la traduction française considérée actuellement comme « classique », celle de 1824 par Félicité de Lamennais, traduit le passage avec une grande liberté, en particulier concernant cette distinction :

> Tel qu'un vrai Israélite, affranchi de toute servitude, entrez dans le partage et dans la liberté des enfants de Dieu qui, élevés au-dessus des choses présentes, contemplent celles de l'éternité ; qui donnent à peine un regard à ce qui passe et ne détachent jamais leurs yeux de ce qui durera toujours ; qui, supérieurs aux biens du temps, ne cèdent point à leur attrait mais plutôt les forcent de servir au bien [...][21].

---

18 Sur l'influence de l'*Imitation*, voir en particulier le récent ouvrage sous la direction de Martine Delaveau et Yann Sordet, *Un succès de librairie européen, l'*Imitatio Christi*, 1470-1850*, Paris, Éditions des Centres & Bibliothèque Mazarine, 2012, p. 424.

19 Thomas a Kempis, *De Imitatione Christi*, III, chap. 38, 1, traduction F. de Lamennais (1824), Paris, Éditions du Seuil, 1961.

20 Première édition française, Henri Mayer (éd.) Toulouse, 1488.

21 Thomas a Kempis, *L'imitation de Jésus-Christ*, Liv. III, chap. 38, éd. citée, p. 157-158.

La traduction de Lamennais fait ainsi tout bonnement disparaitre la distinction entre la gauche et la droite. Non seulement la référence explicite de Kempis à Saint Augustin est occultée, mais il est significatif que Lamennais ignore ce symbolisme horizontal précisément au profit d'un lexique emprunté au symbolisme de l'ascension verticale (« élevés », « supérieurs »).

La disparition de cette symbolique horizontale est d'autant plus frappante qu'elle semble encore bien présente dans les esprits au moins jusqu'au XVIIe siècle. Même la traduction en vers de Pierre Corneille, malgré ses écarts avec le texte d'origine, insiste sur cette distinction entre l'œil gauche et l'œil droit, l'accentuant même par la césure à l'hémistiche du dernier alexandrin :

> Et leur constance est telle à conduire leurs yeux,
> Que quoi qui se présente à leurs regards modestes,
> Le gauche est pour la terre, et le droit pour les cieux[22].

Le texte de Kempis et sa large diffusion concourt certainement à la persistance et aux nombreuses occurences de l'image des deux yeux dans la culture de la Renaissance, au Nord comme en Italie. La distinction entre l'œil droit et l'œil gauche servira par ailleurs d'image féconde à la poésie pétrarquiste et néoplatonicienne. Dans un sonnet de ses *Rime Spirituali*, la poétesse et amie de Michel-Ange Vittoria Colonna écrit :

> *L'occhio sinistro chiuso, il destro aperto,*
> *L'ale de la speranza e de la fede*
> *Fan volar alto l'amorosa mente*[23]

C'est avec l'œil gauche clos et l'œil droit ouvert que l'esprit peut s'*élever* vers les sphères supérieures. Ascension poétique et ascension religieuse (« l'aile de l'espérance et de la foi ») se rejoignent ici en un même mouvement. Les quelques vers de Colonna parachèvent la synthèse entre le symbolisme de l'ascension *verticale* et celui de l'ascension *horizontale*, par la fusion des catégories spatiales analogues et de deux traditions distinctes : le haut se confond ici explicitement avec le côté droit, le bas, implicitement, avec le côté gauche.

---

22 Pierre Corneille, *L'Imitation de Jésus-Christ traduite et paraphrasée en vers françois*, Rouen, L. Maurry pour Robert Ballard, 1659, III, 38.

23 Vittoria Colonna, *Rime*, éd. A. Bullock, Rome, Bari, Laterza, 1982, p. 167, n° 164, ll. 9-11.

DU TEXTE À L'IMAGE

Cette dichotomie symbolique entre l'œil droit et l'œil gauche trouve-t-elle un écho dans les arts figuratifs à la Renaissance ? L'hypothèse paraît au premier abord hardie : la distinction entre les deux yeux touche dans les textes non pas les organes charnels mais les yeux intérieurs. En fonction des auteurs, la distinction touche les yeux de l'âme, ceux de l'esprit ou encore ceux du cœur[24]. Pourtant les yeux intérieurs peuvent se confondre avec les yeux du corps, comme en témoigne la tradition mystique du Moyen Âge, dont on connaît la large diffusion par l'imprimerie aux XVe et XVIe siècles. En particulier les *Œuvres Spirituelles* de Gertrude d'Helfta connaîtront un grand écho, au Nord comme en Italie. Or dans ses « confidences et souvenirs », Sainte Gertrude raconte en détail l'expérience de son mariage spirituel avec le Christ :

> Comme, dans une courte prière, elle offrait au Seigneur toute la souffrance, tant corporelle que spirituelle, qui pesait sur elle, et toute la joie, tant spirituelle que corporelle, dont elle se trouvait privée, le Seigneur lui apparut, avec ces deux offrandes, souffrance et joie, semblables à deux anneaux gemmés, qu'il portait en manière de bijoux à l'une et l'autre main. Ce que voyant, elle renouvela souvent la même prière et, à quelque temps de là, tandis qu'elle la formulait, elle sentit le Seigneur Jésus, de l'anneau de sa main gauche, qu'elle comprit être celui de la patience corporelle, lui frotter l'œil gauche. Et, de ce jour, le même œil qu'elle voyait en esprit touché par le Seigneur, éprouva une telle douleur physique que, depuis lors, il ne retrouva jamais pleinement sa santé d'autrefois[25].

Comme chez Saint Augustin et Thomas a Kempis, l'œil gauche est ici associé au monde terrestre. Par le sacrifice de l'œil gauche, Sainte Gertrude accède à l'union spirituelle avec le Seigneur. La différence majeure avec l'exégèse augustinienne réside cependant dans l'expérience physique de la perte de l'œil gauche, qui devient la marque charnelle de l'union spirituelle ; si le symbolisme de Saint Augustin et de Kempis

---

24 Voir G. Schleusener-Eichholz, *op. cit.*, I, p. 372.

25 Gertrude d'Helfta, *Œuvres Spirituelles*, Le Héraut, Liv. III, 1, traduction P. Doyère, Paris, Éditions du Cerf, 1968, t. III, p. 19.

exprimait par l'image la « double vision » et l'accès du croyant aux mondes terrestres et célestes, le souvenir de Gertrude d'Helfta constitue, lui, une expérience vécue, et dont la trace, preuve physique et indubitable de cette union mystique, est rendue indélébile par son inscription sur le visage. Or l'inscription sur le corps de cette séparation constitue précisément un signe visible et par conséquent représentable de cette « double vision ».

Cette contiguïté entre les yeux symboliques et les yeux charnels se retrouve par ailleurs dans divers traités scientifiques. Nous prendrons pour exemple le *De oculo morali et spirituali* de Pierre de Limoges[26]. Cet ouvrage d'optique datant de la fin du XIIIe siècle connaîtra un succès considérable mais aussi durable, comme le confirme sa publication vers 1475 puis son édition en italien dès 1496. Le retentissement du traité de Pierre de Limoges dépasse largement le public des érudits. L'ouvrage est en effet une source prolifique d'*exempla*[27] à l'usage des prêcheurs. Son influence se lit en filigrane dans un grand nombre de sermons, ceux-ci attestant d'une propagation de ses idées à de larges franges de la société. Si le traité a tant influencé les hommes de l'Église, c'est que Pierre de Limoges y mêle des considérations d'ordre scientifique sur le processus de la vision à une réflexion théologique et morale. L'étude de l'œil corporel serait vain en effet s'il ne permettait d'informer le lecteur sur les propriétés de l'œil moral et de l'œil spirituel[28]. Au fondement de l'entreprise de Pierre de Limoges un présupposé : la structure de l'œil physique révèle la structure des yeux intérieurs. La correspondance est donc d'analogie. C'est dans ce contexte que Pierre de Limoges évoque la distinction métaphorique entre l'œil droit et l'œil gauche. L'œil gauche est « la connaissance des choses temporelles », l'œil droit « signifie le désir des choses éternelles[29] ». Or, s'il s'agit chez Pierre de Limoges d'une évocation des yeux intérieurs, la confusion entre l'œil moral et l'œil charnel est illustrée par une image, postérieure au texte lui-même :

26 Pierre de Limoges, *De oculo morali et spirituali*, Paris, entre 1276 et 1289. L'édition vénitienne de 1496 est numérisée et consultable sur le site de la Württembergische Landesbibliothek Stuttgart, par l'intermédiaire du Karlsruhe Virtueller Katalog KVK ; il est également consultable sur le site d'Internet Archive, archive.org.

27 *The Moral Treatise on the Eye*, traduction R. Newhauser, Toronto, Pontifical Institute of Mediaeval Studies, 2012, p. XI et XXIX.

28 *Idem*, p. XIX.

29 Notre traduction, inspirée de Newhauser, *op. cit.*, p. 48.

dans la gravure de première page de l'édition en italien de 1496, c'est bien l'œil corporel que le prédicateur en chaire pointe du doigt, et singulièrement l'œil droit, la voie d'accès vers les sphères célestes, la main gauche indiquant vraisemblablement la direction (vers le ciel) que doit prendre le regard.

Une autre illustration de la partition symbolique de l'œil droit et de l'œil gauche pourrait se retrouver dans un singulier détournement de la gravure de Baldung Grien représentant Luther déjà évoquée précédemment. Il s'agit d'une retouche à l'encre de l'illustration d'entête des *Acta et Res Gestæ D. Martini Lutheri* conservée à la bibliothèque universitaire de Marbourg[30]. La retouche est anonyme, et sa date d'exécution n'a malheureusement pas été déterminée avec exactitude jusqu'à présent. Ses quelques commentateurs s'accordent cependant sur une datation relativement ancienne[31]. De telles transformations satiriques des illustrations tirées de livres ne sont pas rares, et la retouche de Marbourg a été plusieurs fois citée comme exemple typique d'un phénomène qui touche en particulier les représentations de Luther et du Pape à l'heure de la Réforme et de la Contre-réforme : la confrontation théologique passe aussi par une guerre des images. La gravure « originale » de Baldung Grien a fait l'objet de critiques particulièrement virulentes au XVIe siècle en raison de la représentation « sanctifiée » de Luther : le regard tourné vers le ciel, protégé par la colombe du Saint Esprit, la Bible en main, Luther semble recevoir l'illumination divine tel un nouveau prophète. Un culte de la personnalité vigoureusement critiqué par les catholiques, qui accusent les réformés d'embrasser l'image et de la porter en procession[32].

La retouche n'est pas strictement arbitraire, comme pourrait le laisser croire la farce de la moustache postiche. Outre la marque spécifiquement placée au pouce de la main droite, qui pourrait se révéler être le stigmate d'un pacte diabolique[33], c'est bien entendu l'occlusion délibérée

30 Texte publié à Strasbourg, chez Schott, en 1521. La gravure est reproduite sur le site suivant : archiv.ub.uni-marburg.de/eb/2013/0317/view.html.

31 U. Bredehorn, B. Jäger, A. M. Mariscotti de Görlitz, éd., *Litteræ Lutheranæ. Ausstellung der Universitätsbibliothek Marburg zum 500. Geburtstag Martin Luthers. 10. November-11. Dezember 1983*, Marbourg, 1983, p. 43 ; J. Kœrner, « The Icon as Iconoclash », in B. Latour (éd.), *Iconoclash*, Cambridge Mass., MIT Press, 2002, p. 182. Kœrner date la retouche du milieu du XVIe siècle.

32 *Cf.* P. Kœrner, *op. cit.* p. 182.

33 C'est précisément une cicatrice au pouce de la main droite qui fut avancée comme preuve du pacte diabolique scellé par Augustin Grandier dans l'épisode de la sorcellerie de

de l'œil droit qui est troublante. À y regarder de près, cette occlusion s'insère dans un système signifiant plus global : non seulement l'œil droit disparaît, mais la pupille de l'œil gauche a été abaissée par un coup de plume : le regard ne se lève plus vers le ciel, mais fixe un point indéfini à l'horizontale. Pourquoi l'occlusion de l'œil droit et l'abaissement de l'œil gauche participent-ils de l'entreprise de dénigrement, peut-être même de diabolisation de Luther[34] ? Il s'agit vraisemblablement de briser ce rapport vertical avec le divin qu'évoquait le regard se levant vers le ciel de la gravure originale. Mais s'il ne s'agissait que de cela, l'abaissement ou l'occlusion simultanée des deux pupilles auraient pu faire l'affaire. La réponse à cette manipulation pourrait précisément résider dans cette distinction symbolique de l'œil gauche et de l'œil droit. En effet, l'occlusion de l'œil droit est largement thématisée dans l'exégèse biblique, celle-ci s'appuyant en particulier sur la sentence du prophète Zacharie :

> Malheur au pasteur de néant qui abandonne le troupeau ! L'épée tombera sur son bras et sur son œil droit. Son bras sera entièrement desséché, et son œil droit sera entièrement obscurci[35].

Se référant à ce passage de Zacharie, Pierre de Limoges interprète l'assombrissement de l'œil droit comme le signe d'un intellect rendu aveugle aux choses spirituelles[36]. L'occlusion de l'œil droit est l'œuvre du diable, conscient que cette perte rendra l'être humain incapable de mener la bataille spirituelle[37]. En privant Luther de son œil droit, littéralement « obscurci », et en abaissant son œil gauche – l'œil des vanités terrestres – notre caricaturiste anonyme semble avoir délibérément

Loudun, procès qui eut un écho immense dans toute l'Europe au milieu du XVIIe siècle.

34 À ce système pourrait s'ajouter l'occlusion délibérée de l'œil droit de la colombe du Saint Esprit. La distinction entre l'œil gauche et l'œil droit de la colombe a en effet lui aussi été thématisé. Selon Hugues de Fouilly, la colombe, prise dans sa dimension mystique, a deux yeux. De l'œil gauche elle se regarde elle-même, de l'œil droit, elle regarde vers Dieu (voir chapitre 2 du *De Avibus* (écrit entre 1132 et 1152), « Mystice de Colomba », dans W. B. Clark (éd.), *The Medieval book of birds. Hugh of Fouilloy's Aviarium*, Binghamton, New York, Medieval & Renaissance Texts & Studies, 1992). Voir aussi F. Ohly, « Probleme der mittelalterlichen Bedeutungsforschung und das Taubenbild des Hugo de Folieto », *Frühmittelalterliche Studien*, 2, 1968, p. 162-201.

35 Zacharie 11 : 17, traduction J. N. Darby, 1880 (1859).

36 Newhauser, *op. cit.*, p. 90.

37 *Ibid.*, p. 48.

signifié ici l'aveuglement spirituel du théologien réformateur et son impossible accès aux vérités célestes. Cet « avilissement » du regard correspond en tous les cas parfaitement à la critique formulée par les catholiques à l'encontre de cette représentation mythifiante de Luther : celui-ci n'est pas un nouveau prophète mais un imposteur bien plus attiré par les vanités terrestres que par la quête spirituelle.

LE REGARD DU PORTRAIT

La présence répétée de cette distinction symbolique entre l'œil gauche et l'œil droit dans les textes et les représentations de la Renaissance nous conduit à soulever une dernière question, de taille cependant : ce symbolisme a-t-il pu avoir une influence sur les représentations de portraits autonomes tels qu'ils se développent en Flandre et en Italie à partir du XVe siècle ? À défaut de pouvoir développer ici de manière exhaustive cette vaste hypothèse, nous nous limiterons à en esquisser quelques pistes.

Si elle tente d'explorer l'influence d'un tel symbolisme sur le portrait, la recherche se trouve rapidement confronté à deux obstacles majeurs, l'un pratique, l'autre théorique.

D'un point de vue pratique, la difficulté réside dans la rareté de textes spécifiques, de témoignages d'époque et même d'esquisses préparatoires, en particulier pour l'art du Nord. L'interprétation ne peut donc souvent s'appuyer que sur l'observation minutieuse des œuvres dans leur spécificité – en évitant toute systématisation excessive – et sur l'étude de leur contexte d'apparition. Un certain nombre de textes sont lus et un certain nombre de symboles assimilés par de larges catégories de la société, formant un « cosmos culturel[38] » auquel le peintre a pu se référer dans l'exécution de son art.

La difficulté d'ordre théorique touche quant à elle à la spécificité du genre du portrait autonome, et à son rapport à la réalité sensible. La recherche récente, en particulier l'étude comparative de l'histoire de l'art et des traités de physiognomonie, a certes montré à quel point le

38 Expression empruntée à E. Panofsky, *Essais d'iconologie*, trad. B. Teyssèdre, Paris, Gallimard, 1987, Introduction II, p 41.

visage représenté, loin de se plier à une copie fidèle de la physionomie d'un homme, est la résultante d'une construction complexe, le point de conjonction de canons normatifs, esthétiques et philosophiques ; autrement dit le visage comme expression de la *persona*, du *masque* social[39]. Il reste néanmoins extrêmement difficile de faire la part du rendu fidèle des apparences et de la construction signifiante.

Dans notre tentative d'esquisser l'une des possibles influences de ce symbolisme de l'œil droit et de l'œil gauche sur l'art du portrait, nous nous appuierons ici sur un constat formulé par plusieurs historiens de l'art, à savoir la présence fréquente d'effets de strabisme dans les représentations de portraits, en particulier dans l'art du Nord de la fin du XVe siècle[40]. Cette divergence du regard peut avoir de multiples causes. En l'absence de sources pertinentes, les commentateurs se limitent à des suppositions : s'agit-il d'un défaut de construction ? D'une volonté de réalisme exacerbé ? D'une accentuation expressive ? D'un effet de style ? Peut-être est-il possible d'ajouter à ces hypothèses celle d'une dimension symbolique, à savoir une forme de « double-regard », chacun des deux yeux scrutant en réalité volontairement deux objets différents.

Nous voudrions tenter d'explorer cette hypothèse par l'analyse d'un exemple précis, en l'occurrence un portrait célèbre mais non identifié de la collection des Princes de Liechtenstein[41]. Celui-ci a attiré l'attention des historiens de l'art par le strabisme très marqué qui le caractérise[42]. L'œil droit du portraituré fixe un point indéfini de l'espace, semble plongé dans une méditation impénétrable. L'œil gauche à l'inverse fixe intensément le spectateur, provoquant tout à la fois gène et fascination[43]. Cette partition du regard ne manque pas de rappeler le conseil formulé par Thomas a Kempis : tel un « vrai Israélite », le portraituré paraît fixer « les choses transitoires [le spectateur, mortel] de l'œil senestre et les

39 Voir en particulier E. Rebell, *Die Modellierung der Person. Studien zu Dürers Bildnis des Hans Kleeberger*, Stuttgart, Franz Steiner, 1990, p. 13-18.

40 Voir S. Kemperdick, *Das Frühe Porträt*, Munich, Berlin, Prestel, 2006, p. 42.

41 Anonyme, Portrait d'un jeune homme, parchemin sur bois, 507 mm x 415 mm (Sammlungen des Fürsten von und zu Liechtenstein, Vaduz – Wien, vers 1456).

42 Le catalogue de l'exposition sur les « Primitifs Français » organisée au Louvre en 1904 mentionne d'ailleurs ce portrait sous le titre de l'« Homme au Strabisme ». Voir Henri Bouchot, *Les Primitifs français, 1292-1500. Complément documentaire au catalogue officiel de l'exposition*, Paris, Librairie de l'Art ancien et moderne, 1904, p. 275.

43 Voir Kemperdick, *op. cit.*, p. 40.

célestes de l'œil destre ». Une autre source médiévale trouve ici un écho particulièrement saisissant : le texte du manuscrit de Saint Trudpert évoque l'œil gauche de l'âme humaine tourné vers son prochain, l'œil droit tourné vers soi-même[44]. Précisons que l'objectif n'est pas ici de trouver la sentence exacte ayant pu influencer le peintre – quête insensée en raison du manque de sources directes – mais de replacer cette spécificité du regard divergent dans un contexte culturel dans lequel la double vision est largement thématisée.

À l'appui de cette piste interprétative, on remarquera que la distinction entre les deux yeux est renforcée dans ce portrait par l'asymétrie très marquée des traits du portraituré. Les deux côtés de la face semblent à y regarder de près un composite de deux visages diamétralement opposés : si l'on occulte le côté gauche, le demi-visage droit, lissé par la lumière latérale, semble touché par la Grâce, idéalisé au point de perdre toute marque du passage du temps. Le demi-visage gauche exprime exactement l'inverse : les jeux très marqués d'ombre et de lumière modèlent le visage, donnant forme à un rendu de la carnation particulièrement naturaliste. Celle-ci révèle la marque du temps sur le corps, l'anatomie, la forme cachée des muscles et des os ; on serait même tenté d'écrire la mort, à considérer les courbes fripées de l'oreille quasi cadavérique. Comme si le peintre avait délibérément voulu enlaidir son modèle, du moins son côté gauche[45]. À la double-vision se couple ainsi un effet de double-visage. Or la distinction latérale entre certaines parties spécifiques du visage est, elle aussi, thématisée dans la théologie médiévale. Si elle est moins fréquente que la distinction entre les deux yeux, elle s'inscrit, elle aussi, dans une même tension entre vie terrestre et aspiration vers le céleste. Ainsi Saint Augustin distingue-t-il symboliquement les deux joues :

> Or c'est au visage que l'on reconnait un homme. [...] Si parler de visage droit et de visage gauche n'a pas de sens, il existe une noblesse selon Dieu et une noblesse selon le monde, figurées par la joue droite et gauche[46].

---

44 Voir F. Ohly, *Das St. Trudperter Hohelied*, Francfort-sur-le-Main, Deutscher Klassiker, 1998, p. 16-17.

45 Concernant l'oreille, on remarquera que celle-ci représentée presque de profil, en rupture avec l'orientation générale du visage. Comme si le peintre avait volontairement voulu mettre en avant le rendu naturaliste de celle-ci.

46 Saint Augustin, *Explication*, I, 19, 58, éd. citée, p. 68.

Quant au détail de l'oreille gauche représentée de manière particulièrement naturaliste, ne trouverait-il pas une possible explication dans la distinction symbolique effectuée par Grégoire le Grand entre l'oreille droite, symbole de l'« *æterna vita* » et l'oreille gauche, « *præsens vita*[47] » ?

À cette partition symbolique des parties du visage s'ajouterait encore la répartition de la lumière, dont la signification théologique est évidente pour l'homme du XVe siècle : le côté de la lumière est le côté de Dieu, l'expression de l'atemporalité du monde divin. Dans l'œil du spectateur du XVe siècle, la lumière naturelle est indissociablement reliée à sa source divine. L'ombre au contraire est le signe d'une temporalité qui caractérise le monde terrestre.

Ces différents détails prégnants du portrait paraissent ainsi converger dans le sens d'un symbolisme opposant deux aspirations distinctes, comme le signe d'une dualité propre à la condition de l'homme de la Renaissance. Le visage parait scindé, entre un côté tourné vers le divin (ou vers soi-même ?)[48], et un autre, tourné vers le monde terrestre.

Une telle tentative d'interprétation symbolique du portrait ne peut bien entendu que demeurer au stade de la simple hypothèse. S'il est difficile d'envisager sa confirmation par une quelconque source inédite, ce regard porté sur la représentation du portrait et orienté par l'étude de son contexte d'apparition nous paraît présenter l'intérêt d'ouvrir les champs de l'interprétation au-delà d'un hypothétique réalisme de la représentation.

Daniel RAKOVSKY
Université de Paris IV-Sorbonne

47 Gregorius Magnus, *op. cit.*, 137 A.

48 Il s'agit là de deux facettes d'un même symbolisme : le regard tourné en soi-même et le regard vers Dieu se confondent dans divers textes. Voir G. Schleusener-Eichholz, *op. cit.*, p. 1053, note 738.

ASCENSIONS DE L'ÂME DANS LA KABBALE DE SAFED[1]

INTRODUCTION

L'observation de Michel de Certeau, selon laquelle le XVIe siècle est le siècle des mystiques, est autant perspicace pour le mysticisme chrétien que pour le mysticisme juif[2]. En effet, vers la moitié de ce siècle, la deuxième phase importante dans l'histoire de la Kabbale a évolué d'une manière dramatique, abrupte et sans pareille, et allait engendrer deux systèmes théosophiques qui seraient désormais les systèmes les plus importants et achevés dans l'histoire du Judaïsme. Ces deux systèmes sont connus comme la Kabbale cordovérienne, une école issue de la pensée de R. Moïse Cordovero (1528-1570), et celle de son étudiant R. Isaac Louria Ashkenazi (1538-1572), appelée la Kabbale lourianique. Pourtant, en plus des efforts gigantesques pour construire des systèmes complets tout en se fiant à l'interprétation d'anciennes variantes de la Kabbale, ces deux maîtres entretenaient une riche vie spirituelle dans laquelle il n'était pas exclusivement question d'élévation vers les cieux. Tout innovateurs que furent les Kabbalistes safédiens, ils reprirent parfois des discussions antérieures portant sur l'ascension de l'âme, retrouvées dans la littérature kabbalistique. Comme un de mes ouvrages y est consacré entièrement, je ne répèterai pas, ici, ces discussions nombreuses[3].

1 La traduction de l'anglais a été réalisée par Evelien Chayes.

2 M. De Certeau, *La fable mystique, 1, XVIe-XVIIe siècle*, Paris, Gallimard, 1982, p. 211-212 ; voir, déjà, H. Bremond, *Histoire littéraire du sentiment religieux en France*, Paris, Bloud et Gay, 1916, vol. 2 : *L'invasion mystique (1590-1620)* ; voir aussi R. M. Jones, *Spiritual Reformers in the 16th and 17th Centuries*, Beacon Press, Boston, 1959.

3 M. Idel, *Kabbalah : New Perspectives*, New Haven, London, Yale University Press, 1988, p. 88-96, et *Ascensions on High in Jewish Mysticism : Pillars, Lines, Ladders*, Budapest–New York, CEU Press, 2005.

Commençons par cette simple observation, essentielle pour ce qui va suivre : les ascensions vers les cieux reviennent souvent dans la littérature juive post-biblique, et quelques monographies y sont consacrées[4]. Les ascensions sont spécialement liées à ce qu'on appelle la *sifrout haheikhalot*, la « littérature des palais », un corpus de textes du début du Moyen Âge, et elles émergent ensuite, grâce à l'influence de ces textes, dans les littératures ashkénazes du XIIIe siècle, écrites en Allemagne et en France[5]. La pensée néoplatonicienne avait aussi un clair impact sur certains récits juifs décrivant l'ascension de l'âme[6]. Dans le cadre de cette étude, il est important de nous arrêter sur le passage du Midrash où il est question d'un événement nocturne qui se produit de manière naturelle, pendant le sommeil, et dont le but est de rapporter les actions diurnes de la personne en question, afin qu'elles soient inscrites dans le livre du ciel[7]. Ainsi, la personne n'entreprend aucun effort pour s'élever vers les cieux. Elle n'a qu'à s'endormir et l'âme s'élèvera et laissera le corps sans âme pour une certaine durée. Cette représentation, canonisée dans le Midrash classique,

4 Voir en particulier A. Segal, « Heavenly Ascent in Hellenic Judaism, Early Christianity, and Their Environment », *Aufstieg und Niedergang der romischen Welt*, II, Principat, vol. 23, 2, Berlin, Walter de Gruyter, 1980, p. 1333-1394 ; M. Smith, « Ascents to Heavens and the Beginning of Christianity », *Eranos Jahrbuch*, 50 (1981), p. 403-429 ; M. Himmelfarb, *Ascent to Heaven in Jewish and Christian Apocalypses*, Oxford University Press, New York, 1993 ; I. P. Couliano, *Psychanodia I : A Survey of the Evidence Concerning the Ascension of the Soul and its Relevance*, Leyde, Brill, 1983 ; *id.*, *Expériences de l'extase : Extase, Ascension et récit visionnaire de l'Hellénisme au Moyen Âge*, Paris, Payot, 1984 ; *Death, Ecstasy, and Other Worldly Journeys*, éd. J. J. Collins et M. Fishbane, Albany, SUNY Press, 1995 ; A. Y. Collins, « The Seven Heavens in Jewish and Christian Apocalypses », *Cosmology and Eschatology in Jewish and Christian Apocalypticism*, Leyde, Brill, 1996, p. 21-54.

5 D. J. Halperin, « Hekhalot and Mi'raj : Observations on the Heavenly Journey in Judaism and Islam », *Death, Ecstasy, and Other Worldly Journeys*, p. 269–88 ; P. Schæfer, « New Testament and Hekhalot Literature : The Journey into Heaven in Paul and in Merkavah Mysticism », *Journal of Jewish Studies*, 35 (1984), p. 19-35 ; M. Idel, *Golem : Jewish Magical and Mystical Traditions on the Artificial Anthropoid*, Albany, SUNY Press, 1990, p. 285-286 ; M. Idel, *Ascensions on High*, p. 28-37 ; E. R. Wolfson, « *Yeridah la-Merkavah* : Typology of Ecstasy and Enthronement in Ancient Jewish Mysticism », *Mystics of the Book, Themes, Topics, and Typologies*, éd. R. A. Herrera, New York, Peter Lang, 1993, p. 13-44.

6 Voir l'étude importante d'A. Altmann, « The Ladder of Ascension », dans son *Von der Mittelalterlichen zur Modernen Aufklærung : Studien zur Jüdischen Geistgeschichte*, Tübingen, Mohr, 1987, p. 34-59, qui a mis en lumière les composantes néoplatoniciennes de l'ascension de l'âme dans certains textes philosophiques et kabbalistiques.

7 Genèse Rabbah, 14:9 dans *Midrash Bereshit Rabba*, éd. J. Theodor et C. Albeck, Jérusalem, Wahrman Books, 1965, vol. I, p. 133-134 (la traduction française est nôtre).

a été réinterprétée de trois façons différentes : l'âme s'élève pendant la nuit afin de s'approcher de la source, ce qui réfère à une intelligence néoplatonicienne ; l'ascension nocturne est l'occasion d'étudier, dans les académies célestes, des sujets ésotériques et revêt ainsi une fonction noétique ; et enfin, nous rencontrons l'interprétation qui part de l'idée d'une fonction théurgique, c'est-à-dire, que l'ascension de l'âme provoque des processus intra-divins. Il faut aussi noter que l'adoption du concept de l'élévation de l'âme dans le livre du *Zohar* a nourri un grand nombre des discours des Kabbalistes safédiens[8].

R. MOSES BEN JACOB CORDOVERO

Au milieu du XVIe siècle, Safed attirait une pléiade de Kabbalistes, dont j'ai déjà mentionné les plus importants. L'abondance de thèmes dans leurs écrits n'est pas surprenante, étant donnée leur production prolifique de livres kabbalistiques. À ce jour, seulement une infime partie de ces écrits regardant l'ascension de l'âme a été analysée[9], et voici une belle occasion pour enrichir, au moins partiellement, ce domaine d'études.

Selon Cordovero, l'ascension vers la hiérarchie céleste des sefirot est née d'une routine des Kabbalistes

> [...] parce que l'âme du savant [i.e. le Kabbaliste], par la qualité de son intention [i.e., la *kavvanah* mystique] qu'il vise pour la durée de sa prière, sera élevée par son ascension [spirituelle] d'un degré vers l'autre, d'une entité vers l'autre[10], jusqu'à ce qu'il aura atteint son but et il sera le bienvenu et viendra en la présence du Créateur, et s'accrochera à sa source, qui est la source de la vie ; ensuite, un influx énorme émanera de là vers elle, et il deviendra un vase[11] et un lieu et fondation pour [cet] influx, et il sera le point depuis lequel

8 Voir M. Idel, *Ascensions on High*, p. 105-107.

9 Voir M. Idel, *Ascensions on High*, passim, et E. R. Wolfson, « Weeping, Death and Spiritual Ascent in Sixteenth-Century Jewish Mysticism », dans *Death, Ecstasy, and Other Worldly Journeys*, p. 207-243.

10 Le mot hébreu traduit ici par « entité » est *sibbah*. Ici, Cordovero mentionne aussi l'ascension d'une *'Illah*, une autre notion pour « cause », à une autre. L'idée d'une élévation d'un degré, ou gradation, vers un autre, est devenu un topos récurrent dans le Hassidisme.

11 *Keli*. Cette notion est absente dans la version que Cordovero donne de ce passage, mais elle émerge à d'autres endroits dans les écrits de Cordovero.

> [l'influx] sera distribué[12] [...] jusqu'à ce que la *Shekhina* s'accroche à lui [...] et vous serez un siège pour Elle et [alors] l'influx descendra sur vous[13] [...] parce que vous remplacez le canal magnifique à la place du *Tzaddiq* [céleste], la fondation du monde[14].

Le Kabbaliste est supposé faire son ascension tous les jours, pendant la prière commune, au travers du règne des sefirot afin de suivre la source supraterrestre, dont il demande la descente de l'influx. Ici, l'ascension n'est pas seulement une réalisation individuelle mais fait aussi partie d'un modèle plus large et plus complexe, que je propose d'appeler mystico-magique. Toutefois, il est beaucoup moins clair d'établir ce qui s'élève exactement vers les cieux : l'intention – un certain processus noétique qui se concentre sur le contenu de la carte du divin pendant la prière – ou une certaine forme d'énergie acquise grâce à la concentration pendant la prière. Il est capital dans ce passage que l'ascension n'est pas une rare expérience réservée exclusivement à un petit groupe d'élite, mais une expérience qui se produit tous les jours et qui est accessible à tout Kabbaliste. L'âme du Kabbaliste ascendant n'est pas seulement capable de mettre en œuvre la descente de l'influx, mais c'est son corps, probablement, qui devient un tuyau pour la transmission vers le monde terrestre. Dans le passage cité ci-dessus, l'auteur ne fait quasiment aucune distinction entre fils et serviteur, comme c'est juste une distinction vague de la théurgie entre faire descendre l'influx jusqu'aux sefirot seulement, le règne divin, ou jusqu'au monde entier. Pourtant, une telle distinction est faite d'une manière assez puissante dans le commentaire du même auteur sur le *Zohar*, où le fils est conçu comme théurgiste, tandis que le serviteur est conçu comme quelqu'un qui tire l'influx divin vers le monde ci-bas[15], représentant ainsi l'activité magique comme inférieure à l'activité théurgique.

Suivant le point de vue midrashique, Cordovero décrit l'ascension nocturne comme un mouvement qui nourrit l'âme[16]. S'inscrivant encore dans la lignée de la discussion midrashique des ascensions nocturnes mentionnée ci-dessus, Cordovero, dans son *Commentaire au Zohar*, remarque

12 *Yithalleq*. Une autre traduction pertinente est : « sera divisé ».

13 *Cf.* aussi *Pardes Rimmonim*, XXII:3.

14 Je traduis la version trouvée dans R. Abraham Azulai, *Massekhet 'Avot*, Jérusalem, 1986, f° 3a. Les italiques sont nôtres. Je préfère analyser cette version, parce qu'elle contient des formulations qui synthétisent la pensée de Cordovero.

15 Voir *'Or Yaqar*, Jérusalem, 1983, vol. 12, p. 42.

16 *Tefillah le-Moshe*, Przemysl, 1892, f° 189a.

qu'on ne peut pas s'élever puis s'unir avec la racine, qui est le monde des âmes, mais qu'il faut passer par le monde des anges[17]. La formulation semble faire référence à un type d'ascension totalement différent de celui décrit auparavant, c'est-à-dire un type d'ascension qui est beaucoup plus en phase avec l'union néoplatonicienne avec la source, le monde des âmes. Selon Cordovero, l'ascension nocturne des âmes se déroule chaque nuit, mais pendant la nuit de Shabbat elles s'élèvent vers un endroit plus élevé que durant la semaine[18]. Ainsi, nous pouvons parler de deux formes majeures d'ascension qu'on rencontre dans les écrits de ce Kabbaliste : l'une liée au rituel, et ainsi il s'agit essentiellement d'ascensions diurnes, l'autre liée aux événements nocturnes.

Regardons maintenant l'une des recommandations relatives à l'ascension, retrouvée chez l'un des adeptes principaux de Cordovero, R. Elijah da Vidas :

> Il faudrait aussi tenter de pleurer afin d'essuyer ces poursuivants qui le poursuivent également, car celui qui commet une transgression gagne un poursuivant[19]. Puis, quand il imagine l'ascension de son âme vers les cieux[20] et plusieurs poursuivants le dénoncent et le mettent dehors en le poussant, il lui convient de pleurer, de se repentir et de montrer sa gêne en face de ses péchés. Grâce aux larmes, ses persécuteurs sont oblitérés [...]. Ainsi lui convient-t-il de répandre les larmes sur son front et son visage[21], parce que les péchés y sont inscrits[22].

Ici, un lien vital est fait entre l'acte de pleurer, l'ascension aux cieux, les péchés et les poursuivants. Ces péchés et poursuivants représentent des entraves qui empêchent l'ascension de l'âme, et la solution est de pleurer et d'enlever les péchés en lavant son visage et son front avec

17 *'Or Yaqar*, Jérusalem, 1976, vol. 9, p. 25. Voir aussi *ibid.*, Jérusalem, 1987, vol. 15, p. 194, où l'ascension nocturne de l'âme est accomplie grâce à son élévation par des anges. C'est aussi à comparer à la conception du contemporain de Cordovero, le commentateur safédien de la Bible le plus important, R. Moshe Alshekh, dans son commentaire sur Ruth 3:2.

18 *'Or Yaqar*, vol. 9, p. 63-64.

19 *'Avot*, 4:11.

20 *We-yetzayyer 'aliyyat nishmato le-ma'lah.*

21 C'est-à-dire, de les enlever grâce aux larmes. C'est un thème zoharique, précisé immédiatement après par Da Vidas.

22 *Reshit Ḥokhmah*, Sha'ar ha-Teshuvah, chap. 5, Krakau, 1594, f° 172b. *Cf.* la traduction assez différente qu'offre Wolfson, « Weeping, Death, Spiritual Ascent », p. 229, ainsi que la manière dont il représente les remarques de Cordovero sur le besoin de pleurer, *ibid.*, p. 219.

les pleurs[23]. Comme nous le verrons dans les paragraphes qui suivent, cette interconnexion resurgit aussi dans la Kabbale lourianique. Le recours, ici, au verbe *Yetzayyer* est très important. Il peut refléter l'étape préparatoire de l'acte d'imaginer quelque chose qui n'a pas encore eu lieu, mais il peut aussi référer à une ascension qui a lieu seulement dans l'imagination humaine, comme nous le verrons ci-dessous, dans le cas de R. Hayyim Vital.

R. ISAAC LOURIA ASHKENAZI : ASCENSION ET SAVOIR

Tandis que Cordovero écrit comme un Kabbaliste objectif, sans nous révéler s'il a, en effet, jamais fait l'ascension aux cieux grâce à son âme, le contraire est vrai de son étudiant le plus important, R. Isaac Louria. Bien que sa pensée ait reçu l'attention bien méritée de nombre de chercheurs[24], beaucoup d'aspects de sa pensée et de sa pratique n'ont toujours pas été explorés et cela semble également le cas du thème de l'ascension de l'âme.

Dans un célèbre livre hagiographique, l'auteur se souvient de Louria comme quelqu'un qui choisissait chaque nuit une autre académie supra-terrestre, présidée, chacune, par une figure exemplaire de la littérature rabbinique, afin d'y étudier avec eux. Cet événement nocturne est décrit comme suit :

> [...] [son] âme s'éleva vers les cieux pendant la nuit, et les anges y présents vinrent [l']accompagner à l'académie céleste. Ils lui demandèrent : « À quelle

23 Pour la source zoharique de cette idée, voir Wolfson, *ibid.*, p. 229.

24 Voir I. Tishby, *The Doctrine of Evil and « Qelippah » in Lurianic Kabbalism*, Jérusalem, Magnes Press, 1984 (hébreu); R. Meroz, *Redemption in the Lurianic Teachings*, thèse de l'Université hébraïque de Jérusalem, 1988 (hébreu); Lawrence Fine, *Physician of the Soul, Healer of the Cosmos. Isaac Luria and His Kabbalistic Fellowship*, Stanford, Stanford University Press, 2003 ; Y. Liebes, « Myth vs. Symbol in the Zohar and Lurianic Kabbalah », *Essential Papers on Kabbalah*, éd. L. Fine, New York–Londres, New York University Press, 1995, p. 212-242 ; « "Two Young Rœs of the Dœ" : The Secret Sermon of Luria before his Death », *Lurianic Kabbalah*, éd. R. Elior et Y. Liebes, Jérusalem, Hebrew Univresity, 1992, p. 113-169 (hébreu).

> académie aimeriez-vous vous rendre ? » Parfois il disait qu'il aimait visiter l'Académie de R. Simeon bar Yohai, ou l'Académie de R. Akiva ou celle de R. Eliezer le Grand, ou celles d'autres Tannaïm et Amoraïm, ou des prophètes. Et quelle que fût l'académie à laquelle il souhaitait se rendre, les anges l'y conduisirent. Le jour après, il divulguerait aux sages ce qu'il avait appris dans l'académie en question[25].

Cet épisode décrit l'une des deux façons dont le mystique peut acquérir les secrets célestes de la Kabbale : soit il s'élève pour étudier la Torah avec les personnages anciens, comme le raconte le passage ci-dessus, soit il reçoit l'enseignement d'Elijah et d'autres, qui descendent pour révéler des secrets kabbalistiques, comme on le lit dans d'autres textes qui décrivent la manière dont Louria obtenait sa connaissance[26]. La fréquence des séjours nocturnes est, en effet, remarquable : on rapporte que, chaque nuit, sans en sauter aucune, Louria étudiait dans les académies célestes et transmettait ensuite les enseignements à ses disciples. Sans aucun doute, cette représentation spécifique de Louria est nettement liée au fait qu'il est à la source d'une grande quantité de matériel kabbalistique, qui a engendré la vaste littérature lourianique. Selon une autre légende, lors de l'ascension de son âme, Louria apprenait davantage qu'il n'aurait pu enseigner en quatre-vingt ans[27].

Contrairement à celles des autres maîtres dont on raconte l'ascension de l'âme, la description de Louria désigne la nuit explicitement comme le seul moment où peuvent avoir lieu ces ascensions. Tandis que la première citation mentionne explicitement la possibilité d'enseigner aux autres ce qui a été appris dans les académies célestes, la situation se présente autrement dans la deuxième citation : en effet, la quantité de connaissances destinées à être étudiées ne peut pas être transmise dans sa totalité. Une autre remarque succincte nous apprend que l'étude de

---

25 *Sefer Toldot ha-'Ari*, éd. Meir Benayahu, Jérusalem, Makhon ben-Tzvi, 1960, p. 155. Ce récit hagiographique a marqué de façon indélébile le portrait qu'on a fait du Besht, R. Israël ben Eliezer. Pour un passage important chez R. Ḥayyim Vital concernant l'ascension de Moïse en corps et âme, qui devient un modèle du Messie, voir G. Scholem, *Sabbatai Sevi : The Mystical Messiah*, trad. R. J. Z. Werblowsky, Princeton, Princeton University Press, 1973, p. 53.

26 Benayahu, *Sefer Toldot ha-Ari*, p. 154-155.

27 Pour les diverses versions de cette légende, qui ne mentionnent pas toujours l'ascension de l'âme, voir D. Abrams, *The Female Body of God in Kabbalistic Literature : Embodied Forms of Love and Sexuality in the Divine Feminine*, Jérusalem, Magnes Press, 2004, p. 138-139 (hébreu).

la Torah figurait comme l'un des objectifs principaux de l'ascension : « vous devriez pleurer autant que possible des mots de la Torah que vous ne pouvez pas comprendre. En plus, l'ascension de l'âme vers le monde supraterrestre pendant la nuit (ne pas errer parmi les vanités de ce monde[28]) ne peut se faire sans aller se coucher en pleurant[29]. »

La juxtaposition de l'acquisition des connaissances et l'ascension de l'âme se comprend mieux si l'on connaît la description de Louria qui étudie pendant la nuit dans les différentes académies après l'élévation aux cieux. Ainsi, ce n'est plus un compte rendu des actes diurnes qui a lieu dans les cieux, mais une continuation des idéaux de la vie, c'est-à-dire faire les études dans le monde diurne. C'est une intensification de la vie religieuse qui a lieu sous des conditions normales pendant la journée ; elle est maintenant accomplie dans le monde nocturne et céleste. D'une certaine manière, l'accomplissement spirituel de Louria a été vulgarisé pour que davantage de personnes puissent jouir de l'accomplissement des connaissances kabbalistiques.

R. ISAAC LOURIA SUR L'ASCENSION ET LA THÉURGIE

Bien que l'ascension nocturne soit liée à l'acquisition de la connaissance religieuse, celle-ci n'en est pas l'objectif le plus élevé selon la Kabbale lourianique. Suivant certains passages riches et denses, il existe, en plus, un but assez différent, et essentiel, de l'ascension nocturne de l'âme. Pour mieux comprendre ces passages séminaux, voici d'abord une description de leur encadrement général. Louria, comme beaucoup d'autres Kabbalistes avant lui, y inclus Cordovero à plusieurs endroits dans ses écrits, reconnaît l'importance de ce qu'on peut appeler la famille divine quaternaire, une structure théosophique constituée de deux couples : l'un désigné comme Père et Mère divins, deux configurations anthropomorphiques correspondant aux sefirot de *Ḥokhmah* et *Binah*,

28 On retrouve cette observation dans un contexte très similaire dans le très répandu texte lourianique *Sefer Peri 'Etz Ḥayyim*, Qeriyat Shma al ha-Mitah, chap. 11.

29 *Haqdamot Vital to the Gate of Haqdamot*, n° X. Voir Wolfson, « Weeping, Death and Spiritual Ascent », p. 216-217.

et l'autre explicitement désigné comme mâle et femelle, encore une paire de puissances divines, correspondant aux deux sefirot de *Tiferet* et *Malkhout*[30]. Ces deux couples, ou syzygies, sont compris comme ayant des relations sexuelles entre eux, qui dépendent des bonnes actions des humains. Ces thèmes constituent le cadre de l'évolution subséquente de certains aspects de la Kabbale lourianique. Vital, ou Louria, assume pourtant qu'il existe deux formes de ce type de relations : nocturne et diurne. La première est représentée comme moins réussie, mais nécessaire pour la préparation à la deuxième. Traduisons maintenant le passage pertinent, pour l'analyser ensuite :

> Voici les rapports nocturnes, soit du Père et de la Mère, soit du mâle et de la femelle, qui, comme ils [i.e., les rapports nocturnes] sont inférieurs aux rapports diurnes, sont nécessaires pour l'enclenchement des rapports diurnes. Les rapports nocturnes produisent la modification du vase qu'est le *Yesod* de la Femelle, pour qu'il soit capable, après, pendant les rapports diurnes, d'élever les eaux féminines. Puis, le secret de l'intention est que l'ascension de l'âme pendant la nuit, est celle vers l'utérus de *Malkhout*, à savoir vers son *Yesod*[31], qu'on appelle main[32], puisque c'est [le sens du vers] que nous avons récité toute la nuit[33] : « dans votre main, je délivre mon âme[34] ».

Le terme de *Yesod* réfère essentiellement à la neuvième *sefirah*, qui réfère à l'organe sexuel masculin. Dans la plupart des cas, le *Yesod* est considéré comme une entité distincte de la puissance féminine divine, *Malkhout*. Pourtant, pour beaucoup de Kabbalistes, et en particulier pour Cordovero et Louria, la puissance féminine porte également en elle un élément masculin, décrit comme *Yesod*, qui se distingue de la

30 Sur ce sujet, voir M. Idel, *Ben : Sonship and Jewish Mysticism*, Londres–New York, Continuum, 2008, p. 382-383.

31 Voir aussi Vital, *Sha'ar ha-Kavvanot*, Derushei ha-Lailah, chap. 10, Jérusalem, 1902, f° 57cd.

32 En hébreu, « main » peut être un euphémisme du phallus.

33 Psaumes, 31:6. Ce vers est prononcé dans la récitation avant le coucher. Louria s'était épris de ce vers et le commenta des douzaines de fois. Pourtant, selon l'interprétation de Cordovero le vers parle de l'ascension nocturne des âmes vers la *sefirah* de *Malkhout*, et interprète *Yad* comme une référence à la divine puissance féminine. Voir *Tefillah le-Moshe*, f° 189a.

34 *Peri 'Etz Ḥayyim*, Qeriat Shma al ha-Mitah, chap. 11. Un passage très similaire émerge plus tard dans le même livre : Sha'ar Rosh ha-Shanah, chap. 3, ainsi que dans *Sha'ar ha-Kavvanot*, Derushei ha-Lailah, derush 3, f° 53b. Pour Israël comme les eaux féminines, voir déjà Cordovero, *'Or Yaqar*, vol. 14, p. 80, avec référence au *Zohar*.

puissance masculine indépendante[35], et de la même façon, la puissance masculine porte en son sein un élément féminin. Cette idée évoque aussitôt le principe de Freud de la *fundamentale Sexualitæt* ou la théorie de Carl G. Jung concernant l'animus et l'anima.

Les âmes des Kabbalistes, sans aucun doute des mâles, s'élèvent vers l'organe sexuel masculin trouvé dans l'utérus de la divine puissance féminine ; elles excitent cette dernière et celle-ci excite l'utérus, qui ensuite émane des « eaux féminines[36] ». C'est la préparation nocturne à l'union entre la divine puissance féminine et la divine et indépendante puissance masculine, le *hieros gamos* à part entière ou supérieur, qui devrait avoir lieu pendant la journée. Ainsi, l'ascension nocturne vers les cieux provoque une meilleure rencontre sexuelle pendant la journée. Je qualifie ce type d'opération de « théurgique », parce qu'elle influence les puissances divines. Ce n'est pas tout simplement un accomplissement individuel, comme le sont bien les ascensions discutées ci-dessus ; elle a aussi un impact sur des processus qui se déroulent dans le règne supraterrestre.

Le terme traduit ci-dessus comme « modification » est l'hébreu *tiqqun*, qui représente l'objectif majeur des rituels lourianiques, qui visent l'amendement ou la réparation du monde divin grâce aux actes religieux. Avant d'étudier une autre conception de l'ascension, chez Louria, il faut bien se rendre compte que le texte ci-dessus assume une identification temporaire de l'âme avec un aspect de la *sefirah* féminine, d'une manière qui évoque les idées de Cordovero que nous avons étudiées ci-dessus.

Or, regardons de près un autre texte important et complexe qui parle du but de l'ascension :

> [a] Pendant la nuit, après la sortie de l'âme durant le sommeil, quiconque qui mérite l'ascension récite le vers qui est lié à sa racine. Mais il y a une variation, puisque en une nuit un vers illumine davantage son âme, et une autre nuit, un autre vers [le fait], tout selon ses actions. [b] Et mon maître, béni soit son souvenir, voyait au front d'une personne quel vers [y] brille davantage, et il lui expliqua le sens qui appartient à ce qu'il mérite et dont

35 Voir, e.g., les textes discutés par Abrams, *The Female Body of God in Kabbalistic Literature*, p. 51-53.

36 Pour la préparation de la femelle divine dans la Kabbale lourianique, voir Y. Jacobson, « The Aspect of the "Feminine" in the Lurianic Kabbalah », dans *Gershom Scholem's Major Trends in Jewish Mysticism, 50 Years After*, éd. P. Schæfer et J. Dan, Tübingen, J. C. B. Mohr, 1993, p. 239-255.

> il fut en train de lui donner l'explication selon la racine de son âme. Car s'il le récite pendant son éveil, son âme s'élèvera aux cieux, toujours plus haut, d'une manière infinie, et il gagnera la révélation d'autres penseurs, et la matière ne subira aucune sensation. [c] Puis, il vaut mieux que vous ne vous endormez pas directement après [la récitation du] vers « dans votre main », [parce que] ça vaut la peine de viser et chercher la rencontre avec quelque chose lié au féminin du *Ze'ir 'Anppin*, comme toute votre ascension va vers elle, comme c'est connu. [d] En plus, les ascensions de l'âme pendant la nuit vers les cieux – afin qu'elle n'erre pas dans les vanités du monde – ne peuvent se faire sans s'endormir en pleurant[37].

Commençons par la remarque dans le dernier passage [c], que l'ascension est en relation avec l'aspect féminin du masculin supraterrestre, *Ze'ir 'Anppin*[38] . Cela pourra surprendre après avoir lu, dans le passage précédent, la remarque à propos de l'ascension du *Yesod* de la divine puissance féminine. Ainsi, nous avons deux approches différentes, formulées dans un seul et même livre, qui assume des manifestations divines différentes comme l'objectif de l'ascension. Cela veut dire qu'une simple compréhension de l'un des deux postulats serait réductive. Donc, par exemple, l'hypothèse que l'ascension vers la puissance féminine signifie un changement du genre des âmes des mâles vertueux en âmes féminines, comme l'a voulu E. R. Wolfson, néglige en réalité les nuances qu'on retrouve dans les remarques de Louria : le premier passage parle de l'ascension vers le *Yesod* de la femelle, et ainsi il n'y a ni transformation en puissance féminine, ni croisement de genres ; le deuxième passage parle de l'ascension vers le mâle sacré mais vers sa partie féminine[39].

Je ne veux pas dire que Wolfson ait totalement tort : en ayant recours à de nouvelles méthodes, il est toujours possible de produire de nouvelles manières de comprendre les textes kabbalistiques et cet effort devrait être applaudi. En fait, il peut y avoir quelques passages où la divine puissance féminine est mentionnée comme le but final de l'ascension, mais la question de la transformation du genre y est présente seulement par implication, selon une lecture généreuse, et ces passages devraient en tout cas être lus dans les contextes plus larges des deux passages introduits ici. Est-ce que l'ascension nocturne de l'âme, comme décrite

---

37 *Peri' Etz Ḥayyim*, Qeriat Shema' al ha-Mitah, chap. 11.

38 Voir, e.g., le passage lourianique traduit par E. R. Wolfson, *Circle in the Square, Studies in the Use of Gender in Kabbalistic Symbolism*, Albany, SUNY Press, 1995, p. 116-118.

39 *Ibid.*

ci-dessus, est vraiment l'occasion d'un double croisement du genre, d'abord un passage du masculin vers le féminin, puis un retour vers le masculin ? Ou vaut-il mieux parler des différentes fonctions que l'âme complexe revêt dans des situations différentes, étant donnée la possibilité qu'elle a plus d'un genre dès le début ? Cette dernière proposition est bien documentée, en tout cas dans l'exemple de Moses Cordovero, qui, suivant en cela le *Zohar*, embrasse une psychologie systématique du type animus/anima[40]. En tout cas, le recours à la phrase « eaux féminines » n'implique pas, dans la Kabbale de Louria, un changement de genre, comme aussi bien le Mâle que la Femelle sont décrits comme tels dans de nombreux cas[41]. Au contraire, dans un passage séminal, il décrit l'ascension des âmes masculines comme *sine qua non* des eaux féminines des âmes féminines, et vice versa[42]. Ainsi, il serait plus judicieux d'éclairer d'abord avec précision tout le matériel que nous avons à notre disposition relatif à un sujet complexe comme le genre et son croisement, avant d'adopter une lecture trop moderne des textes kabbalistiques, pour ensuite proposer des généralisations sur la Kabbale. Mes appels à la prudence dans la lecture de textes kabbalistiques, afin de ne pas accepter des interprétations trop anachroniques, ont souvent été mal compris comme une opposition de ma part à telle ou telle méthodologie, ou comme si j'avais un problème avec le contenu même de la théorie et avec son inventeur – des malentendus flagrants au détriment de la compréhension de mon approche méthodologique du départ[43].

Bien que clairement distinct du passage qui traite de l'ascension de l'âme vers la composante mâle, qu'on imagine être présente dans l'utérus, ce passage-ci offre une déclaration complémentaire : dans les deux cas, l'ascension nocturne devrait mener à la composante sexuelle complémentaire de l'autre puissance divine sexualisée. Si nous nous permettons d'extrapoler de la première citation à celle-ci, nous pouvons en conclure que, dans ce dernier passage, la tâche de l'âme ascendante est d'exciter la puissance féminine complémentaire afin d'avoir des rapports avec la divine puissance

40 Voir mon article à paraître « Moses Cordovero's Theories on Double-Faced Entities : *Du-Partzufin*, Femininity, and Eros ».

41 Voir, e.g., *'Etz Ḥayyim*, Gate 39, chap. 10 ou *Sha'ar ha-Kavvanot*, Kavvanat Qeriyat Shema', derush 4, 5 and 6, f° 20b-25c. Voir aussi ci-après pour le passage de *Sha'ar ha-kelalim* en traduction.

42 Voir *Sha'ar ha-Kavvanot*, Derushei ha-Lailah, derush 3, f° 53bc.

43 Voir, e.g., *Kabbalah and Eros*, p. 13-14, ou mon *Ascensions on High*, p. 1-17.

féminine par excellence. Je n'essaie pas d'harmoniser les deux déclarations : il semble qu'il y a un écart considérable entre les deux, spécialement par la forme sous laquelle le dernier passage a été formulé, à savoir de manière générale : « toute votre ascension est à elle », c'est-à-dire à l'aspect féminin du *Ze'ir 'Anppin*. En tout cas, il semble que dans ces deux cas, on vise la préparation des deux participants au *hieros gamos*. Selon cette lecture, les deux puissances sexuellement différenciées ont un poids plus ou moins égal et aucune priorité n'a été donnée ni à l'un ni à l'autre. Cela fait que nous avons une attitude assez similaire envers le besoin d'exciter et la divine puissance masculine et la divine puissance féminine, comme but de l'élévation de l'âme vers les cieux.

Comme je l'ai déjà suggéré, il y a une sorte de dénominateur commun pour les déclarations divergentes, à savoir que l'âme s'élève afin de provoquer une forme de *hieros gamos* et ainsi, elle provoque quelques changements dans les mondes supraterrestres. Ici, il faut souligner que les deux discussions complémentaires se trouvent dans le même livre, un livre qui était relativement populaire, comme il traite des explications du sens des rites et des coutumes, proposées par Louria et formulées par certains de ses adeptes.

Les deux premiers paragraphes de ce passage partent de l'idée que celui qui s'élève vers les cieux le fait en prononçant un vers, ce qui provoque l'illumination de l'âme, selon le paragraphe [a]. Cette prononciation de vers fait partie du comportement habituel des Juifs, longtemps avant Louria, mais chez ce dernier, le vers est devenu une sorte de déclencheur éclair. Deux aspects des relations entre le vers et l'âme sont mentionnés : tout d'abord, le vers est envisagé comme lié à la racine de l'âme, et ainsi il reflète le lieu duquel l'âme provient et auquel elle retourne ; ensuite, sur une note assez différente, il y a l'hypothèse que le vers reflète les actions d'une personne, selon toute vraisemblance commises pendant la journée. N'oublions pas ce but spécifique de l'ascension : l'illumination de l'âme, ce qui peut signifier qu'il est question de la réception d'une certaine forme d'information, mais aussi d'une certaine forme de vitalité, qui, selon d'autres sources lourianiques, représente un rajeunissement récurrent de l'âme[44]. Suivant cette dernière proposition,

44 Voir déjà la pensée de Cordovero, qui fait le lien entre l'âme qui se transforme en une sorte d'eaux féminines et le rajeunissement, dans son *'Or Yaqar*, Jérusalem, 1970, vol. 15, p. 12-13.

l'âme est alimentée pendant la nuit, ce qui facilite les activités pendant les jours qui suivront.

Toutefois, selon le paragraphe [b], le vers spécifique est récité comme faisant partie de l'effort d'ascension vers les cieux et celui de recevoir des révélations. Il semble donc que nous avons deux traditions différentes qui s'occupent du même thème et que Vital a mises ensemble dans un seul et même passage. Notons que, selon un autre passage lourianique, l'une des caractéristiques du nom *YLY*, l'un des soixante-douze noms de Dieu, est sa fonction de superviser l'ascension de l'âme[45]. C'est clairement une vision magique de l'ascension.

LA THÉURGIE INTRA-DIVINE DE LOURIA

Regardons de près une courte description remarquable, qui projette la totalité de l'événement se déroulant dans le monde supraterrestre des puissances divines et qui considère cet événement comme appartenant entièrement à ce que je viens d'appeler la famille divine :

> [P]endant le sommeil de *Ze'ir 'Anppin*, durant l'acte de la dissection[46], comme mentionné ci-dessus, et le raisonnement est que, pendant le sommeil profond[47] de *Ze'ir 'Anppin*, son âme, ou plutôt les *moḥin*[48] *en lui se sont élevés aux cieux, vers 'Abba'* et *'Imma'*, sous l'apparence d'eaux féminines, et ont provoqué les rapports supraterrestres entre eux, et en raison de ces rapports, les dures puissances [*gevourot*] ont été adoucies et se sont atténuées en comparaison avec ce qu'elles étaient avant [la dissection], et il les a insérées dans la Femelle[49].

45 *Liqqutei Torah*, Vilnius, 1879, f° 69a. Le nom de soixante-douze lettres est un nom divin important dans la Kabbale de Louria.

46 *Nesirah*. Ce thème joue un rôle important dans la Kabbale lourianique, loin au-delà de ce que nous trouvons dans des formes plus anciennes de cette littérature.

47 *Tardemah*. Voir aussi *Sha'ar ha-Kavvanot*, Derushei Rosh ha-Shanah, derush 2, f° 91b, où, en plus, la notion *Dormita'* est liée à *Ze'ir 'Anppin* dans un contexte assez similaire. Voir *ibid.*, f° 53c.

48 Littéralement, cela signifie « cerveaux ». Comme c'est dit explicitement dans ce contexte, ici, *moḥin* signifie l'âme qui est engendrement du *Ze'ir 'Anppin*. À beaucoup d'endroits, la notion représente la réception des trois *sefirot* les plus élevées, comme l'achèvement de ce que cette configuration a engendré. Voir Pachter, *Roots of Faith and Devequt*, p. 189.

49 *Sha'ar ha-Kavvanot*, Derushei Rosh ha-Shanah, derush. 3. f° 92a. Voir aussi Wolfson, *Circle in the Square*, p. 110–115 et *id.*, « Weeping, Death and Spiritual Ascent », p. 237, n. 22.

Bien qu'il ne s'agisse pas d'un événement dont on dit clairement qu'il s'est déroulé pendant la nuit, l'évocation du sommeil profond crée un lien avec les descriptions de l'ascension humaine pendant la nuit. Pourtant, dans ce cas, le protagoniste n'est pas le Kabbaliste, mais la divine puissance masculine qu'on connaît sous le nom de *Ze'ir 'Anppin* et dont il est dit qu'il subit l'expérience récurrente de la dissection de l'entité androgyne en mâle et femelle. Pendant ce processus, dont fait partie le sommeil du mâle, comme c'est écrit dans la Genèse, son côté spirituel, les *moḥin* qui sont en analogie avec l'âme humaine, s'élève vers les cieux et déclenche les rapports de sa mère et de son père, ce qui facilite l'adoucissement des puissances négatives caractéristiques de la divine puissance féminine. La Kabbale lourianique assume l'idée que, tandis que le féminin forme une unité avec le masculin, comme le dit encore la Genèse, ses dures puissances ont été mitigées par les puissances masculines positives, mais à cause de la dissection, elles sont devenus plus accentuées et donc faut-il que leur fasse face l'influx qui provient des rapports sexuels du couple supérieur. Je souligne : c'est un événement récurrent, qui a lieu chaque nuit, par opposition à l'unique événement primordial qui est mentionné dans le vers de la Genèse[50]. Chaque nuit, la dernière *sefirah*, *Malkhout*, est imprégnée des âmes des vertueux, comme l'apprend l'acronyme du vers : *Ḥadashim li-veqarim rabbah* [*'emunatekhah*] [Neuve chaque matin, grande est la foi en Vous] : *RḤL*, c'est-à-dire Rachel, l'un des symboles principaux de la *Malkhout*[51].

Ce passage facilite une meilleure compréhension des discours antérieurs regardant l'ascension nocturne de l'âme. L'ascension induit les rapports se déroulant dans le monde supérieur, ce qui fait qu'elle a également un impact positif sur ce qui se passe dans le monde ici-bas. En fait, une concaténation des deux ascensions nocturnes se trouve dans le fameux livre lourianique *Sefer 'Etz Ḥayyim* :

> Exactement comme dans le cas de la *Malkhout*, à laquelle les âmes des entités plus basses s'élèvent chaque nuit quand ils disent « Dans votre main je délivre mon âme[52] » et elle[53] est imprégnée d'elles et elles sont renouvelées

50 Liebes, « Two Young Rœs of a Dœ », p. 126.

51 *Liqqutei Torah*, f° 140b. Voir aussi le passage important dans *Sha'ar ha-Kavvanot*, Derushei Lailah, derush 3, f° 53b.

52 Psaumes, 31:6.

53 Ici, c'est évident qu'il s'agit de la puissance féminine indépendante, tandis que dans le texte parallèle trouvé dans le *Commentaire sur 'Iddra' Zutta'* de Louria, l'ascension est

là-bas, selon le secret [du vers][54] « Neuve chaque matin, grande est la foi en Vous », et alors la Mère céleste est également imprégnée une seconde fois par les âmes du Mâle et de la Femelle, et elles y sont renouvelées selon le secret des nouveaux *moḥin* qui lui sont donnés. Et voyez que, grâce à l'ascension du Mâle et de la Femelle vers les entrailles de la Mère, ils y génèrent les « eaux féminines » pour la *Binah* afin de provoquer les rapports avec le Père, et avec leurs rapports ils produisent les *moḥin* et la descente vers le Mâle et la Femelle[55].

Ainsi, l'élévation vers les cieux n'est pas seulement une question d'exciter le couple jusqu'à avoir des rapports sexuels. Les âmes ascendantes peuvent jouer le rôle du mâle vis-à-vis de la *Malkhout* et l'imprégner, tout en étant renouvelées elles-mêmes. Il faut bien se rendre compte que, bien que dans l'ascension théosophique le couple divin inférieur, ou ses âmes, s'élève au ciel, cela n'est pas clair du tout pour ce qui concerne les âmes humaines. Les âmes féminines sont-elles également incluses dans cette élévation du mâle humain vers la femelle divine ? Fait-on référence ici à la *sefirah* de *Malkhout* et non pas à la composante du *Yesod* de la *Malkhout*, reflétant une approche différente ? Au moins en ce qui concerne la dernière question, j'assume que la réponse soit assez négative : l'ascension et l'imprégnation peuvent passer sans mention explicite du *Yesod*, mais on peut le supposer tacitement. Quant à la question de savoir si les âmes féminines s'élèvent également aux cieux pendant la nuit et remplissent la tâche théurgique, la réponse de Louria est positive. Il souligne le besoin des âmes et masculines et féminines de s'élever pendant la nuit et de déclencher les rapports sexuels[56]. Par ailleurs, le thème de l'ascension des âmes féminines complique de manière dramatique l'approche qui y voit un croisement des genres.

Après avoir compris les motifs rencontrés dans les descriptions précédentes, il sera plus facile de montrer que cet autre passage, trouvé dans ce livre lourianique majeur, concerne en effet les ascensions nocturnes, bien qu'on ne le puisse pas déduire clairement du contexte :

---

dirigée vers la dimension féminine du *Ze'ir 'Anppin*.

54 Ecclésiaste, 3:23.

55 *Sha'ar ha-Kelalim*, chap. 4, R. Menahem Azariah of Fano, *Sefer Yonat 'Elem*, chap. 60, Amsterdam, 1648, f° 23c.

56 Voir *Sha'ar ha-Kavvanot*, derushei ha-Lailah, derush 3, f° 53bc. Pourtant, nous ne devrions pas subsumer à une conception égalitaire dans le contexte de Louria. Il était indubitablement beaucoup moins enclin à l'égalitarisme que son maître Cordovero.

> Là-dedans [i.e. dans la colonne] il y a les trois couleurs de l'arc-en-ciel[57], parce que *Yesod* est appelé arc-en-ciel, et il consiste de *Ḥesed*, *Gevourah* [et] *Tiferet*, [qui sont] les trois couleurs. Ensuite, selon l'origine de l'âme, elle s'élève à l'une de ces couleurs. Pendant la copulation qui a lieu au début du mois et à Shabbat, les trois lumières de *Ḥesed*, *Gevourah* et *Tiferet*, [provenant] de la *Da'at* céleste, sont révélées, afin d'illuminer les trois couleurs de cet arc-en-ciel, qui est la colonne. Ensuite, les âmes montent sur elle dans le secret des eaux féminines, jusqu'au firmament de la *Da'at* de la Femelle [i.e., la divine configuration *Nuqbba'*]. [C]ette colonne se trouve au milieu du jardin et c'est l'apparence du *Tiferet*, et en bas de l'Arbre de Vie ce fleuve jaillit[58].

Il est donc clair qu'ici, nous avons affaire à une ascension nocturne, puisque les deux thèmes des eaux féminines et de l'origine des âmes nous rappellent des passages mentionnés ci-dessus.

Voyons maintenant comment Louria comprend le côté diurne de l'ascension de l'âme. Dans le livre classique de cette littérature dont proviennent les dernières citations, l'ascension de l'âme pendant la prière est conçue comme principe important, et c'est peut-être l'une des contributions majeures de Louria à la pensée kabbalistique, comme ce principe est lié à la provocation de l'ascension des mondes : les mondes inférieurs sont conçus comme faisant partie des âmes et ainsi ils s'élèvent avec l'âme[59]. Il s'agit évidemment d'une ascension principalement diurne. En général, il faut y voir le reflet d'une conception plus compréhensive de la Kabbale lourianique, celle de la restitution des étincelles qui étaient tombées, dans leur lieu d'origine au sein la structure divine, *Adam Qadmon*, qui tomba plus bas ou même jusque dans le monde démoniaque, suite au processus primordial de la brisure

57 Voir déjà *Zohar*, III, f° 143b. Il y a sans aucun doute un certain rapport entre le mythe d'Er dans la *République* de Platon et la source zoharique des Kabbalistes safédiens : « Quand chaque groupe avait passé sept jours dans la prairie, il devait lever le camp et partir le huitième jour, pour arriver quatre jours après à un endroit d'où l'on découvre une lumière qui s'étend d'en haut à travers tout le ciel et la terre, lumière droite comme une colonne et fort semblable à l'arc-en-ciel, mais plus brillante et plus pure. Ils arrivèrent à cette lumière après un jour de marche ; et là, au milieu de la lumière, ils virent, tendues de ce point du ciel, les extrémités de ces chaînes ; car cette lumière était un lien qui enchaînait le ciel, comme les cordes qui font le tour des trières ; c'est de la même façon qu'elle retenait toute la sphère tournante » ; Platon, *République*, X, 616b-c, trad. Émile Chambry, Paris, Les Belles Lettres, 1948.

58 R. Ḥayyim Vital, *Sefer 'Etz Ḥayyim* Gate 43, chap. 3, Warsaw, 1891, II, f° 96b ; M. Idel, *Ascensions on High*, p. 128.

59 Voir *'Etz Ḥayyim* Gate 40, sermon 15.

des vases sacrés, détruits par la lumière divine de laquelle ils avaient été inondés. La tâche du Kabbaliste était, selon cette école kabbalistique, de restituer ces étincelles tout en exécutant les commandements, avec la conscience du but kabbalistique ou *Kavvanah*. Sans essayer de diminuer les aspects théurgiques des ascensions nocturnes comme des intentions de déclencher le *hieros gamos*, au moins dans le cas de l'ascension diurne de l'âme, nous pouvons discerner une sous-catégorie à l'intérieur de la catégorie plus large de la théurgie. Dans les deux cas, il faut le dire clairement, on imagine que la théurgie fonctionne grâce au contact, ce qui signifie que l'âme s'élève et touche les entités divines qu'elle affecte. À la différence de la forme plus sympathique de théurgie rencontrée dans la Kabbale moins tardive, qui assume l'importance de l'isomorphie, chez Louria l'ascension de l'âme est conçue comme cruciale pour l'opération théurgique.

UNE NOTE COMPARATIVE

Je voudrais souligner que, tandis que les ascensions platoniciennes et néoplatoniciennes sont des techniques pour atteindre l'idéal primordial des philosophes, la contemplation, l'ascension selon Louria a pour but de déclencher et renforcer les deux idéaux les plus importants du Judaïsme : l'étude et la procréation. Les voyages dans les autres mondes, du moins dans la Kabbale, sont des entreprises à peine escapistes, mais au contraire des tentatives de faciliter la réussite dans ce monde, grâce au recours aux puissances dans le monde céleste. Contrairement à l'ascension néoplatonicienne de l'âme, qui signifie le détachement du corporel pour joindre le spirituel, à Safed l'ascension se sert de la libération temporaire de l'âme, qui a quitté le corps, pour renforcer certaines formes ou événements qui sont communément associés aux corps, bien que les Kabbalistes aient nié la nature corporelle des puissances divines impliquées dans les rapports sexuels.

Si l'approche individualiste de la réforme néoplatonicienne ainsi que la réforme protestante ont transformé le visage de la culture chrétienne de l'Europe, le renouveau safédien a indubitablement changé, et de manière assez profonde, l'itinéraire de la culture juive, et de plusieurs manières. Parmi les transformations les plus tranchantes se trouve l'intensification de la vie nocturne, avec aussi bien de nouveaux rituels corporels que la mise en relief des ascensions spirituelles[60]. Le fait que le revival spirituel de Safed ait eu lieu seulement deux générations après la Renaissance philosophique de Florence, qui avait produit le revival du néoplatonisme en Europe, n'est pas une coïncidence historique. Il faut y voir la propension de la culture juive vers des aspects plus corporels et même plus performatifs[61], même après les rencontres fructueuses avec les philosophies et spiritualités grecques pendant le Moyen Âge et la Renaissance. Si l'émergence de la Kabbale est perçue, pas exclusivement mais entre autres, comme une réaction à l'impact de la philosophie grecque sur le Judaïsme[62], il peut en être de même quant à la manière dont la Kabbale de Safed traite l'ascension de l'âme. Bien que, il faut le souligner, cette influence n'ait absolument pas été l'unique déclencheur de la créativité de ce centre spirituel.

Moshe IDEL
Université hébraïque de Jérusalem
Matanel Professor of Kabbalah,
Safed Academic College

60 Sur le rituel de la modification nocturne, connue comme *Tiqqun Hatzot*, qui contient aussi des éléments liés à un *hieros gamos*, voir M. Idel, *Messianic Mystics*, New Haven, Yale University Press, 1998, p. 320.

61 Voir mon « On The Performing Body in Theosophical-Theurgical Kabbalah : Some Preliminary Remarks », dans *The Jewish Body, Corporeality, Society, and Identity in the Renaissance and Early Modern Period*, éd. M. Diemling et G. Veltri, Leyde, Brill, 2009, p. 251-271.

62 Voir M. Idel, « Maimonides and Kabbalah », dans *Studies in Maimonides*, éd. I. Twersky, Cambridge, Mass., Harvard University Press, 1990, p. 31-81.

INDEX DES NOMS

INDEX DES LIEUX

INDEX DES PERSONNAGES

INDEX DES THÈMES ET DES NOTIONS

INDEX DES OUVRAGES CITÉS

RÉSUMÉS

Laurent LAVAUD, « Initiation mystique et ascension philosophique. De Platon à Plotin »

L'auteur explique comment, de Platon à Plotin, l'idée de l'ascension de l'âme fait partie intégrante aussi bien de la religion que de la philosophie. Pourtant, la mystique n'est pas totalement compatible avec la philosophie politique de Platon. Quant à Plotin, la question est de savoir si son parcours des hypostases est semblable au transport mystique des théurges des oracles chaldaïques. Plotin est resté fidèle à Platon et son exigence de maintenir la philosophie comme activité irréductible.

Ana PALANCIUC, « L'iconographie byzantine de la Dormition de la Vierge. Une controverse balkanique sur l'ascension de l'âme »

À partir de fresques byzantines et postbyzantines (jusqu'au XVe siècle inclus), l'auteur offre une étude des débats sur l'ascension de l'âme dans les sources apocryphes qui puisent dans une riche postérité néoplatonicienne.

Sophie DELMAS, « L'ascension de l'âme après la mort chez quelques maîtres en théologie du XIIIe siècle »

L'article clarifie les grandes questions du christianisme latin et nous guide à travers plusieurs traités de maîtres en théologie du XIIIe siècle qui portent le cachet du courant dominant de la pensée chrétienne dans ce siècle des *disputationes*, où les redécouvertes des textes grecs anciens sont aussi fraîches.

Margherita BELLI, « Neoplatonismo per adolescenti in alcuni commenti alla *Philosophiæ consolatio* di Severino Boezio (1456-1656) »

Traitant de la tradition didactique, l'article met en lumière la transmission de Boèce (Ve-VIe siècle) à propos de l'ascension de l'âme dans les livres scolaires de la Renaissance. Cet essai sur le néoplatonisme pour adolescents, analyse les commentaires de la *Consolation de la Philosophie* qui ont vu le jour entre 1456 et 1656.

Natasha CONSTANTINIDOU, « Popularising the Classics. The Soul and its Ascent in Pierre Charron's *De la Sagesse, Trois Livres* (1601-1607) »

L'article analyse le traité *De la Sagesse* de Pierre Charron, consacré à l'étude et la philosophie. Le sujet de la sagesse, et plus spécifiquement de l'âme et de la grâce divine, le situe entre philosophie et théologie et l'inscrit ainsi dans les discussions pérennes des débats qui touchent au fond de la connaissance et du raisonnement humains. L'auteur prend en considération le remaniement du livre après sa censure, les différences entre l'édition de 1601 et celle de 1604.

Christophe PONCET, « En montant l'échelle des philosophes. Marsile Ficin et la vision des Idées »

Dans sa *Théologie platonicienne* Marsile Ficin marie l'exposé de sa redéfinition néoplatonicienne de l'âme humaine à une histoire critique de la philosophie jusqu'à son époque. Ficin construit une analogie entre les cinq degrés de la réalité gravis par l'âme et une échelle d'écoles philosophiques. L'article analyse en particulier la critique que Ficin réserve à l'adresse de Diogène de Sinope, dit le Cynique, qui ne reconnaissait pas le statut de réalité des Idées selon Platon.

Daniel RAKOVSKY, « Une ascension sans élévation. La distinction symbolique entre l'œil gauche et l'œil droit dans le portrait de la Renaissance »

L'article étudie des sources du XVe siècle, de forte inspiration néoplatonicienne, qui traitent de la distinction symbolique de l'œil gauche et de l'œil droit, et de la représentation d'une ascension sans élévation dans l'iconographie de la Renaissance. Cette symbolique dualiste, de la distinction entre les deux yeux et la verticalité par opposition à l'horizontalité, est passée pratiquement inaperçue jusqu'à aujourd'hui.

Moshe IDEL, « Ascensions de l'Âme dans la Kabbale de Safed »

Cette étude porte sur la Kabbale d'Isaac Louria et de Moïse Cordovero, auteurs du XVIe siècle. Comme le souligne l'auteur, le thème de l'ascension de l'âme dans la Kabbale lourianique révèle un aspect important de l'évolution de la pensée kabbalistique et de sa rencontre avec la pensée grecque. Cependant, à la différence de l'idéal suprême de la contemplation des sources gréco-romaines et chrétiennes, la Kabbale lurianique renforce au lieu de l'émousser la réalité corporelle voire sexuelle.

TABLE DES ILLUSTRATIONS

TABLE DES MATIÈRES

IMPRIM'VERT®

Achevé d'imprimer par Corlet Numéric,
Z.A. Charles Tellier, Condé-en-Normandie (Calvados). N° d'impression : 158928
Imprimé en France